高校体育教学理论研究与技能培养研究

余秋琦 ◎ 著

吉林出版集团股份有限公司

图书在版编目（CIP）数据

高校体育教学理论研究与技能培养研究/余秋琦著
.— 长春：吉林出版集团股份有限公司，2023.9
ISBN 978-7-5731-4319-8

Ⅰ.①高… Ⅱ.①余… Ⅲ.①体育教学－教学研究－高等学校 Ⅳ.①G807.4

中国国家版本馆CIP数据核字（2023）第181937号

高校体育教学理论研究与技能培养研究
GAOXIAO TIYU JIAOXUE LILUN YANJIU YU JINENG PEIYANG YANJIU

著　者	余秋琦
责任编辑	曲珊珊
封面设计	林　吉
开　本	787mm×1092mm　1/16
字　数	220千
印　张	14
版　次	2023年9月第1版
印　次	2024年1月第1次印刷
出版发行	吉林出版集团股份有限公司
电　话	总编办：010-63109269
	发行部：010-63109269
印　刷	廊坊市广阳区九洲印刷厂

ISBN 978-7-5731-4319-8　　　　　　　　　　定价：78.00元

版权所有　侵权必究

前　言

大学生是未来祖国现代化建设的人才。健壮的体魄、良好的心理素质、高尚的道德情操已成为21世纪对人才的基本要求。大学生正处于身体发育的旺盛阶段，因此树立健康第一的思想、培养良好的体育锻炼习惯、掌握科学的体育锻炼方法，对于提高大学生个人身体素质，进而提高全民族体质，具有特别重要的意义。高校体育教学是我国高校教育和体育教育的重要组成部分，在促进我国体育和教育事业发展、促进大学生健康全面发展方面发挥着重要作用。

随着教师专业化水平的日益提升，体育教学改革对体育教师的实践能力和创新精神的要求不断提高，反映体育教师核心能力素养的体育教学技能越来越受到师范院校体育教育专业的普遍重视。当前，在新时代中国特色社会主义思想的引领下，在各种新的教育思想及观点冲击下，体育课堂教学整体面貌发生了很大的改观，各种新的教育教学模式、方法、手段不断涌进课堂。这些变化，给以培养体育教师为己任的高等院校的体育教育专业人才培养工作带来了新的要求和改革动力。体育教师这一职业的专业性，不仅要有扎实深厚的学科知识、教育学、心理学理论知识，还需要掌握反映体育教师核心能力素养的体育教学技能。

本书从高校体育教育概述入手，详细地介绍了高校体育教学原则、高校体育教学内容、高校体育教学方法以及高校体育教学模式，接着重点分析了体育教学球类运动技能的教学、体育教学田径运动技能的教学以及体育教学民族传统体育项目的教学等内容。本书注重实用性和新颖性，突出趣味性和可读性，提高指导性和拓展性，旨在不断提高学生体育参与意识，提高学生运动技能，提高学生体质健康水平，使学生养成良好的体育健身习惯和健康的行为方式，达到终身受益的目的。

本书在撰写过程中，参考并引用了大量的文献和资料，在此一并致谢！由于编写人员的水平有限，尽管做了较大努力，但书中不妥之处仍然在所难免，敬请广大读者指正。

余秋琦
2023年3月

目 录

第一章 高校体育教育概述 ·· 1
第一节 高等学校体育概述 ·· 1
第二节 体育教学的主要特征 ·· 6
第三节 高校体育教育的地位与作用 ······································· 9

第二章 高校体育教学的原则 ·· 13
第一节 体育教学原则概述 ·· 13
第二节 高校体育教学原则运用 ·· 15

第三章 高校体育教学内容 ·· 22
第一节 体育教学内容基本理论 ·· 22
第二节 体育教学内容的编排与选择 ······································· 28
第三节 体育教材化 ·· 33

第四章 高校体育教学方法 ·· 38
第一节 体育教学方法的基本知识 ·· 38
第二节 常见体育教学方法及科学选用 ····································· 44
第三节 现代体育教学方法体系的构建 ····································· 53

第五章 高校体育教学模式 ·· 55
第一节 体育教学模式的基本理论 ·· 55
第二节 现代创新体育教学模式的构建与应用 ······························ 61

第六章　体育教学球类运动技能的教学

第一节　篮球运动技能研究 ……………………………………… 73
第二节　排球运动技能教学——生成性教学 …………………… 85
第三节　羽毛球运动技能教学——多球训练法 ………………… 95
第四节　乒乓球运动技能教学——参与式教学法 ……………… 102
第五节　足球运动技能教学——游戏训练法 …………………… 112

第七章　体育教学田径运动技能的教学

第一节　跨栏运动技能——异步教学法 ………………………… 124
第二节　中长跑运动技能——组合训练法 ……………………… 137
第三节　短跑运动技能——短跑运动员大腿后群肌肉的力量训练 …… 149
第四节　跳远运动技能——挺身式跳远与三级跳远 …………… 163

第八章　体育教学民族传统体育项目的教学

第一节　散打运动技能 …………………………………………… 175
第二节　健身气功八段锦运动技能 ……………………………… 177
第三节　太极拳运动技能 ………………………………………… 188

参考文献 ……………………………………………………………… 217

第一章 高校体育教育概述

第一节 高等学校体育概述

一、体育的概念与组成

（一）体育的概念

体育的本质属性是什么？概括地说，体育是使人们有意识地用自身的身体运动，来增进健康、增强体质，促进人的身心发展的活动。以这一本质属性为内涵，体育的概念是：体育（广义）是指以身体练习为基本手段，为增强体质、提高运动技术水平、进行思想品德教育、丰富社会文化生活而进行的一种有意识的身体运动和社会活动，属于社会文化教育的范畴，受一定社会的政治经济的影响和制约，也一定为社会的政治经济服务。

（二）体育的组成

中华人民共和国成立以来，我国社会主义各项事业迅速发展，这不仅促进了学校体育的发展，而且也极大地推动了群众体育和竞技运动的迅速发展，并逐步形成了独立的体系，使社会主义体育事业在社会生活中越来越显示它的重要地位和作用。"体育"一词已不仅局限于教育范畴的狭义体育了，而是包括竞技运动和体育锻炼在内的一个总的概念体系。所以，广义体育是由狭义体育、竞技运动、体育锻炼三个基本方面组成的。狭义体育是与德育、智育、美育等相配合，增强体质，传授锻炼身体的知识、技术和技能，培养道德意志品质的一个教育过程。

二、体育的功能

体育的功能是指体育活动对社会进步和人类发展所产生的特殊作用和影响。随着社会生产力的快速发展，人们的生产劳动和日常生活方式也发生了根本性的转变，体力劳动减轻，对脑力劳动的要求相对提高。近年来人们的生活水平虽不断改善，但工作压力却越来越大，更多的人需要通过体育锻炼来强身健体、释放压力、娱乐身心。社会的强烈要求，极大地刺激了体育快速地向社会化深入发展，成为人类社会文化教育不可缺少的重要组成部分。体育在促进人体生长生育、挖掘和增强人的各种功能、培养人的道德品质、加强人与人的联系、繁荣和加快经济发展等方面起到重要作用。

（一）智育功能

学校体育通过各种各样的体育活动，可以促进学生的智力发展。体育锻炼能够促进学生神经系统的发育，这为智力开发奠定了生物基础。学校体育本身是一项创造性的活动，蕴含着丰富的开发智力、培养创造力的内容，对全面培养观察能力、广泛训练记忆能力、启迪诱导想象力和提高思维能力具有重要的作用。此外，有研究表明，运动有助于开发大脑右半球的功能，对发展儿童的直觉、空间转换、形体感知等形象思维及创造力具有重要的作用。学生进行系统的锻炼，加上合理的营养，可以使大脑获得更多的养分，从而进一步提高大脑的认识思维能力和脑细胞的反应速度，使其反应敏捷，扩散思维能力增强、对事物的观察判断更加准确。学校保证学生每天一小时的体育活动时间，对学生的智力发展有着积极的作用。

（二）德育功能

学校体育是德育的重要内容和手段，对学生的个体社会化过程和人格完善过程起着重要作用。学校体育可以培养学生的道德认识和信念，使学生的道德信念通过体育活动得到强化，并化为学生具体的道德行为。学校体育能有效地培养学生的个性和意志品质，如勇敢、顽强、对挫折和困难的承受力等，学校体育还可以培养学生的集体主义和爱国主义精神，以及责任感和荣誉感。这不仅是学校德育的重要内容，也是现代人所必备的重要素质。

（三）美育功能

学校体育是学校美育的重要与特殊的途径，这是因为运动的过程始终伴随着美。学校体育在塑造学生身体美的同时，伴随着行为美、运动美和心灵美，四者在运动实践中得到完美的结合。体育锻炼的这种塑造健美身体的作用是非常直接的。通过体育锻炼，能使学生身体匀称、姿态优雅、动作矫健，这既是健康的标志，也是人体美的表现。运动中的形体美、动作美、协调美、节奏美以及服饰美等都将给学生以强烈的美感体验，使其得到美的享受和情感的陶冶与升华。学校体育培养学生鉴赏美、表现美和创造美的作用是独特的、具体的，有着极强的实践性，这是一般学科所无法比拟的。不用说冰上芭蕾、花样游泳、体操等在优美的旋律伴奏下进行的各项运动，就是随便一个体育动作无不是在对学生进行美的教育。

（四）健心功能

培养学生的健康心理，是各级各类学校教育，尤其是体育教育中一个非常值得注意的问题。紧张的工作生活和学习中的竞争，对人的心理有巨大的压力和影响，一部分青少年的心理存在问题。体育教育可以培养学生乐观进取、积极向上的精神，可以使学生勇敢、坚定、果断，提高自控能力，可以协调人际关系，提高交往和协作能力。体育竞赛活动能使学生在平等条件下的竞争中，充分发挥各自的能力，不断进取。竞赛的结果，则是对学生正确对待成败观的教育，使学生能正确地对待失败与挫折，正确地认识自己，增强自信心，成为生活的强者。

（五）健身功能

体育锻炼是增进健康、推迟衰老、延年益寿的有效方法。通过锻炼可使血液循环加快、增强心脏的功能；可以改善大脑的供血状况，消除脑力劳动后的疲劳，使头脑清醒，思维敏捷；可使呼吸肌增强，肺活量增大，肺功能提高；能使肌肉粗壮结实、丰满有力；能使骨骼坚韧，骨密度增厚，骨的抗弯、抗折能力增强；还可以提高人体的基本活动能力、对环境的适应能力和抵抗疾病的能力。如果长期坚持体育锻炼，人类的体质就会得到增强，健康水平就会不断提高。

三、高校体育的地位、目的和任务

（一）体育在高校中的地位和目的

体育是学校教育的重要组成部分，是培养德、智、体、美、劳全面发展的社会主义建设人才的一个重要方面。因此，必须重视体育，并通过体育教育学生不仅要锻炼身体，而且要了解德智皆寄予体育，健康的体魄是学习、工作的物质基础。根据体育本身的特点与作用和我国社会主义制度的要求，高校体育的目的是：增强学生体质，提高运动技术水平，为建设社会主义服务。体育的这一目的突出体现了体育的主要作用是增强体质，也反映了我国社会主义建设对体育的要求。

（二）高校体育的任务

1. 增进学生身体健康，增强学生体质，提高学生抵抗疾病与适应环境变化的能力，促进学生的身体全面发展

我国大学生年龄约在17岁至22岁，处于身体发育的后期。根据调查资料，我国城市男女青年身高均值最高年龄为22岁，这说明在大学阶段的学生身高仍在逐年增长。坚持体育锻炼，就能促进身体各器官、系统的正常生长发育。大学生的身体素质中，最基本的是力量和耐力。力量素质是发展其他素质的基础因素，一个人具有丰满结实

的肌肉，就能保持正确的姿势和健美的体形，就能经受持久的体力劳动。所以，力量素质是人们劳动、生活和体形健美的基础。人们在日常生活和工作中，对肌肉的工作力量和耐力的要求是基本的，在体育锻炼中所发展的力量和耐力素质，可以直接转移到日常生活和学习工作之中。因此，在全面增强身体素质的同时，应着重发展力量素质和耐力素质。为了解决身体适应外界环境变化和提高免疫能力，以及对各种病毒、病菌的抵抗能力的问题，应注重利用日光、空气、水等自然因素来锻炼身体。

2. 激发学生参加体育锻炼的兴趣，使学生掌握体育卫生的基本知识和科学锻炼身体的方法，提高学生的体育文化素养与能力，培养学生良好的锻炼习惯与卫生习惯，为学生的终身体育锻炼奠定良好的基础

现代体育综合了生理、解剖、生物化学、医学、力学、哲学、心理、教育等自然科学和社会科学的知识，内容极其丰富。只有深刻认识了锻炼身体的意义和作用，才能激发锻炼身体的热情和锻炼的自觉性。人体的结构是一个复杂的整体，在大学阶段，要加深学习人体生理、解剖等方面的知识，掌握运动生理知识、运动技术和技能与锻炼身体的科学方法，并且把锻炼的自觉性和科学的锻炼方法结合起来，才能收到积极的锻炼效果。掌握了运动技术，才能形成爱好，进而养成习惯，终身受益。

3. 提高部分学生的体育运动技术水平，为国家培养优秀的体育运动后备人才

现代大学生的国际交往活动频繁，努力提高运动技术水平以适应我国大学生参加各种国际体育竞赛的需要，是高校体育的一项战略任务。世界青年体育运动交往和比赛，不仅是身体素质和运动技术水平高低的比赛，在某种意义上也是各国的经济、科技、文化教育发展水平和民族精神面貌的比赛。组织运动队训练，提高运动技术水平，对发展我国体育运动，实现我国体育的宏伟目标有深远的意义。在高校广大青年学生中，有许多具备运动才能的体育人才，高校又具备较好的训练条件，完全有可能把我国大学生的运动成绩提高到国际先进水平，在国际体育竞赛中获得优异成绩。所以，高校应为振兴中华，为祖国争取荣誉做出更大的贡献。

4. 陶冶学生的情操，锻炼学生的意志

培养学生的爱国主义和集体主义精神，增强学生的组织纪律性，提高学生的思想品质。体育对实现党的教育目标有着重要意义，由于体育的特点，它在完成教育的使命中可发挥特殊的作用。

四、高等学校体育工作基本标准

为落实立德树人根本任务，加强高等学校体育工作，切实提高高校学生体质健康水平，促进学生全面发展，根据国家有关规定，教育部制定了高校体育工作基本标准。此标准适用于普通本科学校和高等职业学校的体育工作。

（一）体育工作规划与发展

全面贯彻党的教育方针，服务立德树人根本任务，将学校体育纳入学校全面实施素质教育的各项工作，认真执行国家教育发展规划、规章制度及各项要求。创新人才培养模式，使学生掌握科学锻炼的基础知识、基本技能和有效方法，学会至少两项终身受益的体育锻炼项目，养成良好锻炼习惯。

统筹规划学校体育发展，把增强学生体质和促进学生健康作为学校教育的基本目标之一和重要工作内容，纳入学校总体发展规划，全面发挥体育在学校人才培养、科学研究、社会服务和文化传承中不可替代的作用。

设置体育工作机构，配置专职干部、教师和工作人员，并赋予其统筹开展学校体育工作的各项管理职能。实行学校领导分管负责制（或体育工作委员会制），每年至少召开一次体育工作专题会议，有针对性地解决实际问题。学校各有关部门积极协同配合，合理分工，明确人员，落实责任。

加强学校体育工作管理，在学校体育改革发展、教育美学、教研科研、竞赛活动、社会服务等各项工作领域制定规范文件，健全管理制度，加强过程检测。建立科学规范的学校体育工作评价机制，并纳入综合办学水平和教育教学质量评价体系。

（二）课外体育活动与竞赛

将课外体育活动纳入学校教学计划，健全制度，完善机制，加强保障。面向全体学生设置多样化、可选择、有实效的锻炼项目，组织学生每周至少参加三次课外体育锻炼，切实保证学生每天一小时体育活动时间。

学校每年组织春、秋季综合性学生运动会（或体育文化节），设置学生喜闻乐见、易于参与的竞技性、健身性和民族性体育项目，参与运动会的学生达50%以上。经常组织校内体育比赛，支持院系、专业或班级学生开展体育竞赛和交流等活动。

注重培养学生体育特长，有效发挥体育特长生和学生体育骨干的示范作用，组建学生体育运动队，科学开展课余训练，组织学生参加教育和体育部门举办的体育竞赛。

加强校园体育文化建设，促进中华优秀体育文化传承创新。学校成立不少于20个学生体育社团，采取鼓励和支持措施定期开展活动，形成良好的校园体育传统和特色。开展对外体育交流与合作。通过校报、公告栏和校园网等形式，定期通报学生体育活动情况，传播健康理念。

因地制宜开展社会服务。支持体育教师适度参与国内外重大体育比赛的组织、裁判等社会实践工作。鼓励体育教师指导高校体育教学、训练和参与社区健身辅导等公益活动。支持学校师生为政府及社会举办的体育活动提供志愿服务。

（三）基础能力建设与保障

健全学校体育保障机制，学校体育工作经费纳入学校经费预算，并与学校教育事业经费同步增长。加强学校体育活动的安全教育、伤害预防和风险管理，建立健全校园体育活动意外伤害保险制度，妥善处置伤害事件。

根据体育课教学、课外体育活动、课余训练竞赛和实施2014年教育部公布的《国家学生体质健康标准》等工作需要，合理配备体育教师，体育教师的年龄、专业、学历和职称结构合理，健全体育教师职称评定、学术评价、岗位聘任和学习进修等制度。

将体育教学、课外体育活动、课余训练竞赛和实施《国家学生体质健康标准》等工作纳入教师工作量，保证体育教师与其他学科（专业）教师工作量的计算标准一致，实行同工同酬。

体育场馆、设施和器材等符合国家配备、安全和质量标准，完善配备、管理、使用等规章制度，基本满足学生参加体育锻炼的需求。定时维护体育场馆、设施，及时更新、添置易耗、易损体育器材。体育场馆、设施在课余和节假日向学生免费或优惠开放。

第二节　体育教学的主要特征

一、身体参与的直接性

体育教学的根本目的是增强学生的体质，其教学本质就是通过肌肉群的运动，促进学生身体机能的发展，从而增强学生的运动技能。这就决定了体育教学这门课程需要通过反复的教授和实践，让学生掌握锻炼的方法。直观地说，就是通过肌肉的感觉将信息传递到中枢，然后经过反复的条件刺激，建立起条件反射，最终经过分析、总结，使学生达到对某种技能的理性认识，并且掌握某项体育运动的技能。因此，体育教学的特点之一就是身体参与的直接性。身体参与的直接性主要表现在两方面：第一是教师身体参与的直接性，因为有些体育运动需要教师亲身示范，这是体育教学中最常见的一种教学方式。第二就是学生身体参与的直接性，按照教师的示范，通过亲身参与，进行反复尝试和练习。

二、运动知识传承的可操作性

体育运动知识指的是身体知识，这一点也是体育运动同其他学科相比最为明显的差异之处。同时也是人们对自然外部知识的追求逐渐向人体内部知识进行转移的结果，更是一种面向人类本体、人类本身与人类自我的挑战。

现阶段，教育界对于学生的主体性地位给予了肯定与重视，而这样对人类自我知识的再度追求，不仅仅对高校体育教学的特殊性进行了展示，同时还使得高校体育教学具有了传承知识的重要意义。从这个角度上来讲，高校体育教学并不是传统意义的，而是对身体知识的传承，而身体知识是一种能够实现人类自身感觉真正回归的知识，并且也是科学知识的一种，只是人们没有发现与挖掘这种知识的重要性而已。可以想象的是，这类知识在未来肯定会受到人类的广泛认可、关注，并能够在人类身心健康的相关研究中被广泛应用。

三、教师与学生身体活动的频繁性

在高校体育教学开展的过程中，教师需要不断对运动项目的动作进行示范、指导与反馈，这主要是因为身体知识来源于身体的不断实践与操作，同时对学生而言，也需要身体的操作和体验。如果想要学习、掌握运动技能，就需要反复地进行身体的操作和演练。因此，在体育课堂教学开展的过程中，教师和学生身体活动会比较频繁，学生不仅有身体的强烈活动，还有运动体验的欢快情绪。

四、学生身心合一的统一性

体育从本质上来讲，就是改造人自身的过程，强调生理机能和形态结构统一的同时，还强调身心的和谐发展。高校体育教学活动开展的过程不仅要追求体育文化的传承，要使学生的身体改造得到一定的促进，同时还要使学生的心理素质与社会适应能力得到强化。高校体育教学开展过程营造了许多生动的情境，这一点也是其同智育教学间的差异之处，为学生心理素质的发展与社会适应能力的提高创造了良好条件。

所以，高校体育教学过程同辩证唯物论的观点是相符的，讲究身心发展的统一性。身体发展是基础，而身体的发展支持了心理发展，同时心理的发展还能够对身体的发展起到促进作用。高校体育教学开展过程中身心合一的统一性，主要体现在以下三方面。

（1）高校体育教学内容要注重对学生各种能力和素质的培养，注重心理与社会的适应性培养，符合社会学和心理学等方面的要求。

（2）体育教师的教学方法和教学组织必须与学生的身心发展规律相符，在动作与休闲的反复交替过程中，使学生的健身目的得以实现。练习活动与休息在一定的范围内合理地交替进行，因此，学生的生理机能变化会以一条波浪式曲线呈现出来。

（3）体育课程教学同学生的年龄特征与心理特征也是相符的。学生的心理活动所呈现出来的曲线图像是高低起伏的，而这种生理、心理负荷的波浪式曲线变化规律，使高校体育教学的鲜明节奏性与身心统一性、和谐性得到展现。

所以，体育教师在对各种教法与组织进行安排的过程中，应该充分考虑学生的心理特征，只有这样才能够使学生的身体发展得到促进，使学生的兴趣爱好与积极性得到有效激发，进而促进高校体育教学功能的有效发挥。

五、体育教学过程的直观形象性

体育课程教学开展的各个过程，都对鲜明的直观形象性进行了体现。例如，对体育教师而言，其讲解要使用有趣贴切、形象生动的语言，艺术性地加工所要传授的东西，将语言简单化，使学生加深对教学内容的感知。同时，体育教师需要应用特殊的演示形式，通过动作示范、优秀学生的示范、学生正误对比示范、人体模型、动作图示、教学模具等直观地、形象地进行展示，从而建立清晰正确的运动表象，使学生从感官上对动作进行感知。通过直观的动作演示，学生能够将得到的表象同思维紧密联系在一起，更好地掌握体育知识与体育技能。

六、学习者身体生理负荷性

体育教学中涉及很多的运动和锻炼，这些都是通过肌肉群的运动，促进身体机能的变化。从生理角度而言，很多体育运动、活动都会牵涉到身体做功的问题，学生在参与的过程中，可以通过肌肉群的运动促进新陈代谢，增加身体的生理负荷，最终达到强身健体的作用。例如，组织学生参加跑步活动，跑步结束时，学生会感觉到小腿肌肉和大腿内侧的肌肉有酸胀感，同时也会造成身体的劳累，这就说明了体育锻炼具有增加人体的身体生理负荷性的特点。除了跑步这项运动之外，跳远、篮球、足球等能够带动机体肌肉群的运动，都能对机体产生负荷。在进行体育教学的过程中，教师也可通过引导学生反复地进行体育运动的实践，完成教学任务。

七、体育内容的审美情感性

体育课程教学的美，最直观的表现是运动开展过程中教师与学生的人体美与运动美。通过运动塑身，教师和学生身体各部分线条的美与身体比例对称的美得以形成，并且人体运动的美也在这一运动过程中得以实现。上述这些都是外显的内容。在运动开展过程中人体的精神美也会得以实现。例如，在运动开展的过程中，需要克服生理障碍和心理障碍，使高校体育教学目标得以顺利完成，使得礼貌、谦让和谦虚等风范得到体现。

高校体育教学活动不仅展示了人体美、运动美和精神美，还使得高校体育教学内容的审美性得到体现。每个运动项目都对审美特征和美学符号进行了不同的表述，例如，球类运动项目不仅使个人的运动优势得到展示，也可兼顾到群体互助、协调和合作等人际素养；田径运动不仅使学生个人的运动才能得到表现，同时也展示了永不言败、永不服输的豪气；体操运动项目使人的技艺与灵巧性得到展示等。这些内容都是前人累积的经验总结，教师加工后传授给学生，以此让学生去感知，获得身心的全面健康发展。此外，高校体育教学活动作为一种社会活动，具有一定的创造性，教师与学生共同营造的教学情境在精神上能够给人以启迪，令人回味。

八、客观外界条件的制约性

同其他学科教学相比，高校体育教学的另外一个不同之处就是，高校体育教学效果很容易受到外界各方面的影响和实际客观情况的约束。例如，学生的性别、年龄、生理特点、心理特点、体质强弱与运动基础、体育场地、运动设施、客观气候条件等。在高校体育教学对象的层面上而言，高校体育教学应该使教育的全面性得以实现，在运动基础方面区别对待不同水平程度的学生，同时还要针对学生的性别、年龄、生理特点、心理特点与体质强弱等方面的实际情况实现区别对待。例如，在机能水平、身体形态、运动功能与运动素质等方面，男女学生也会存在明显的不同，因此，在教学选择、教学设计和教学组织等方面就应该对性别差异进行考虑。在高校体育教学环境的层面上而言，鉴于室外存在较多的影响因素，所以体育课堂教学一般会在室内开展室外教学，使学生的视野更加广阔，但同时学生的注意力也非常容易分散，如意外声响和汽车鸣笛声等的干扰。当然，也有一些不可控因素的存在，比如，天气，都会干扰到高校体育教学过程。由于体育课程教学在体育场地、器材设施和客观气候条件等方面存在一定的要求，所以体育教师在制订学年高校体育教学计划、课时具体计划、选择教材内容、实施教学组织方法的时候都应该将上述影响因素纳入考虑，尽量减少各种因素的干扰性，促进高校体育教学效果与质量的提高。此外，体育教师还应该对酷暑、严寒等自然条件进行利用，使学生适应环境的能力得到培养。

第三节　高校体育教育的地位与作用

高校体育是高校教育的重要有机组成部分。它同德育、智育密不可分，都承担着为国家培养德、智、体、美、劳综合发展的高素质人才的重大责任。从全局来看，高校体育作为全民体育不可分割的一部分，为社会体育、竞技体育和终身体育奠定了基础，也因此成为我国体育事业的一个战略发展方向。所以，在综合性高素质人才培养方面，在全国体育事业繁荣昌盛方面，高校体育的作用无可替代。

一、高校体育与全面发展教育

全面发展教育是包括德育、智育、体育等多方面促进学生全面发展的一种教育形式。因此,高校体育无可替代地被纳入了全面发展教育中。高校体育的功能和作用决定了它在综合性高素质人才教育中的战略地位。高校体育和高校教育二者不仅是简单的包含关系,更是实现教育目的的主要方式。

在19世纪,马克思首次提出了人的全面发展理论,他说:"我们把教育理解为以下三种东西:第一,智育。第二,体育。第三,技术教育。"① 在他著名的《资本论》中,他谈道:"未来教育对所有已满一定年龄的儿童来说,就是生产劳动同智育和体育相结合,它不仅是提高社会生产力的一种方法,而且是造就全面发展的人的唯一方法。"②

高校体育在学校教育中的基础性、无可替代性地位,体现在它是德育和智育的物质基础,更体现在它可以加速德育、智育、美育的进步,与德育、智育、美育有着不可分割的联系。

(1)高校体育与德育

高校体育教育可以促进身体健康,心理素质提高,更可以提升道德情操。学校通过教学大纲,体育培养方案进行体育教育,体育活动开展,可以增进学生的爱国主义使命感、集体主义荣誉感和社会主义认同感,帮助学生建立关爱同学、爱护集体、帮助他人、团结友爱、比学赶超、公平竞争、坚韧不拔、拼搏奋进等优秀品质,促进学生健全的人格发展和思想道德水平的提升。

(2)体育与智育

高校体育为智力开发提供良好的物质基础,是智力增长的重要途径。人的智力发育离不开大脑作为物质基础。已有的研究表明,人的智力水平和大脑的物质结构以及人的技能状况相互间紧密的联系。长期坚持体育运动,能够让大脑得到源源不断的氧气和能源物质供应,大脑的神经细胞因此能快速健康生长。大脑皮层细胞活动增强,均衡性和灵活性以及综合分析能力提升,都为促进智力发展创造了良好的生理条件。人们曾对少年乒乓球运动员进行观察,发现那些从小就开始系统练习乒乓球的学员,在运动速度、应激反应能力、智商指数测试上,都明显强于其他学生。而且,通过合理科学的体育运动,还可以培养学生灵活的思维能力、丰富的想象力、对环境敏锐的感知能力、细心的观察力和综合思维判断能力等,还能促进学生用脑时思路清晰,长时间注意力集中,从而提高学习效率,事半功倍。所以,高校体育对智力发展作用重大。

(3)高校体育和美育

高校体育也是对学生进行美育的重要形式。学校开展体育活动,可以使学生身体

---

① 马克思,恩格斯.马克思恩格斯全集:第4卷[M].中共中央马克思恩格斯列宁斯大林著作编译局,译.北京:人民出版社,1958.
② 马克思.资本论[M].朱登,编译.北京:京华出版社,2020.

各个部分的骨骼肌肉得到均衡协调的发展,在体育运动中培养学生的形体美、姿态美、动作美、仪表美、心灵美和高尚情操,并且能提高学生创造美、鉴赏美、表现美、感受美的能力。因此,体育能使美育对学生身心的促进作用得到充分发挥,取得美育身心的成效。

综上所述,高校体育和德育、智育、美育等密不可分,四者共同促进,协调发展。体育对学生综合素质全面发展具有重要作用,是培育新时代思想积极、品格优良、才智卓越的优秀学子最有效、最成功的手段。

学校教育的最终目标就是为社会发展进步培养优秀人才。德育和智育是重要的,德才兼备,品学兼优,既有责任感又有真才实学,才能服务人民,报效国家,为社会主义现代化事业做出更大贡献。体育同样也是重要的。有了身体的强壮、健康,才能完成艰难繁重的学业,把对知识的渴求转化为孜孜以求的行动,最终成为社会主义事业的有用人才。所以,在学校的各项教育中,体育和智育、德育、美育等都要紧密配合,一起服务于培养全能型综合高素质学生的目的。

二、高校体育与全民健身

高校体育对全民族体质的增强、全民族素质的提高具有重要意义。目前,全球各国都在进行综合国力的竞争,抢占新科技革命技术制高点。一国国民的体质是民族竞争力的重要组成部分。国民体质的强弱、全民族素质的高低,都关系着民族的前途和国家的命运。青少年的身体素质是一个民族身体素质水平的象征和表现。他们在学校期间正处在身体生长发育的成熟期和完善期,体育锻炼是影响学生身体生长发育与完善的重要因素。所以,做好高校体育工作,积极引导学生参加体育活动,有利于增强学生体质,促进学生身体发育成熟,还能培养他们热爱体育锻炼,养成运动习惯,提高运动技能,为终身运动、健康工作做好保障。

做好高校体育工作,能扩大我国体育锻炼人口,掀起体育社会化风潮。可见,高校体育是我国体育事业的重要组成。做好高校体育工作,学生就能得到良好的体育练习,他们将来在事业发展中,更容易脱颖而出,做出一番事业。这对全民健身运动的提倡、体育运动的全民普及、体育人口范围的扩大、体育社会化进程的推进具有极大的积极作用。

三、高校体育与终身体育

进入 20 世纪下半叶,社会革命和新科学技术革命大大促进了人们生产生活水平的提高。一方面,人们对身体素质要求越来越高,对愉快、文明、健康的休闲生活水准的要求也越来越高。另一方面,现代社会快节奏、高强度的工作环境也给人体健康带来了损害。为了积极应对来自社会进步的压力和挑战,终身教育、终身体育锻炼理念被人们传播开来。

显然，终身体育不仅仅是指高校体育，还包括学前体育、高校体育和学后体育整个人生周期。所有的社会成员都要接受学校教育，而学校教育是终身体育的基础，起到承前启后的作用，是终身体育的关键组成部分。

首先，高校体育要为终身体育打好体质基础。儿童和青少年处于成长的重要时期，长知识离不开长身体。高校体育必须满足学生发展的需要，尊重学生心理、身体素质特点，因材施教，有的放矢，促进学生身体茁壮成长，健康成长，高质量发展。这样有利于他们全身心投入繁重的学习思考活动中，为他们将来的人生打下坚实的身体基础。

其次，高校体育要培养学生终身体育的意识、习惯和能力。所谓的终身体育意识，通常指对终身体育的认识，只有认识到了终身体育的价值，才能自发地产生锻炼运动行为。终身体育的习惯是指在正确认识指引下，坚持体育锻炼，发展为爱好，进而成为一种好习惯，这样就能长期坚持下去。高校体育就是一个有目的、有计划的体育教育过程。体育学科的各项知识技能和科学训练原理与方法都通过学习系统掌握，这样就能促进体质健康，培养起终身体育的意识、习惯和能力。

终身体育的能力可以理解为终身体育的本领，具备了这种能力就能更好从事终身体育锻炼。它主要包括自学、自练、自评、创造等能力。自学是指学生自主学习，主动学习陌生知识技能的能力。自练和自评能力一般是指学生在体育锻炼中能根据自身情况以及实际条件进行计划、安排、组织、实施和评估。创造能力则是对学生创造性运用所学知识解决实际问题的能力。这些能力并不是孤立的，它们构成了终身体育能力。学生对这种能力的掌握和运用，能使学生长远受益，它对学生的终身体育教育起着极为重要的作用。

第二章 高校体育教学的原则

第一节 体育教学原则概述

一、体育教学原则的概念

"原则"一词，在汉语中通常指"观察问题、处理问题的准绳"。在教学论中，通常把教学原则定义为对教学的基本要求和指导原理。教学原则对整个教学过程都起着指导作用：第一，教学原则是指导教学活动的出发点，教师要根据教学原则来设计整个教学过程。第二，教学原则是实施教学的总调节器，在整个教学进程中，教师要以教学原则来调节、控制教学活动。第三，教学原则是判断教学质量的基本标准，教学质量的高低。从根本上来说，就看教学原则贯彻得如何。因此，每个教师和教学管理者都必须掌握教学论所确定的一系列教学原则。

基于以上对教学原则的分析，体育教学原则是实施体育教学最基本的要求，是保持体育教学性质的最基本因素，是判断体育教学质量的基本标准。

二、体育教学原则提出的依据

1. 哲学依据

这是最重要的依据。从所应遵循的哲学思想来说，最基本的是两条：一是唯物论，二是辩证法。

违反辩证唯物论，主观主义地杜撰出一些"原则"来的事物是不难看到的，硬要把某些只能在局部地方起作用的东西夸大为在任何地方起作用肯定行不通。

对事物的基本关系的分析，具体问题具体分析，这是辩证法的重要内容，这是避免片面性的重要方法，但片面性却常见，例如，直观性原则就是一条有片面性的原则。尽管直观在认识中有重要的作用，而且在教学活动中应当自觉地运用直观，但是，直观只能在有利于认识的启动和深入时才使用，不能为直观而直观。直观适用的范围并不是普遍的，大量的概念、原理是不可能借助直观手段的，"道德"这个概念你怎么去直观地解释？"是一个无理数"这个原理你怎么去直观地说明？这里的片面性也就在这样两点：第一，直观手段的普遍性有限。第二，直观与认识的关系，直观与抽象的关系，这是更重要的方面，但未涉及或未弄清楚。

2.教育理论依据

按照整个教育科学领域的理论层次来说，应当是这样的。教育理论，从大的方面来说，有教育本质论、教育目的论、教育价值论、教育规律论、教师论、学生论、德育论、智育论、美育论、教学论以及德育体制与教育管理理论等许多方面。

教育目的论、教育价值论所要涉及的人的发展理论无疑对教学原则有重大影响。关于人的全面发展的目标是最基本的，教学应当体现教育目的是这一目标最重要的内容，这一点应为教学原则的制定所充分考虑，然而，传统的教学原则研究对此是比较忽略的。凯洛夫教学原则体系的重大缺陷之一亦在此，他提到的自觉性原则只是附带地涉及教学的教育目的。课程论、教师论、学习论，这些也是对教学原则制定有影响的。教学中的几个基本要素——教师、学生、教材，它们的相互关系及其正确处理是教学原则所应当回答的问题。传统的教学原则研究一般只从教师的角度讲，尽管教学原则必然主要为教师所掌握和运用，但应涉及教学中几个基本要素的关系。对于教材，系统性原则对之给予了部分的注意，特别给予注意的是结构原则。

三、体育教学原则的作用

体育教学原则是体育教学过程中必须遵守的准则或标准。作为体育教学工作的指导原理和基本要求，体育教学原则对体育教学工作具有指导作用。在体育教学过程中，体育教学原则既是出发点，又是调节中枢。它在一定程度上具体决定着教学内容的安排、教学方法的选择和教学组织形式的运用。学习和掌握体育教学原则，能按照体育教学的客观规律组织教学活动，正确解决教学内容、教学方法和教学组织形式等一系列理论与实践问题；遵循体育教学原则进行体育教学，就能提高体育教学质量，反之，违背了教学原则，就会降低教学效果，甚至劳而无功。

体育教学原则作用的发挥，不是某个原则所能单独完成的，而是需要一个完整的体育教学原则体系以发挥整体功能。所谓教学原则体系就是指：反映教学规律的多个原则之间不是孤立分散的原理，而是有机地相互联系的组合。只有建立一个科学完整的体育教学原则体系，才能发挥体育教学原则对整个体育教学过程的指导作用。由于人们对体育教学规律认识的角度不同，在构建体育教学原则体系的过程中，有的从社会学的角度出发，有的侧重教育学，有的偏重心理学等。就如何建立一个完整的体育教学原则体系，目前的体育教育理论界认识尚不一致。

第二节 高校体育教学原则运用

一、自觉积极性原则

自觉积极性原则是指在教师主导下，充分调动学生学习的自觉积极性，发挥学生的主体作用，培养学生学习的主动性和创造性，把认真完成学习任务，变成自觉的行动。

确定自觉积极性原则的依据，这一原则所指的是，在教师主导下学生的自觉积极性。它是由教师的教与学生的学的双边活动过程的教学规律决定的。师生关系是体育教学过程中的一对基本矛盾，矛盾的主导方面是教师。因为教师是教育者，他们掌握比较丰富的体育知识、技术和经验，能满足教好学生的需要。在实施教学计划过程中，教师的教起着主导作用，它不仅表现在对计划的制订和执行上，而且表现在对教学过程的调节和控制上。学生是教学的对象，是知识、技术的接受者，是学习的主体。但是，学生学习的自觉积极性不完全是自发的，还取决于教师的指导、传授、调节和控制。反过来，学生有了学习和练习的自觉积极性，又能主动地自我调节和控制，并与教师的调节和控制协调一致，才能保证预定教学目标的实现。所以，在体育教学过程中要把教师的主导作用与调动学生学习的自觉积极性很好地结合起来，这是提高教学质量的根本条件。贯彻和运用自觉积极原则的基本要求如下：

（1）了解和熟悉学生

教师必须了解和熟悉所教学生的特点和概况。要了解他们爱好什么、需要什么、擅长什么、有什么困难和不足，等等。这是教师搞好体育教学工作的前提。但是，真正做到了解学生是很不容易的。教师对学生的了解要做到"知人知面又知心"，能够做到这一点，关键在于教师，因为教师是师生关系中的主导者，教师不主动去了解和熟悉学生、关心学生，学生就不可能产生对教师的信赖，当然也就谈不上"知心"。只有做到"知人""知面""知心"，才会有调动学生自觉积极性的基础。

（2）发挥教师的主导作用

学生的自觉积极性不完全是自发的，还必须通过一系列细致工作才能充分调动起来。所以，要调动学生的积极性，必须发挥教师的主导作用。教师的主导作用，不仅表现在教学中，如教师通过讲解、示范、组织教学等手段，把学生引导到所教的内容上来，更重要的应该是给学生提供和创造一种良好的条件，使外因能顺利而迅速地转化为内因，从而调动学生的自觉积极性。

（3）建立民主平等、情感融洽的师生关系

体育教学过程中，教师要为人师表，教书育人，既要严格要求学生，又要满腔热情地关心与信任学生，使师生关系融洽和谐。感情息息相通。这种良好的人际关系，有利于学生能动地参加到体育教学中去。

（4）注意培养学生学习的内在动力

学生学习的内在动力，是鼓舞和推动学生的内驱力。教师应不断提高教学的艺术性和启发性，培养学生正确的学习动机和兴趣。动机是一切行为的前提，是推动学生学习、锻炼的心理依据。只有使学生形成了正确的学习动机，才能发挥学生的主体作用。

（5）培养学生自学、自练和自评的能力

自学、自练和自评的能力是养成学生经常参加体育锻炼习惯、培养终身体育锻炼意识的重要基础。在教师主导作用的前提下，要为学生自学、自练和自评能力的培养与发展，创设一个良好的外部环境，放手让学生独立自主、生动活泼、主动地学习与锻炼。

二、直观性原则

直观性原则是在体育教学中，要充分利用各种直观方式和学生已有的经验，通过学生的各种感觉器官去感知事物，培养学生的观察能力和积极思维的能力，使学生获得直接经验和感性认识，为掌握体育知识、技术和技能奠定基础。

确定直观性原则的依据是辩证唯物主义的认识规律。从生动的直观到抽象的思维，并从抽象的思维到实践，这就是认识规律、认识客观实际的辩证途径。任何知识的来源，都在于人的肉体感官对客观外界的感觉。在体育教学中，学生掌握体育的知识、技术和技能，也是从建立感性认识开始的。首先，必须使学生感知所学的动作，在感知的基础上建立起完整的、正确的动作形象和概念，从而为学生掌握体育的知识技术奠定基础。贯彻和运用直观性原则的基本要求如下：

（1）综合运用身体的各种感觉器官，感知体育教材，扩大直观效果

在体育教学中除通过视觉、听觉来感知动作的形象、结构和要领外，还要通过触觉和肌肉的本体感觉来感知完成动作时肌肉用力的程度、方法，及空间与时间的关系等，以扩大直观教学的效果。

（2）充分发挥教师本身对学生的直观作用

教师自身的一切活动，都是学生观察的目标，特别是教师的动作示范、语言表达等都是学生获得生动直观的主要来源。学生模仿能力很强，所以，要求教师必须加强自身修养，提高体育理论和运动技术水平，重视动作技术示范的准确性和规范性。

（3）充分运用多种直观教具和手段

要借助于多种教学媒介和各种现代化教学手段，如模型、图片、幻灯、录像、录音、电影等，以发挥直观教学的作用。

（4）善于引导学生观察和激发学生积极思维的能力

直观性是通过学生直接观察运动动作的形象来实现的。学生在教师的指导下，通过分析、比较、弄清正在学习的与已学过的身体练习有何联系。辨别运动动作的技术结构，找出动作技术的关键，明确正确动作与错误动作的界限，从而形成运动动作的正确表象。同时还要防止一般化的观察和单纯形式的模仿。

此外，选择运用好各种直观位置和把握使用时机，也将会取得良好的直观效果。

三、因材施教原则

因材施教原则是指体育教师在教学中，既要面向全体学生，提出统一要求；又要根据不同班级和学生的个体差异区别对待，把集体教学和个别指导结合起来，使每个学生的才能和特长都能得到充分发展。

确定因材施教原则的依据是学生身心发展的客观规律及个体发展不平衡性。同一年级和年龄组的学生，他们的身心发展规律具有共同点，因而体育教学可以对他们提出统一的规格和要求。同时，同一年级和年龄组的学生他们的身心发展又存在着个体差异的发展不平衡性，如他们在身体形态、身体素质、运动能力、兴趣爱好、运动项目专长等方面都存有差异。这些不同点，又要求在统一的基础上，要注意区别对待，因材施教。贯彻和运用因材施教原则的基本要求如下：

（1）深入了解学生的一般情况和个体特点

这是进行因材施教的基础。教师要通过调查研究，全面了解班上学生的体育认识、兴趣爱好、思想品德、健康状况、体育基础、身体发展等多方面的情况，找出他们的共同点和差异，才能采取不同的方法，因材施教。

（2）面向全体，兼顾两头

教师要把主要精力放在提高学生的成绩。在制订教学计划、确定教学的目标和要求时，应该是大多数学生经过努力可达到的。同时，还要兼顾两头，解决"吃不饱"和"吃不了"的矛盾。对个别身体素质好，有体育才能的学生，要为他们创造条件，让他们参加课余体育训练，为提高专项成绩打基础。对体弱和身体素质差的学生，要热情关心、耐心帮助，使他们在原有的基础上逐步提高水平，完成教学要求。

（3）从客观条件的实际出发

教学中贯彻因材施教原则，还必须考虑学校的客观条件。不同地区、季节、场地器材设备条件，都会对体育教学起制约作用。教师在制定教学目标时，除了考虑教材、学生的特点、组织教法外，还必须考虑上述各方面的客观条件，这样才能更好地因材施教。

四、身体全面发展原则

身体全面发展原则是指在体育教学过程中，教材内容的选择和安排要全面多样，使学生身体的各个部位、器官、系统的机能，各种身体素质和基本活动能力，都得到全面发展。

在体育教学中选择多种多样的不同性质的教材，采用多种有效的教学手段，有利于学生身体的全面锻炼和身体各个器官系统的机能得到协调的发展，养成正确的身体姿势。而长时间进行单一的、局部的锻炼，就得不到理想的锻炼效果，有碍学生健康。人体是一个完整统一有机体。人体各器官系统的机能、各种身体素质和基本活动能力之间，都是相互联系、相互制约和相互促进的，某一方面的发展，会影响其他方面的发展与提高。因此只有以身体全面锻炼为基础，才能促进学生全面协调发展。贯彻和运用身体全面发展的基本要求如下：

（1）全面贯彻教学大纲（或课程标准）提出的目标和要求

认真学习和领会国家教委颁布的学体育教学大纲（或课程标准）的精神，全面贯彻教学大纲所提出的目标和要求。制订全年教学工作计划和教学进度时，应注意各类教材和考核项目的合理搭配，保证学生身体的全面锻炼。

（2）身体全面发展的原则落实到课堂教学的全过程

课的准备部分，要全面多样；基本部分教材要进行科学、合理搭配，较理想的方案是，准备部分要以活动全身各部位肌肉、关节和韧带为主，使全身各部位充分伸展，为完成课的目标做准备；基本部分的教材，既有上肢为主的练习，又有下肢为主的练习，使学生身体得到全面、协调的锻炼和发展；课的结束部分，要做好放松活动，并布置课外体育作业，有组织地结束一节课。

（3）不断克服单纯从兴趣出发的倾向

体育教学中应激发学生的学习兴趣，使他们乐于上好体育课。《论语·雍也》云："知之者不如好之者，好之者不如乐之者。"因此采用一系列手段和措施激发调动学生的学习兴趣是必要的。但是，要把激发学生的兴趣，与单纯从兴趣出发两者区别开来。所谓单纯从兴趣出发，就是以学生的兴趣为中心，甚至背离体育教学大纲和全面锻炼的原则，学生喜欢什么，教师就教什么，练什么，这种片面迁就学生兴趣的做法，长此以往，就会带来不良的后果。教师要善于引导，使学生对如何上好体育课和教师教学内容选择，有一个科学的、正确的认识。

五、合理安排生理负荷和心理负荷原则

负荷包括生理负荷和心理负荷两方面。合理安排生理负荷和心理负荷就是在体育教学中要使学生承受适当的生理负荷和心理负荷，并使练习与休息合理交替，以促进

学生身心全面协调的发展。

确定合理安排负荷的依据：学生在体育教学中生理负荷和心理负荷变化的规律。从生理负荷变化的规律来看，人体功能的改善和提高，必须在适宜的生理负荷的刺激下才能实现。因此，在一定的限度内，生理负荷大，超量恢复的效果也就好，适应变化也加大；但如果生理刺激的强度过大，超过了一定限度，生理机能就会受到损害；而生理负荷刺激强度过小，对生理机能的发展也不会产生好的影响。

贯彻和运用合理安排负荷原则的基本要求如下：

（1）合理安排授课和复习课

学生的性别、年龄和健康状况不同，安排生理负荷时，要注意区别对待。不同性质的教材，应考虑它们对身体机能的不同作用和影响，做出科学安排。此外，学生的生活制度、营养条件及其他体力活动的负担、所在地区的气候因素及作业场所的环境条件等，在安排生理负荷时也应给予全面考虑。

（2）正确处理生理负荷的量和强度的关系

正确处理生理负荷的量和强度的关系，负荷量和负荷强度应互相配合，逐步增加。在体育教学中通常是先增加负荷量，待适应以后，再增加强度。在增加量时，强度宜适当下降。在强度再增加时，量则应适当减少，这样量和强度交替的增加和下降，密切配合，才能使学生承担负荷能力，逐步得到提高。

（3）正确处理生理负荷的表面数据和内部数据的关系

表面数据是指运动动作练习的量和强度。内部数据是指负荷量和强度所引起的一系列的生理、生化变化。生理负荷的表面数据与内部数据在通常的情况下是一致的。但因学生的体质强弱和身体训练水平不同，一定负荷的表面数据作用于不同的学生，可以产生不同的内部数据。因此，在分析生理负荷时，应把表面数据和内部数据结合起来，加以判断和评价。

（4）安排好心理负荷

安排心理负荷时，既要与教学进程相联系，又要与生理负荷相配合，使高低起伏，节奏鲜明，起到相互调剂，相互补充的效果。

（5）科学地安排休息的方式和时间

根据生理负荷和心理负荷的特点，科学地安排休息的方式和时间，以达到理想的效果。

（6）做好生理和心理负荷的测量、统计和分析工作

在评价体育课的质量时，既要安排生理负荷的测量，又要安排心理负荷的测量，以便从生理和心理两方面进行全面的客观评价。

六、循序渐进原则

循序渐进原则是指体育教学内容、教学方法和负荷的安排顺序，必须遵循系统性

和连贯性的要求，符合学生的年龄、性别特征，使学生按照一定客观规律的顺序，逐步得到提高与发展。

循序渐进原则的依据：人们认识事物的规律、动作技能形成的规律和知识、技术的系统性和连贯性。在体育教学中，必须遵循由易到难、由简到繁、由已知到未知、逐步深化，才能使学生更好地掌握体育的知识、技术和技能。贯彻和运用循序渐进原则的基本要求如下：

（1）提高教师素养

教师要提高自己的文化素养，深刻了解学生身心发展的一般规律和特点，了解各项教材的系统性，以及各项教材之间的关系。

（2）制订好教学工作计划文件

制订切实可行的教学工作计划文件，保证教学工作系统连贯地进行。在制订教学工作计划文件时，每个运动项目、每次课、每学期的内容和教法，都应前后衔接，逐步提高。

（3）安排好教学内容

在安排教学内容时，既要考虑该运动项目的由易到难、由简到繁的顺序，又要考虑与其他运动项目之间的关系。先安排哪个项目，后安排哪个项目，要符合循序渐进的要求，使前一个项目的学习有利于后一个项目的学习。

（4）有节奏地逐步提高生理负荷

体育课中生理负荷的安排，应采取波浪式的有节奏的逐步的提高方式。这是因为机体适应某种生理负荷需要有一定的时间。就一学年或一学期来说，应有节奏地交替进行不同负荷的体育课。本次课的生理负荷，应安排在前次课后的超量恢复水平上。但生理负荷总的趋势是逐步提高的。

七、巩固提高原则

巩固提高原则是指在体育教学中，要使学生牢固地掌握所学的基础知识、基本技术和技能，不断地发展体能，增强体质，并逐步有所提高。

巩固提高原则的依据是运动条件反射建立与消退的生理规律。因为动作技术、技能的掌握、巩固和提高，是通过不断地反复练习而形成的。反复练习可以使运动条件反射不断地建立和巩固，并在大脑皮层建立动力定型。但是，动力定型建立以后，还要继续练习，不断强化，使动力定型更加巩固和完善，否则，已经形成的动力定型还会消退，从而影响教学效果。贯彻与运用巩固提高原则的基本要求如下：

（1）反复练习

组织学生进行反复、经常的练习，增加练习密度，反复强化，不断巩固运动条件反射，是贯彻巩固提高原则的基本方法。每次课都要使学生有足够的练习时间和重复次数。但是反复练习不是简单机械地重复，而是要在原有的基础上逐步提高要求，不断地消除动作的缺点和错误，使学生看到自己的进步，就能更好地激发起学生反复练习的自觉性，就更有利于学生巩固和提高所学的知识、技术和技能。

（2）采用提问、测验、竞赛等多种方式

采用提问、测验、竞赛等多种方式，是贯彻巩固提高原则的有效手段。在运用这些手段时，要根据课的目标和要求进行。提问要有启发性。在某一阶段的教学告一段落时，可采取竞赛的手段，观察学生在复杂多变的竞赛条件下，运用所学的体育知识、技术、技能的熟练程度。

（3）改变练习条件

改变练习条件，对巩固提高体育基本技术、技能起到良好作用。改变练习条件包括场地、器材及动作结构、环境条件等。如平地跑改为斜坡跑，改变器械重量和动作组合等。

（4）课内外结合

教师在课堂教学的基础上，可以布置一定的课外体育作业或家庭体育作业，使课内外紧密结合，达到巩固提高的目的。

（5）培养进取动力

不断提出新的目标、培养学生的兴趣和进取动力。

以上体育教学原则是一个完整的体系，应相互联系、互相补充，在体育教学中全面正确地贯彻执行。体育教学原则是一个发展的范畴。但是在一定的时期内，又具有相对的稳定性。随着体育教学实践的发展，人们对体育教学规律认识的不断深化，体育教学原则也将得到不断充实和发展。

第三章　高校体育教学内容

体育教学内容有着悠久的发展历史，并且随着时代的不断发展和进步，体育教学内容也发生了一定的改变。因此，要充分了解和认识体育教学内容，并且在此基础上对其发展进行深入分析，同时要与普通高校体育教学的实际情况有机结合起来，有针对性和目的性地进行改革，进而促进普通高校体育教学内容的优化，为理想教学效果的取得奠定良好的基础。

第一节　体育教学内容基本理论

一、体育教学内容的概念

以达到体育教学目标为目的而进行的体育知识和技能体系等方面的选择和运用，就是所谓的体育教学内容。

在体育教学中，教学内容的选择是教育者以教育的一系列要求为主要依据，通过对前人体育和教育实践经验进行综合的总结，按照教育原则，从丰富的体育技能理论当中精挑细选出来的。教学内容在教师与学生中间扮演着中介和媒体的角色，这就对教师和学生之间的信息交流起到重要的决定性作用。

从某种程度上说，体育教学内容对体育教学的效果和质量起到重要的决定性作用。

二、体育教学内容的特点

体育教学内容有着较为显著的特点，具体来说主要表现在以下几方面。

（一）健身性

体育的一个重要功能就是增强体能、增进健康。体育教学内容学习的实质就是学生体育知识、身体练习和技能的学习。体育教学的主要目的，就是通过对身体练习的运动负荷量以及强度进行合理的安排，通过一定的手段加以调控，从而使学生的体质得到增强，变得更加健康。体育教学内容对于学生增强体质增进健康的作用，是其他所有教学内容所不具备的。

（二）娱乐性

发展到现在，体育项目越来越多，而这些项目最早大都起源于各种游戏，然后经过长期的演变和发展而来。在体育教学中，各项教学内容也是如此，大都来自体育运动项目，由此可以认定这种体育教学的内容必定带有一定的乐趣性和娱乐性。在体育教学过程中，这种运动娱乐性主要体现在克服困难、协同作战、争夺胜利等心理过程中，体现学生对新的运动的体验和对学习进步的成就感，体现在运动的环境、场地、比赛规则、比赛形式等变化和加工方面。当学生学习某项运动技术时，本身就会存在对这种运动本身乐趣性的追求动机，因此体育教学内容本身就有一定的娱乐性特征。

（三）运动实践性

体育教学内容的实质是身体运动的一种实践，这是区别于其他教学内容的地方。体育教学内容可以说是以有关身体运动的学习和身体运动的技能形成为主要培养目标的内容；是以运动为媒介，以大肌肉群的活动状态进行教育的内容。体育教学内容的学习并不单单是学生大脑思维的活动，学生不光要对内容进行理解，并且要在实践中进行运动学习以及身体练习。学生在参加体育学习的过程中，要通过运动中的肌肉本体感觉的形成与动作的记忆，来判断自己是否真正掌握了教学内容。因此，在体育教学内容中，学生的学习是要将思维和行为联系起来的。所以体育教学内容的学习尤为强调练和做等实践行为，因而呈现出运动实践性的特征。

（四）教育性

对学生进行教育的载体就源自体育教学的内容，所以在选择体育教学内容时，首先想到的就应该是它的教育性。一般来说，体育教学内容的教育性主要从以下几方面得到体现。

（1）对于大多数学生是较为适用的。

（2）有益于学生的身心发展。

（3）既有冒险性又比较安全。

（4）摒弃落后性，发展创新性。

（5）避免过于功利性。

（五）非逻辑性

相较于其他学科教学内容来说，体育教学内容的不同之处主要体现在：体育教学内容往往不存在一般学科教学内容之间清晰的由易到难、由简到繁的阶梯性结构；在逻辑结构上，没有明显的从基础到高级的体系；体育教学内容的排列并不是直线递进式的，而是复合螺旋式的。体育教学内容的组成是众多的相互平行的、可以替代的运动项目以及身体练习，其中有着丰富的体育与健康的理论知识，这种特性使体育教学内容在选择时的灵活性更强。

（六）人际交往的开放性

体育教学内容有很多，但大多数内容的主要形式是集体性活动，这种集体性教学活动与其他教学不同，往往是进行时空的变换。因此，在体育教学中对运动的学习练习和比赛当中学生之间有着非常频繁的交往和交流，与其他学科的教学内容相比，体育教学内容在人际交往方面无疑具有更明显的开放性。体育教学内容正是由于人际交流的开放性特点，教师与学生之间、学生与学生之间的关系才能够更加密切而开放。在这样的情况下，通过体育教学内容的学习能够帮助学生有效地提高社会适应能力。

三、体育教学内容的层次

通常情况下，可以将体育教学内容分为两个层次，即宏观层面和微观层面，具体如下。

（一）宏观层面

从宏观层面来看，体育教学内容主要包含上位层次（国家课程和教学内容）、中位层次（地方课程和教学内容）和下位层次（学校课程和教学内容）三个层次。

1. 上位层次

在体育教学中，上位层次的教学内容主要是由国家教育行政部门规定的各种教学内容，其国家对教学方法进行的行政规划和管理，体现着国家的意志，各个学校都必须以之为依据开展教学活动。

在体育教学内容的开发上，一般具有专门性，目的是使未来公民接受基础教育之后达到一个共同体育素质。在对体育课程标准或教学大纲的制定以及教学内容的编写上，要根据不同教育阶段的性质与培养目标进行。一般来说，国家教育部门制定的课程和教学内容，要比地方体育课程丰富得多。因此，国家体育课程和教学内容在体育教学中起着主体性作用。

2. 中位层次

地方课程和教学内容是学校体育教学内容的中位层次。这一层次的教学内容是在国家规定的各个教育阶段的体育课程内来进行开发的。这一层次教学内容的开发必须结合当地的具体实际进行，其开发者大多为省一级的教育行政部门或授权的教育部门。地方体育教学课程和教学内容能够更好地适应当地体育发展的需要，适应当地体育发展的现状，能够更加高效地利用当地体育和教育资源，因此具有更重要的价值。

3. 下位层次

学校体育教学内容的下位层次是学校课程和教学内容。这一层次的课程和教学内容具有多样性和选择性的特点，其中主体是学校的教师，以国家课程和教学内容、地方课程与教学内容为前提进行具体实施，并科学评估本校学生的特点和需求，对当地社区和学校的体育教育资源进行充分利用，以学校的办学思想为依据。

在体育教学中，体育课程资源的开发要以国家教育方针、国家或地方体育课程和教学内容等为依据，教学内容的设计要体现出独特性和差异性，要满足每名学生的体育需求。

上位层次、中位层次和下位层次三方面的体育教学内容共同构成了我国的基础体育教学的内容体系，它需要国家教育部门、地方教育部门以及学校三者的协调努力，这样才能够促进体育教学内容的科学化发展。

（二）微观层面

课程是以教学内容为载体而实现的，以教学内容论的观点为主要依据，教学内容包含着多层意义。以教学内容具体化的程度为依据，可以将体育教学内容从微观层面分为以下几个层次。

1. 第一层次

微观层面的第一层次即体育课程标准所示的学习内容。以体育与健康课程标准规定为例，运动参与、运动技能、身体健康、心理健康、社会适应五个学习领域即是从这一层次进行的分析。这种分析实际上是活动领域的一种表述，并非常规意义上的体育教学内容。

2. 第二层次

第二层次是第一层次的具体化形式。从某种角度说这是能力目标分析，也不是通常意义上的体育教学内容，如体育与健康课程标准明确的水平目标：获得运动的基础知识，说出所做简单运动动作的术语（转头、侧平举、体侧屈、踢腿等）。

3. 第三层次

这一层次指的是教学中需要具体运用到的硬件与软件等物质设施，也就是说，属于普遍意义上的教学内容教具，比如，篮球、足球、体操、武术等运动项目，以及与这些项目相关的场地器材。这一层面是常规意义上所说的体育教学内容。

4. 第四层次

这一层次是具体的练习方法手段，即某项教学内容（如篮球）的下位教学内容，如练习教学内容（篮球运动的各种练习方法）、游戏教学内容（与篮球运动关系密切的游戏）等。

四、体育教学内容的分类

体育运动项目有很多，其内容也非常丰富，因此在将这些内容进行分类时，采用何种逻辑分类就成为一个重要的课题。合理地对体育教学内容进行分类能够使教师和学生更加深刻地认识体育教学内容，从而更好地参与到学习之中。

目前，关于体育教学内容的分类方法大致包含以下几大类。

（一）以体育教学目标为依据进行划分

依据教学目标进行分类，可以分为掌握体育运动技能的练习、掌握科学锻炼方法的练习、提高安全意识与能力的练习、发展体能的练习、发展学生心理素质的练习、提高学生社会交往能力的练习、提高基本活动能力的练习等。这种分类也是体育教学中一种比较常见的教学内容分类方法。

这种分类方法能够使根据多种目的的身体练习进行人为的规定得以实现，能够使教学内容具有一定的目的性，对于打破陈旧的、以竞赛为目的的教学内容编排体系也非常有利，从而保证学生能够学到比较多的体育教学内容。

（二）以体育的功能为依据进行划分

此分类方法是根据我国体育课程相关的文件，以三维健康观、体育的本质特征、国际体育课程发展的趋势为依据，将体育与健康课程划分为运动参与、运动技能、身体健康、心理健康以及社会适应五个领域并以目标为依据对体育课程的内容体系进行了重新构建。

（三）以人体基本活动能力为依据进行划分

依据活动能力进行分类，也就是按照人的走、跑、跳、攀登、负重等进行分类，进而重新分类组合各种各样的运动项目和身体练习的方法。这是在体育教学实践中比较常见的一种分类方式。这种分类方法比较灵活，不会受到正规的体育运动项目条框的限制。所以，这种方法在有利于组合教学内容的基础上对学生的各种身体动作和基本活动能力进行发展，所以这种分类模式对于低年级的学生比较适合。但这种分类在学习掌握体育运动技能、发展体能等方面的局限性比较强，对高年级学生来说，其要求往往无法满足，容易使高年级学生缺乏体育运动的动机。

（四）以身体素质为依据进行划分

发展学生身体素质是体育教学的目标之一。依据身体素质进行分类，是一种按照力量、速度、柔韧、灵敏、耐力的分类。这种划分或者是按照与动作技能相关的体能，力量、速度、灵敏、平衡、协调、反应时；或者是按照与健康相关的体能，身体成分、肌肉力量、心肺耐力、肌肉耐力、柔韧性等进行分类，进而对各种各样的运动项目和身体练习进行重新分类组合。

这种分类方法具有较强的针对性，对于学生正确认识各种体育运动项目与身体练习以及对体能的发展相当有利，同时能够有目的、有针对性地发展学生的体能。但此分类方法也有一定的弊端，那就是在体育运动项目中，许多项目并不是以提高某一方面身体素质为前提的，因此对待这类项目时这种分类方法显得比较模糊，而且这种分类方法使学生对体育教学内容的文化特性的认识上容易陷入误区，造成学生对体育运动文化方面的认识不足。

（五）以运动项目为依据进行划分

这是按照各个运动项目的名称和内容而进行具体的系统分类，体育教学内容大致可以分为球类、体操、田径、武术、体育舞蹈、冰雪运动、水上运动等。这种分类方法对各式各样的运动项目以及特点加以详细的划分。这是体育教学中最常见的教学内容分类方法。

这种分类方法在各方面都更加容易理解，对于学生了解和掌握体育运动文化具有非常大的帮助。但是这种分类方法将导致一些运动项目被忽略。而且即使在正式比赛的项目中也可能由于规则、技能等方面需要具有相当高的水平而与学校体育教育不相符，所以如果将其纳入体育教育内容必须进行一定程度的改造。但经过改造后，这类教学内容往往会与本来的运动项目出现非常大的差异，会对学生在运动项目的理解和掌握上造成非常大的影响。

（六）综合交叉分类

综合交叉分类是一种将基本部分与选用部分、理论与实践教学内容、各项运动的基本教学内容与提高身体素质练习教学内容等相互交叉的综合分类方法。

这种分类方法能够准确地将不同学生的不同年龄阶段身心发展特点和对学生学习的基本要求反映出来，对达成体育教学的目标有非常突出的作用，在有助于保持运动项目的固有特点和系统性的基础上，同时增强学生进行身体锻炼的实效性，从而在体育教学内容的运用中使运动项目的技术和学生身体素质的练习同时发展，相互配合。但需要注意的是，这种分类方法无法用同一标准进行衡量，在某种程度上会导致一定的混乱。

从上述内容中可以得知，对体育教学内容的分类方法是多种多样的。体育教学内容的分类可以分成不同的层次，在不同的层次可运用不同的分类方法，但是在同一层次上则必须采用同一个分类标准进行分类。

第二节　体育教学内容的编排与选择

一、体育教学内容的编排

（一）体育教学内容的编排方式

在体育教学内容的编排中，存在循环周期的现象。这里所说的循环，是指在同一教学内容中，不同的学段、学年等范围中进行的反复的重复安排。这种循环的周期有的是课，有的是单元，有的是学期，有的是学年，甚至有的循环是在某一个学段。以跑步为例，一节体育课上要进行 100 米跑，下一次课当中仍要进行 100 米跑就是以课为周期的循环。在一个学期内安排 100 米跑，在下一个学期内的课程上仍安排 100 米跑就是以单元和学期为周期的循环。因此根据以上理论，我国体育教学学者以不同的内容性质为主要依据，对体育教学的内容的编排进行层面的划分。具体来说，可以划分为以下四个层面，每个层面都有其各自的编排方式。

（1）"精学类"教学内容——充实螺旋式。
（2）"粗学类"教学内容——充实直线式。
（3）"介绍类"教学内容——单薄直线式。
（4）"锻炼类"教学内容——单薄螺旋式。

由此可以看出，体育教学内容的编排方式主要有两种：一种是螺旋式；一种是直线式。具体如下。

1. 螺旋式排列

体育教学内容的螺旋式是当某项运动项目的教学内容的有关方面在不同年级重复出现时，逐步提高教学要求的一种排列方法。

2. 直线式排列

与螺旋式教学内容的排列方式不同，直线式教学内容的排列是学习了某一体育运动项目和身体练习的相同内容，基本上不再重复出现的一种排列方法。

以上编排方式很好地满足了新课程标准中对体育教学内容的要求，并以体育教学内容当中的自身理论为主要依据，与体育教学内容中的各种情况的现状有机结合起来，创新地将各方面的内容合理编排在体育教学中。所以在未来很长一段时间内，这种编排方式的实用性都是非常强的。

（二）体育教学内容编排的注意事项

在进行体育教学内容编排时，需要对以下几方面的事项进行充分的考虑。

1. 要对学生的基础与实际需要进行充分考虑

体育教学的对象是学生。因此，为了使体育教学的内容更好地符合学生的实际需求，促进体育教学质量的不断提高，应使体育教学的内容与学生的实际情况和实际需求相适应。在进行体育教学时，教师不应仅仅片面地考虑体育运动和身体练习本身的难易程度，还应依据学生的实际需要、学生的体能和运动技能基础以及其发展的阶段特征等来进行体育课程内容的安排。

2. 要对不同的体育运动和身体练习的特征加以重视

在对体育教学的内容进行编排时，应注重各种运动技能的学习、改进、巩固、提高和运用。教师在课程安排时，并不仅仅为了让学生懂得相应的知识，更应该注重相应的知识的运用。

二、体育教学内容的选择

（一）体育教学内容选择的依据

在选择体育教学内容时，应该按照相关的依据进行有针对性的选择。具体来说，选择体育教学内容的依据主要有以下几方面。

1. 按照体育课程目标进行选择

体育课程内容在实现体育课程目标的过程中存在的方式是手段，而不是目的。体育课程目标存在多元性的特征，体育运动项目和身体练习也具备可替代性的特征，这就使体育教学内容的选择变得更加多样性。

体育课程的目标之所以能够成为教学内容选择的重要依据，主要是由于体育课程目标在体育课程编制的过程中，在每一个阶段内都作为教学内容的先导和方向，所以它经过了多方专家的合理思考验证，对各方面的影响都进行了认真合理的验证。因此，进行体育教学内容选择时，目标是必须遵循的，相应的体育课程目标对应着相应的体育课程内容。

2. 按照学生的需要及身心发展规律进行选择

在选择体育教学内容时，学生的需要是必须考虑的。体育教学以促进学生身心发展为目的，所以对体育教学内容进行选择的一个必要因素就是学生对于体育的需要和兴趣，这对于有效的学习是非常重要的。学习需要学生的主动参与，而主动参与就是说，学生自身积极和努力是必不可少的。通常学生如果面对感兴趣的事情，那么其参与的动力就会大大增加，学习的效率也将倍增。这非常符合一些教育学者所提出的观点：

如果学习是被迫的而不是出于兴趣而进行的，那么学习从某种意义上来讲可以说是无效的。

学生对教学内容的接受程度取决于其身心发展规律以及特点，因此从这个角度来说，体育教学内容必须使学生可以接受，并且感兴趣。所以在进行体育教学内容的选择时，学生的特点就决定着教学内容当中的各项要素。因此，绝对不能忽略学生的实际情况。

3. 按照社会发展的需要进行选择

学生的个体发展无法脱离社会的发展。因此，体育教学能够在健康方面为学生打下良好的基础。所以在进行体育教学的内容选择时，除了考虑学生本身的需求，社会现实发展的需求也必须被考虑进去。体育内容在选择方面不能够忽视学生走向社会后发展所必需的体育素质，所以体育教学内容必须能够满足学生在社会发展当中各方面的需要。除此之外，体育教学内容必须做到与社会生活和学生生活联系在一起，这样才能让学生体会到它的作用，其功能才能得以实现。因此，体育教学内容的选择与社会实际相符是非常重要的。

4. 按照体育教学素材的特性进行选择

在体育教学内容的选择上，最重要的要素就是体育教学素材。体育素材有着较为显著的特性，具体来说，主要包括以下几方面。

（1）内在逻辑关系性不强。没有非常强的内在逻辑关系性是体育教学素材的最大特性。这种特性使体育教学内容的选择无法完全按照难易程度和学生素质来进行。因此，体育教学内容往往只是以运动项目来进行划分。但各个教材内容之间的关系是平行和并列的，如篮球和足球、体操和武术，表面上看似有联系，但这种联系并非能够分得非常清晰，而且并没有先后顺序，我们也无法判断其中一个运动项目究竟是不是另一个运动项目的基础。所以，在这里是无法确定教学内容内部的规定性和顺序性的。

（2）具有"一项多能"和"多项一能"的特点。所谓"一项多能"，就是指通过一个运动项目，能够达到非常多的体育目的。这就是说，在这个项目中有着目标多指向性的特点。以健美操为例，有人利用这个项目来锻炼身体，有人用这个项目进行娱乐，同时这个项目还有表演的作用。在很多情况下，进行健美操运动往往能实现多个功能。这就是说，学生掌握了一项运动之后，就能够实现多种目的。"多项一能"则突出了体育教学内容之间具备相互的可替代性。比如，进行投掷练习，可以扔沙袋，投小垒球，还可以推实心球或推铅球。想通过体育运动得到娱乐放松，可以踢足球，可以打排球，打篮球、打网球也可以实现。这就是说，想达到目的并非只有一个项目可以实现，不同的项目同样能够做到。正是由于这个特性的存在，使体育教学内容中没有无可或缺的项目，使体育教学内容并不具备强烈的规定性。

（3）数量庞大。庞大的数量使体育教育内容相当庞杂，并且在归类上存在一定的难度。人类文明自诞生以来，创造出的体育运动项目数不胜数，而且丰富多彩，并且每一个运动的技能对于练习者的身体素质都有着各种各样的要求。鉴于这个原因，没有哪个体育教师能够精通全部的体育项目，因此体育教师的培养才要求一专多能，体育课程的设计者也很难寻找到最合理的运动组合运用到体育教学内容当中，也几乎不可能编写出适合所有地区和教学条件的教材。

（4）不同项目乐趣的关注点不同。以篮球和足球为例，其乐趣就是在激烈的直接对抗中，通过娴熟的技术和精妙的战术配合而得分。再如，在隔网类运动当中，其乐趣则是双方队员在各自的场地中通过巧妙的配合，将球击到对方场地而得分。因此，体育运动都有各自乐趣的特性使体育教学内容选择上的乐趣是无法忽略的，这同时是快乐体育理论存在的事实依据，并且这一理论在体育改革进程中产生关键影响。

（二）体育教学内容选择的原则

选择科学合理的体育教学内容，不仅要有一定的依据，还要遵循一定的原则。具体来说，选择体育教学内容应遵循的原则主要有以下几方面。

1. 科学性原则

进行教学内容的选择时，首先要遵循的原则就是科学性原则。具体来说，可以从以下几方面来对体育教学内容选择当中的科学性进行深入的理解。

（1）教学内容的选择必须对学生身心的共同发展有利。需要注意，一些内容虽然有利于学生身体健康，但对于学生的心理健康并不合适；反之，同样可能出现这种状况。因此，教学内容的选择必须使学生开心的同时，对身体的发展起到积极的促进作用。

（2）教学内容也要使学生能够从根本上对科学锻炼的原理和方法有深入的了解。这种了解能够使学生从事体育锻炼的自觉性和积极性得到进一步提高。

（3）教学内容本身的科学性。今后，国家会放开对体育教学内容选择的限制，不做具体的规定。因此，这就要求学校必须避免一些科学性不够强的体育项目作为教学内容进入课堂。

2. 趣味性原则

兴趣是最好的老师。因此，在进行体育教学内容的选择时，根据学生的各方面特征尽量选择他们感兴趣的有趣味的，并且在社会上比较流行的体育素材作为教学内容。毫无疑问，大多数竞技运动项目的健身价值和教育价值是不可低估的。

3. 教育性原则

在选择体育教学内容时，首先应从教育的基本观点对体育教学素材进行选择，对其是否与教育的原则相符，与社会的固有价值观是否同步进行分析。同时，要对它是否有利于学生的身心发展和身体锻炼进行明确的分析。

在选择体育课程内容时，要求必须与体育课程的主要目标相匹配，确立"健康第一"

的指导思想，并以此作为体育教学内容中最基本的出发点，同时看重其中的文化内涵，在学生学习体育技能的同时更能深刻体会到体育文化修养带来的益处。学校体育在培养学生时应首先考虑对学生的品德、智力、体质等方面的全面发展是否有利，将理论与实际结合起来，在使学生了解人体科学知识的同时真正锻炼身体，还要从思想文化等方面下功夫，使其在两方面同时发展。体育教学内容的选择对于不同学段学生的发展特点和规律都要充分考虑，其个体差异与不同需求将会在其中起到很大的作用，所以要充分考虑能够确保每一位学生受益。学校进行体育教学内容的选择时，还要与各方面的实际相符，从而确保选择时有足够的空间和灵活性。

4. **实效性原则**

简单来说，所谓实效性，就是判断某项体育教学素材是否实用，是否简便易行，是否有助于学生的身心健康。在教学内容上，加强学生生活与现代社会和科技发展的联系，对学生学习的兴趣加大关注，教学内容中的知识和技能要有利于学生终身体育的进行。所以在进行体育教学内容的选择时一定选择与学生自身的体育学习兴趣和经验相接近的，以及大众喜欢的、社会上比较普及的项目，同时强调运动项目的健身娱乐效果，为学生终身体育的发展奠定良好的基础。

5. **民族性与世界性相结合的原则**

在选择体育教学内容时，要在保留我国民族传统体育精华部分的同时，对国外好的课程内容的设置加以借鉴和吸收。体育教学内容的选择应该与时俱进，体现当今时代中国的特色。

（三）体育教学内容选择的过程

选择体育教学内容，不仅要有一定的依据，遵循一定的原则，还要按照一定的程序进行。具体来说，可以将体育教学内容选择的过程大致分为以下几方面。

1. **对体育素材的价值进行分析评估**

选择体育教学内容前，体育教师应当对当今社会给予足够的关注，要从社会的生产生活、科技教育等发展的实际出发，考虑社会的发展对人的影响与要求，并以此为基点对现有的体育素材进行分析与评价。要对所选内容能否促进学生的身体健康，能否督促学生主动进行体育锻炼，能否提高学生的思想品质进行充分的分析论证，选用合适的教材内容实施教学。

2. **对运动项目与练习进行充分的整合**

在体育教学中，不同的体育运动项目和身体锻炼形式会对学生的身心产生不一样的作用和影响。因此，在选择体育教学内容时，要以本学校的体育教学目标为根本前提，在此基础上认真分析各个体育运动项目对学生身体功能的不同方面发展是如何促进的，然后将各个体育运动项目与身体练习进行整理与合并，并对其进行合理加工，使之成为体育教学内容。

3. 选择的体育运动项目要有效

由于大多数体育运动项目都可以成为学校体育教学内容的基本素材，而且体育运动项目与身体练习所具有的多功能性与多指向性特点决定了它们具有很明显的可替代性。因此，学校体育教学内容在运动项目方面可选择性强。但是由于体育教学时间有限，不可能完成全部体育运动项目和身体练习的教学。因此，体育教师要以社会的需求与条件为依据，充分考虑不同阶段学生的身心特点与兴趣爱好，选出典型、常见的体育运动项目和身体练习作为学校体育教学的内容。

4. 对所选内容进行可行性分析

选好体育教学内容后，要对该体育教学内容的可行性进行分析。分析本地区地域、气候和本校的场地、器材等条件的制约与影响，充分考虑教学计划在这些特殊环境中的可行性，并保证各地、各校执行的弹性，为教师实施体育教学内容留下足够的余地。

第三节　体育教材化

一、体育教材化的概念

体育教材化是依据体育教学目的和学生发展的需要，针对教学条件将体育的素材加工成体育教学内容的过程。

具体可以从以下几方面入手，对体育教材化的概念进一步理解和认识。

（1）体育教材化是将体育的素材加工成体育教学内容的过程。

（2）体育教材化是加工过程，而这个加工过程的成果就是体育教学内容。

（3）体育教学的目标和学生发展需要是这个过程的主要依据，体育教学条件也是重要依据之一。

（4）教材化的内容主要涉及教学内容的选择、加工、编排和媒介化等方面。

二、体育教材化的意义

体育教材化有着非常重要的意义和作用，具体来说，主要从以下几方面得到体现。

第一，体育教材化能够将最符合体育教学目标和学生发展需要的那一部分内容选出来作为教学内容，从而使内容的庞杂和在选择上的无目的性的现象得到有效的避免。

第二，体育教材化通过加工，能够使体育的素材与体育教学的需要更加相符，从而使体育素材与体育教学内容之间的差异性得到有效的消除。

第三，体育教材化可以通过编排、配伍的工作，来进一步提高选出的但还杂乱的体育教学内容的系统性和整体性，从而将体育教学内容的教育作用更好地发挥出来。

第四，体育教材化可以通过物质化的工作，使编辑加工后的但还抽象的体育教学内容走近教学情景和学生，使体育教学内容更能成为体育教学的生动载体。

三、体育教材化的基本层次

通常情况下，可以将体育教材化大致分为两个基本层次，具体如下。

（一）编制体育课程标准和编写教科书

通常情况下，国家和地方教育行政部门组织专家会负责这个层次的工作。具体来说，这个层次的工作主要包括从各种身体活动的练习中筛选出素材，进行教材的分类、加工、排列等。

（二）以课程标准和教科书为依据将教材变成学生的"学习内容"

一般地，学校的体育教研组或体育教师会对这个层次的工作负责。具体来说，这个层次的工作内容主要包括：以体育课程标准和教科书的要求和规定为主要依据，与所面对的学生的具体情况和教学条件的实际有机结合起来，把面对一般学生情况和一般教学条件的教材变成适合一个班的学生和本校场地设施条件的教材。

这两个层次之间的关系如图 3-1 所示。

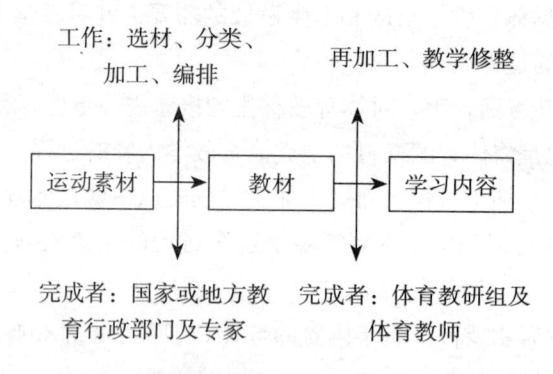

```
    工作：选材、分类、
         加工、编排           再加工、教学修整
              ↕                    ↕
        ┌────────┐   ┌──────┐   ┌────────┐
        │运动素材│ → │ 教材 │ → │学习内容│
        └────────┘   └──────┘   └────────┘
              ↕                    ↕
    完成者：国家或地方教        完成者：体育教研组及
         育行政部门及专家           体育教师
```

图 3-1 体育教材化的两个基本层次的关系[①]

四、体育教材化的工作内容

体育教材化的工作内容主要有四方面，即体育教学内容的选择、体育教学内容的编辑、体育教学内容的改造与加工、体育教学内容的媒介化。前两方面的内容已经在上一节有所阐述，这里主要对后两方面的工作内容进行分析。

① 程昕，王永翔.立体化教材 大学体育基础教程［M］.3 版.南京：南京大学出版社，2020.

（一）体育教学内容的改造与加工

选择出来的体育教学内容的素材，必须经过一定的加工和改造，才能够进入体育教学实践中加以应用。

在当前的教学实践中，许多体育教材化的有效方法和成功的范例取得了一定的成效，这里重点对比较具有代表性的几种教材化的方法进行分析和阐述。

1. 简化的教材化方法

简化的教材化方法是指，将各种高水平、正规的竞技运动项目在各方面（包括竞赛的规则、技术、器材和场地等）进行简化，从而使其能够更好地适应体育教学活动的开展。这种方法是现代体育教学中对教学内容进行教材化最为常用的一种方法。通过采用这种方法，能够使教学内容与学校的条件、学生的能力与需求、教学的目标以及教师的教学能力等各方面相适应，更容易进行教学操作。

2. 文化的教材化方法

这种教材化方法是在教学中让学生通过各种文化性的要素体验运动文化的情调这种方法适宜作为技能的辅助教学内容，对于学生体验和理解体育化性质是较为有利的。这种教材化方法对高中和大学的学生是较为适用的。

3. 理性化的教材化方法

理性化的教材化方法主要通过对各种运动项目所包含的各种运动原理和知识等方面进行充分的挖掘，并将其组织安排在教学过程中的一种教材化方法。这种教材化的方法适用于高年级的学生，能够使其更好地理解和掌握各种知识和原理，并能够在以后的学习中实现"举一反三"。

4. 变形化的教材化方法

这种教材化方法从基本结构方面改造原运动，使其成为一种新的运动。适应教学的需要和学生的特点是这种教材化方法的主要目的。当前，"新体育运动项目"就是这一类运动，这种教材化在处理那些高难度的运动项目或受场地器材制约很大的运动时往往能够取得理想的效果。

5. 生活化、实用化的教材化方法

实用化、生活化的教材化方法是多种小的教学方法的结合，还包括野外化、冒险运动化等方法。所谓实用化，就是使教学内容与实用技能相结合；而生活化则是教学内容与日常生活相结合；野外化则是将正规的场地变为野外的非正规场地，或将各种场地运动转变为各种野外运动；冒险运动化就是增加一定的惊险性，激发学生的学习兴趣。这些方法能够与现实生活及各种需求相结合，并使教学内容的趣味性增加，从而能够更好地调动学生学习的积极性。

6. 动作教育的教材化方法

动作教育是一种体育教育思想和体育教材方法论，是在欧美首先出现的。动作教育的教材化方法有着较为显著的特点，主要表现为将一些竞技体育运动以人体的运动原理为依据，将运动进行归类，并且提出要针对少年的教材设计，其中比较典型的有教育性舞蹈、教育性体操。

7. 游戏化的教材化方法

通过一定的"情节"将各种单调的教学内容进行丰富和拓展，使其具有一定的游戏化成分，使各种教学内容能够在轻松愉悦的氛围中被学生接受。这种方式能够改变教学内容单一枯燥的特点，增强学习的效果。

8. 运动处方式教材化方法

以锻炼的原理为主要依据，对运动的强度、重复次数、速率等因素进行组合排列，并且结合学生不同的锻炼身体的需要，组成处方进行锻炼和教学的教材化方法，就是所谓的运动处方式教材化方法。这种教材化方法对于教会学生运用运动处方锻炼身体是较为有利的，是一种不可缺少的教材化思想和方法。

（二）体育教学内容媒介化工作

将体育教学内容媒介化是体育教材化的最后一个工作。将选出、编辑、加工和改造后的体育教学内容变成承载在某种媒体上的教材形式，就是所谓的体育教学内容的媒介化。

体育教学内容媒介化工作的形式有很多种，其中较为主要的有教科书（包括学生用体育教材和体育教学指导用书）音像教材、挂图、多媒体课件、黑板板书、学习卡片等。这里重点对多媒体课件和学习卡片进行分析和阐述。

1. 多媒体课件

教师以体育教学的需要为主要依据，用体育教学内容编辑成的计算机演示的系列材料，就是所谓的多媒体课件。当前，多媒体课件是体育教师常用的工具，计算机课件依靠计算机来演示动作，在速度调整、观看细节、多次重复演放以及视觉听觉的艺术效果等方面都具有教师的讲解、示范所无法达到的教学效果。

2. 体育学习卡片

体育学习卡片是体育教材的另一种载体形式。学生在体育课中使用的一种辅助性学习材料，就是所谓的体育学习卡片。这种形式比较适合体育教学特点。

体育学习卡片的作用和运用目的不同，其运用形式也会有所不同，其中较为主要的有以下几种。

（1）在体育教学中向学生提供学习信息。以教学的内容为主要依据，教师要将动作的图示、有关的要领、技术的重点、难点和辅助练习的做法等一些必要的信息补充给学生。通过这些辅助材料，为学生准确地掌握动作的形象、概念和技术特点提供一定的帮助。除此之外，通过对一些技术难点的标示，还能够让学生在某些重要的技术环节的注意力得到有效的提升。

（2）在体育教学中对学生思索问题起到积极的促进作用可以把合力、力矩、向心力、离心力、抛物线等一些概念性的问题通过公式、范例等形式展示给学生。通常来说，这些问题在体育教科书上是没有的，如果采用语言教学法，往往会出现词不达意的现象，这时候运用体育学习卡片就能够方便学生理解。

（3）在体育教学中对学生的互相交流有所帮助。在体育教学中，教师会要求学生在学习卡片上将自己在学习中的问题和进步以及对本班或本小组同学的情况分析写在卡片上的表格中，这样不仅能够对同学技术动作观察能力的提高起到积极的促进作用，还有助于同学之间的情感交流。因此，对于同学的团队意识和负责任的态度的培养与建立较为有利。

（4）对学生自我评价有所帮助。在体育教学过程中，教师会要求学生将当时的学习感受、体会写在卡片上，这样就能使学生在课后也能通过卡片对自己课上学习情况进行总结，并且做出较为客观的评价，将上节课和下节课有机地联系起来，增加了单元教学过程的完整性。

（5）有助于师生进行交流。对教师上课情况的看法和建议以及存在的问题、疑问、发现，也写在学习卡片上，这样做能够使教师对教学情况有一个充分的了解。以此为依据，教师可以适当调整教学形式或者方法，从而使教学效果得到有效的提高。同时，师生之间的感情也会得到进一步增进。

（6）对学生在课上进行自学有所助益。自学是体育学习的重要环节，学习卡片还可以作为学生自学的重要工具，使教科书的不足之处得到有效的弥补。

第四章　高校体育教学方法

作为实现体育教学目标、开展体育教学活动的主要途径和手段，体育教学方法的体系建设与体育教学目标实现的程度有着直接的关系，体育教学方法的科学与创新性对体育教学的质量也有着决定性的影响。鉴于体育教学方法的重要作用，本章特对现代体育教学方法体系的建设与发展进行探讨与研究，重点探讨的内容有体育教学方法的基本知识、常见体育教学方法及科学选用、体育教学方法体系的构建及其创新发展。

第一节　体育教学方法的基本知识

一、体育教学方法的发展历程

体育教学方法是在体育教学现象出现以后才产生的，但这并不意味着其产生于课堂体育教学之后。在民间传统体育的传授过程中，一些教学方法就已经得到了普遍的应用，只是当时人们对教学方法还未形成一个科学和系统的认知，因而没有对其进行深入的研究。所以，现代意义上的体育教学方法是在现代体育教学产生以后才出现的，其时代性特点较为突出。我们可以将体育教学方法的发展历程分三个阶段来研究，具体如下。

（一）体操和兵操时代

在传统社会中，体育运动发展的一个重要助推力就是军事战争。在封建社会和资本主义社会的早期，为了使士兵的作战能力不断提高，会要求士兵进行体育运动方面的训练。这时体育教学方法以训练式和注入式为主，相对而言比较单调。训练式和注入式的传统教学方法对大运动量的不断重复做了特别强调，主要就是通过苦练来增加士兵的运动记忆，并促进其体能的不断增强。

（二）竞技运动时代

近代以来，竞技运动随着资本主义社会的不断发展而得到了快速的进步与发展。竞技运动项目在近代的大量增加是其快速发展的集中体现。这一时期竞技运动以公正、平等为指导思想，并且将众多的文化因素融入其中，表现出了勃勃的生机和充沛的活力。竞技运动的发展对运动员的运动技能提出了较高的要求，而如果只是一味地苦练并不能与这一要求相适应，因而改进体育教学方法势在必行。这一阶段，体育教学效率有了明显的提高，一些新的体育教学方法，如演示法、观察法以及小团体教学法等开始逐步出现。

（三）体育教育时代

随着体育运动在现代社会的不断发展，体育运动日益成为学校教育的重要组成部分。作为一种文化现象，体育的内容也得到了极大的拓展。健康教育、心理训练、安全教育、体育咨询、体育培训等方面的知识在体育运动中都有涉及，体育的知识和技能都得到了快速且全面的发展。体育教学内容的丰富与拓展直接推动了人们对体育教学方法研究的不断深入。体育教学方法的深入研究要求学生要对相应的体育知识和技能加以掌握，要求学生全面发展，即身体素质、心理健康、运动欣赏能力等都得到提高与发展。现代社会，科学技术的发展也取得了大量的成果，因而直接促进了一些新的体育教学方法的产生。计算机、录像、电影等多媒体技术的发展，使运动表象和感知等方法得到了快速的深化发展。至此，现代体育教学方法的发展向着科学、规范、更高层次的方向迈进。

需要强调的是，新的体育教学方法的产生与发展并不意味着传统体育教学方法的消失。在不同的时代背景下，都会有与这一阶段生产力和科学文化水平相适应的体育教学方法出现。这些新的顺应时代发展潮流的体育教学方法与传统体育教学方法相互结合，相互借鉴，共同推动体育教学的改革与发展。体育教学方法是随着时代的变革而不断发展的，且随着教学环境、教学对象和教学内容等教学各要素的发展，体育教学方法也逐渐呈现出不同的阶段性发展特点。

二、体育教学方法的概念及组成要素

（一）体育教学方法的概念

教学方法是师生为实现课堂教学目标和完成教学任务而采用的教学活动的总称，它是一种行为或操作体系，包含着教师的教和学生的学两个层面的具体方法。体育教学方法就是实施体育活动所有的手段和方式的总和。

我们可以从以下几方面来理解体育教学方法的概念。

1. **体育教学方法是"教"与"学"的统一**

体育教学方法体现了教与学的统一，只有通过师生间的双边互动，才可以将体育教学方法的价值与作用更好地发挥出来。我们可以将体育教学活动简单地理解为两方面的内容，即"教师的教"和"学生的学"。体育教学活动中，教师和学生都是以主体的角色发挥作用的。教师在体育教学中选用具体的教学方法和手段都是以学生为主要对象的，教师和学生之间的关系极为密切。只有在师生的双边互动中，体育教学任务和目标才能得以顺利实现。因此，教和学两方面的内容贯穿于体育教学方法实施的整个过程。

2. 体育教学方法是师生动作和行为的总和

体育教学方法的贯彻与实施是在师生互动中实现的，体育教学方法也是师生行为动作总和的体系。体育教学方法与其他科目教学方法的主要不同之处在于，体育教学方法不仅对教学语言要素较为重视，而且对动作要素有更加突出的强调。体育教学过程中，学生掌握各种动作都离不开教师的讲解、示范以及纠正，只有在此基础上，学生重复进行练习，才能对相应的技术动作进行准确且熟练的掌握。所以说，体育教学方法是教师和学生双方动作和行为的总和。

3. 体育教学方法和教学目标不可分割

所有的体育教学方法都具目标性，体育教学方法与体育教学目标之间具有密切的联系，教学方法的选择与实施主要就是为实现体育教学目标和任务而服务的。体育教学方法和体育教学目标之间具有不可分割性，如果强行将两者割裂，那么体育教学方法失去了明确的方向，在具体的运用中就会表现出一定的盲目性。反过来，如果体育教学目标与任务没有体育教学方法的贯彻实施，也将无法顺利实现与完成。

4. 体育教学方法的功能具有多样性

现代体育教学不仅注重学生动作和技术的掌握，以及各方面身体素质的增强，它更加注重学生的全面发展。因此，体育教学方法的功能也具有了多样性的特点。多功能的体育教学方法不仅能够在一定程度上促进学生运动能力的增强，还能够促进学生思想道德品质、心理素质等方面的发展，这对于学生的全面发展具有积极的意义。

（二）体育教学方法的组成要素

组成体育教学方式与方法的要素有很多，主要可以归纳为以下几方面。

1. 目标要素

体育教育方法必须有一个指向的教育目标。目标作为体育教育的基础，没有它也就没有方法可言。教学方法主要是为教学目标而服务的。

2. 语言要素

语言要素包括多种形式的语言，如口头语言、肢体语言等。

3. 动作要素

动作要素包括身体各种运动动作。在体育教育的本质中提到过，体育是以人的身体训练为手段的活动，所以身体训练是必不可少的，永远不能脱离。这是体育区别于德育、智育的主要特点。

4. 环境要素

环境要素包括学校的地理位置以及气候、风土等自然现象。此外，还包括配合教学活动而采用的体育器材与场地设施。

三、体育教学方法的特点及分类

（一）体育教学方法的特点

1. 双边互动性

任何一种体育教学方法都是教师指导学生学习这一双边活动的方法。它是由教师教和学生学组合而成的。具体来说，在体育教学方法的实施过程中，教师教的方法对学生学的方法具有一定的制约性影响，学生学的方法也对教师教的方法产生影响。所以，师生在体育教学中相互联系、相互作用和相互统一活动的特点在体育教学方法中有着充分的体现。我们不能错误地将体育教学方法理解为教师教的方法与学生学的方法的简单相加。

2. 多感官参与性

体育教学过程中，所有参与者都必须将自身的各种感觉器官充分调动起来。在教学活动中，教师和学生不仅要通过视觉与听觉来对信息进行接收，还要在中枢神经系统的指挥下，运用身体的触觉、位觉、动觉等来进行动作的示范和练习。通过本体感觉来对机体在做正确动作时动作的用力大小、运动方向、动作幅度等进行感知，以对正确的动作定式进行体会，从而对机体完成动作进行更加有效的控制。这些也都充分体现出了体育教学方法的多感官参与性特点。

3. 感知、思维和练习的组合性

体育教学活动中，学生需要动员多种感官来接收教师发出的信息，这是由体育教学目标和教学程序共同决定的。学生利用大脑皮层对教学信息进行接收，并经过大脑的分析加工和处理后以指令的形式对机体进行指挥，从而使机体顺利完成相应的动作。在这个过程中，学生需要充分运用感知、思维，并进行不断的练习。感知是学习的基础，思维是学习的核心，练习是学习的结果。体育教学方法将感知、思维和练习三个环节紧密结合在一起，将体育教学过程的认识与实践、心理与身体有机结合的特点充分体现出来。

4. 运动与休息的交替性

在体育教学活动中，个体的身体活动和心理活动之间有着非常紧密的联系。学生通过感知动作及思考、记忆、分析等心理活动对动作技术和运动技能进行掌握。教学过程中，学生生理和心理难免会承受一定的负荷，当这种负荷持续不断地作用于学生的机体后，学生必然产生运动性疲劳。疲劳现象会使学生的学习兴趣和学习效率降低。

所以，教师要对体育教学方法进行合理的采用，对运动锻炼的间歇时间做出合理的安排，要做好运动与休息的科学调配，唯有劳逸结合才能提高教学效率。

5.继承性

体育教学方法具有历史继承性。在长期的体育教学实践中，人们为了促进教学实效性的提高，对教学方法的探讨与研究非常重视，并且积累了较为丰富且宝贵的实践经验。有些教学方法是体育教学客观规律在一定程度上的反映，至今仍具有广泛的影响力，值得我们对其进行认真的总结与整理，并对其合理的部分进行借鉴。任何新的体育教学方法要绝对地从零开始都是不可能的，它必然是借鉴多方面传统教学方法的结果，并在新的历史条件下将新的内容赋予其中，使其具有更新的意义与更显著的价值。

（二）体育教学方法的分类

当前，学校体育理论界针对体育教学方法提出的分类方法越来越多，而且越分越细。划分依据不同，体育教学方法的类别自然也就不同，具体如表4-1。

表 4-1 体育教学方法的分类[①]

划分依据	类别
体育教学方法的本质特征	（1）体育学中的一般方法 （2）体育教学中的特殊方法
体育教学目标	（1）传授理论知识的方法 （2）技能教学的方法 （3）锻炼的方法 （4）教育的方法
教学活动中获得信息的性质和功能特征	（1）基本信息的手段和方法 （2）辅助信息的手段和方法
师生双边活动	（1）讲授法 （2）学习法（包括练法）
教学活动中获得信息的主要途径及其来源	（1）语言法 （2）直观法 （3）练习法

四、体育教学方法的层次

体育教学方法具有一定的层次性，主要包括体育教学策略、体育教学方法和体育教学手段三个层面。

（一）教学策略

教学策略在体育教学方法层次中居于"上位"层次。它是体育教学方法在广义范围上的概念，是传统定义中教学方法的组合，是教师通过组合多种手法和手段进行教

[①] 刘锦.现代体育教学体系的建设与发展研究［M］.北京：中国书籍出版社，2018.

学的行为方式。通常也可以将体育教学策略称为体育教学模式或方式，单元和课程的设计与变化是体育教学策略的集中体现。例如，发现式教学法作为一种广义的教学方法，由模型演示、提问法、总结归纳法、组织讨论法等多种传统定义的教学手段组合而成。

（二）教学方法

教学方法在体育教学方法的层次系统中居于"中位"层次。它是体育教学方法在狭义范围上的概念，基本与传统意义上的教学方法等同，是体育教师通过一种主要手法的运用来进行教学的行为方式。例如，提问法这一具体的教学方法就是为了实现某个教学方式而采用的，是通过对提问和解答这两种具体方法的运用来实现一个教学方式。体育教学方法也可称为"体育教学技术"，通常是在体育课的某一教学步骤上体现出来的，并由于体育教师条件的不同而在选用和变化上也会出现一定的差异。

（三）教学手段

教学手段在体育教学方法层次中居于"下位"层次。它是传统定义上教学方法的组成部分，也是教师通过对一种主要的手段进行采用而开展教学活动的行为方式。体育教学手段也可称为"教学工具"，体育课的某一个教学步骤中更为具体的教学环节上一般会采用各种教学手段。

五、体育教学方法的意义

体育教学方法在体育教学活动的构成系统中居于非常重要的地位。体育教学方法不仅在教学活动的开展过程中发挥着重要的作用，而且即使教学活动结束之后，教学方法的影响依然不会在短时间内完全消失，这是体育教学内容、环境等其他构成要素所无法比拟的。具体来说，体育教学方法具有如下几方面的意义。

（一）促进教学任务的完成

体育教学方法在体育教学活动中是体育教师与学生双方互动的主要连接点。科学有效的体育教学方法有利于将体育教学活动中的两个重要主体（教师与学生）紧密连接起来。这一连接有利于促进体育教学目标与任务的顺利完成。倘若缺乏科学有效的体育教学方法，将难以使预期的体育教学目标顺利实现，也无法使教学任务高效地完成。

（二）促进良好体育教学氛围的营造

科学合理的体育教学方法可以促使学生参与体育学习的积极性不断提高，促使学生学习兴趣不断高涨，也有利于加强良好教学氛围的营造。良好的教学氛围反过来又有利于感染学生，引导学生主动参与学习，从而促进一种良性循环的形成。体育教学方法的科学运用对于促进学生对体育教师的信任度的提高非常有效，教师一旦赢得了学生的信任，就很容易引导学生来学习体育课程，因而和谐的体育教学气氛就会形成。

（三）促进学生身心素质的全面发展

体育教师选用教学方法容易受科学思想的感染与熏陶，因而所采用的方法必然具有一定的科学性。采用科学恰当的教学方法进行体育教学，对于促进学生的身心全面发展非常有益。相反，倘若教师在教学过程中选用的是不具备科学性与不恰当的教学方法，就会对学生身心的健康发展造成制约。我们可以将体育教学活动中体育教学方法的实施过程看作学生对体育运动技术进行体验与锻炼的过程。所以，教师不仅要向学生传授体育方法论的相关知识，也要对学生的训练实践进行引导，促进学生身心的全面健康发展。此外，科学的体育教学方法对于培养学生的丰富情感、锻炼学生的意志品质也是非常有益的。总之，学生的全面发展直接受体育教学方法的深入影响。

（四）促进体育教学质量的提高

科学的体育教学方法能够通过充分调动各种有利的因素来促进学生学习兴趣与热情的不断提高，引导学生将其主观能动性充分发挥出来，从而促进学生学习效率的不断提高，最终促进体育教学质量的优化。

第二节 常见体育教学方法及科学选用

一、常见体育教学方法分析

（一）语言教学法

1. 讲解法

作为一种基础的语言教学方法，讲解法在体育教学过程中的运用最多、最广泛。几乎整个体育教学过程中都会运用到语言讲解的教学方法。体育教学中，教师通过语言描述的方式向学生说明教学的任务、内容、要求、动作名称、动作要领等，以达到预期教学效果的方法就是所谓的讲解法。这种教学方法一般在体育教学的初期具有非常重要的作用。在初步学习技术动作时，体育教师需要先通过讲解法向学生描述这一技术的基本动作和难点要点，使学生对该动作技术形成一个初步的认识和了解，从而为进一步的学习与练习奠定一定的基础。教师在对讲解法进行运用时，要对该方法的科学性和艺术性特点予以一定的重视，以促进该方法运用效果及整个教学效果的提高。

教师应在教学过程中不断进行经验的总结，在语言表达上要做到精益求精。

体育教师在运用讲解法进行教学的过程中，应注意以下几方面的要点。

（1）要有目的地讲解。在对讲解内容、方式进行选择，对讲解语气、速度进行调整时，教师应依据学生的特点、教学的目标和教学内容来进行，抓住讲解的重点和难点。

（2）注意所讲解的理论知识要准确、权威，所讲解的技术内容要与技术原理相符，并充分考虑学生的接受能力。

（3）讲解的方式和广度要以学生的实际情况为依据来调整。

2. 口令法

有确定的内容和一定的顺序与形式，并以命令的方式对学生活动进行指导的一种语言教学方式即为口令法。在体育教学活动中，对口令法进行运用一般出现在队列练习、队形练习、基本体操、队伍调动等活动中。在具体运用中教师应准确、清晰、洪亮、及时地发出口令，并注意以人数、形式内容、对象等特点出发对自己的语调语速进行控制。

3. 指示法

体育教师通过简明的语言来指导学生进行活动的语言教学方法即为指示法。教师在对指示法进行运用时，应注意做到准确、简洁、及时等几方面的要求，且尽量用正面词。指示法主要有以下两种运用形式。

（1）在学生练习时未能意识到的、关键的动作中运用。

（2）在组织教学中运用，如场地布置、整理器材等。

4. 口头评价

体育教师在一定的标准和要求下，对学生的练习或比赛进行一定客观评价的方法即口头评价教学法。教师对学生掌握运动技能和思想作风等方面的情况所做出的反馈集中通过口头评价反映出来，通常在学生结束练习后马上进行指导或提出新要求。因为学生一般对动作的记忆大多是在大脑皮层的短时间储存，超过25~30秒就会消退25%~30%，因此教师的口头评价最好在学生完成动作后的25~30秒内采用，这样效果更好。

（二）直观教学法

体育教学中，教师通过实际的演示或外力帮助，借助学生的视觉、听觉、触觉、肌肉本体感觉等器官来对动作进行直接感知的教学方法即直观教学法。一般将体育教学中常用的直观教学法细分为以下几种具体方法。

1. 动作示范法

体育教学中，教师为帮助学生对技术动作进行认识和了解，经常使用动作示范法。具体就是教师以具体动作为范例，帮助学生对动作规范、结构、要领和方法进行直观的掌握。学生通过观看教师正确优美的动作示范，可以建立正确的动作表象，学习的兴趣也会因此而提高。教师在运用直观教学法进行教学的过程中，应着重注意以下几方面。

（1）教师在示范时，不要一味展示自己的技术水平，要明确示范是要达到什么目标，要使学生从中获取什么信息，要考虑如何示范才更容易使学生更清楚动作要点。

（2）注意对动作示范位置与方向的选择。教师要先让学生按照一定的队形排列，然后根据该队形的特点来选择示范的位置与方向，教师进行这一选择的关键就是要让全体学生都能观察到自己的动作示范。

（3）教师的示范动作要准确、熟练、轻快、优美，从而激发学生的学习兴趣。

（4）示范的过程中，配合语言讲解。因为如果单纯示范，学生不容易对其中的要点进行把握，这时就需要教师通过语言讲解来提醒学生哪些是重点，哪些是容易出错的地方。

2. 多媒体教学法

随着现代化技术的不断进步与发展，越来越多的现代化技术逐渐被运用到了体育教学中来。多媒体教学法就是在此环境中被广泛运用的，它是教师通过给学生播放幻灯、投影、电影、电视、录像等进行教学的方法，这种教学方法的主要特点与优势就是生动、形象、真实。

在运用多媒体教学法的过程中，教师应注意在综合考虑教学目标及学生特点的基础上选择适宜的电视、电影、录像等内容来播放。如果将电视、电影、录像等的播放与讲解示范练习有机结合，将会收到更好的教学效果。边播放边讲解，或适当停顿讲解，学生可以获得直接的思维感受。

3. 条件诱导法

以某种条件为诱因，同时与体会动作相联系，达到直观作用的方法就是所谓的条件诱导法。例如，长跑项目教学中安排一名领跑员，不仅有利于形成长跑中的一种带领性的速度感，而且对队友间的相互保护也有利。牵引性的助力和对抗限制性的阻力，能较快地使学生对完成动作的时间感与空间感进行建立。

此外，为了使某些动作能够更加富有节奏感，就可以通过采用音乐伴奏或借助节拍器的音响来达到这个目的。

4. 直观教具与模型演示

教师在体育教学中难免会用到一些教具和模型来进行辅助性的教学，这些教具与模型都是具有直观性特征的，如挂图、图表、照片等，通过这些用具来对教学内容进行讲解，有利于帮助学生建立正确、完整的动作表象。

教师不仅可以采用教具让学生进行长时间的观摩，还可根据情况对某个细微的环节进行突出的强调，因此教师应将图表、模型和照片等直观教具充分利用起来。采用教具与模型演示方法对于帮助学生直观了解技术动作的全过程非常有效。此外，教具、模型的演示还可以吸引学生的兴趣与注意力，从而提高教学效率。

5. 助力与阻力教学法

在体育教学过程中，体育教师借助外力使学生通过触觉和肌肉的本体感觉对正确的动作用力时机、用力大小、用力方向、动作时空特征等进行体验的教学方法就是助力与阻力教学法。

体育动作的技术教学环节一般会比较多地采用助力与阻力教学法，这是一种能够帮助学生对正确技术动作进行有效掌握的直观教学方法。

6. 领先与定向教学法

（1）领先教学法。教师通过对具体的动态视觉信号加以利用，来给学生提供相关指示的教学方法即为领先教学法。例如，在体育教学过程中，教师可以对动态的、超前的视觉信号进行利用，给学生施加相应的刺激与激励，帮助学生将技术动作顺利完成。

（2）定向教学法。教师通过具体的静态视觉标准的利用来给学生提供相关指示的教学方法就是定向教学法。例如，在体育教学中，教师为了向学生指示动作的具体方向、轨迹、幅度等，对标志物、标志线、标志点等进行合理的运用。

（三）分解教学法

体育教师在教学中，将完整的动作技术合理地分解成几个部分与段落，将动作的各部分逐个教授给学生，在学生对各部分动作都熟悉后，再完整地向学生教授整个动作技术的教学方法即为分解教学法。把动作技术的难度相对降低，便于学生掌握教学重难点，便于突出教学重难点，从而提高学生的学习自信是这种教学方法的主要优点。学生难以对完整动作进行领会，有可能只是单独掌握一些局部和分解动作是这一教学方法的不足之处。运用分解教学法时，应注意以下几点。

（1）体育教师要采取相对合理的分解方式分解动作，具体应根据动作技术的特点进行。

（2）体育教师对动作技术的段落与部分进行划分时，还要对各部分之间以及各段落之间的有机联系进行考虑，尽可能保持动作结构的完整性。

（3）对于完整动作中各部分与各段落的地位与作用，体育教师应有所明确，并为最后的动作组合做好准备。

（四）完整教学法

完整教学法是体育教师在教学过程中从开始到结束不分解动作，完整地对动作进行传授的教学方法。它主要可用于以下几方面的教学中。

首先，动作结构较为简单，对于协调性没有过高要求，方向线路变化较少。其次，动作虽较为复杂，但各部分间密切联系，不宜对其进行分解。最后，虽然动作较为复杂，但学生储备了足够的运动能力，拥有较强的运动学习能力。用于应该分解而又不宜分解的动作时，容易给教学造成不良影响，这是完整教学法的不足之处。

具体的体育教学实践中，完整教学法的运用主要有以下几方面的注意事项。

1. 直接运用

在对一些较为简单、容易掌握的动作进行教授时，教师进行讲解与示范后，指导学生直接练习完整动作。

2. 从教学重点进行突破

例如，体操或跳水运动中有一些空中翻腾动作，教师虽然不能对其进行分解，但对于其中的动力、动作时机和动作要领等要素，教师还是可以进行一一分析的，教师或用辅助的方法使学生体会动作感觉，并进行重点练习。

3. 降低难度

在完整练习时，减轻投掷器械的重量，降低跳高横竿的高度，缩短跑的距离与降低速度，或徒手完成一些本来持器械的完整动作等。

（五）程序教学法

程序教学法也称为"学导式教学法"或"小步子教学法"。它是以认知规律和技能形成规律为依据，将体育教学内容分解成为若干小步子（相互联系），使之组成方便学生学习的逻辑序列，并且对相应的评价信息反馈系统进行建立的教学方法。在教学过程中，学生按照分解后的小步子逐步学习，在学习后进行及时的评价，并依据评价的结果对学习效果进行即时的反馈。如果评价后发现达到了预定的标准，则按顺序进行下一步的学习。

程序教学法的整体模式如图 4-1 所示。

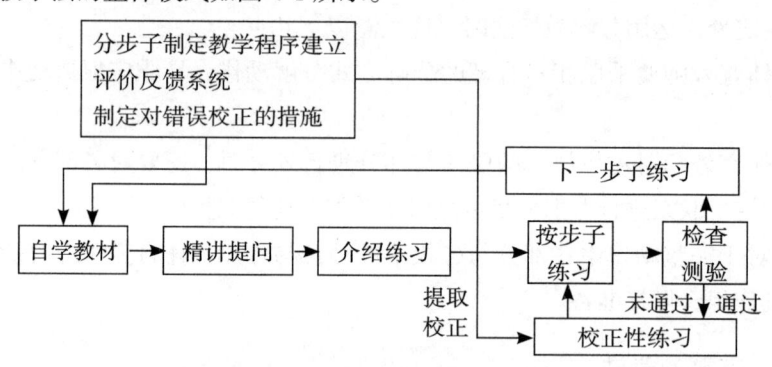

图 4-1 程序教学法的整体模式[①]

（六）预防与纠正错误教学法

在体育教学过程中，学生因为各种原因而产生这样或那样的错误动作是在所难免的。如果没有将这些错误动作及时发现和纠正，学生错误的动力定形就很容易形成，从而对其掌握正确的技术动作和技术水平的提高造成消极的影响，更严重的还会造成运动损伤。因此，在体育教学中，教师必须采取积极有效的措施来对学生所出现的一

---

① 刘锦. 现代体育教学体系的建设与发展研究［M］. 北京：中国书籍出版社，2018.

些错误动作进行预防和纠正。

体育教学中运用预防和纠正错误教学法主要有以下几种常见的形式。

1. 降低难度

在体育教学过程中，学生体能素质较低、心理紧张、认识不足等原因都会导致动作的错误。对此，教师可通过降低动作难度来避免这一现象的发生。具体来说，教师可采用改变练习条件、分解完成动作等方式来对技术动作的难度进行调整。降低难度可以使学生将技术动作轻松地完成，从而促进其自信心的增强。

2. 外力帮助

学生感受正确动作的方法即为外力帮助法。在体育教学课上，如果学生在学习动作时对用力的部位、大小、方向以及幅度等不清楚，就很容易做出错误的动作。这时教师可通过对推、拉、托、顶、送、挡等外力的运用来帮助学生对正确动作的本体感觉加以体会，最终达到纠正错误的效果。

3. 强化概念

在学习过程中，学生正确理解概念可以有效促进其在大脑中形成正确的动作形象。教师在体育教学实践过程中，应注意通过采用讲解、示范、对比等方法来促进学生正确动作概念的不断强化，促使学生正确动作表象的顺利形成，使学生对正确与错误动作的差异和区别有所明确，使学生主动避免错误或及时纠正错误。

4. 转移练习

在体育学习中，学生的恐惧、焦虑心理或受旧运动技能的影响也会使其出现错误动作。针对这种情况，教师应及时转移学生的练习，通过采取变换练习内容的方法利用一些诱导性和辅助性的练习，促使学生摆脱已经形成的错误动作定式，进而促进正确的动作定式的形成。

5. 信号提示

信号提示指的是学生在学习与训练技术动作的过程中，由于用力时间或用力方向不当而表现出错误的动作时，教师及时给予信号指示，帮助学生改正错误动作。听觉信号、口头信号、视觉信号等都是教师具体采用的信号提示方法。此外，标志线、标志点、标志物等也有利于帮助学生对错误动作的预防与纠正。

二、体育教学方法的科学选用

（一）体育教学方法的合理选择

1. 体育教学方法合理选择的参考依据

（1）依据体育教学目标进行选择。体育教学目标具有多层次性的特征，具体体现在身体发展目标、知识发展目标、技能发展目标、社会发展目标以及情感发展目标等方面。为了促进这些不同层次教学目标的实现，教师应对不同的教学方法加以采用。在体育教学中教学目标并不是孤立的，它是多种目标的综合，而每一单元、每一堂课目标的侧重点是不同的。所以，在教学过程中，教师应以具体的课堂教学目标为依据对重点发展某一方面的教学方法进行合理选择。体育教学总目标是通过一个个课时教学目标的逐步实现而最终实现的。课时教学目标具有一定的指导性，而且其包含着丰富的内容，既有运动技能和运动理论方面的内容，也有心理和品质品格方面的内容。针对这些不同内容的教学目标，教师应选择与之相适应的科学教学方法来进行具体的教学。

（2）依据体育教材内容进行选择。体育教学内容与教学方法之间密切联系，针对不同的教学内容，应采用不同的教学方法，如对于理论方面的内容，适合采用语言教学法；对于实践方面的内容，适合采用直观示范教学方法。可见对教学方法的选择受不同性质的体育教学内容的影响。同一种教学方法运用于不同教学内容上会产生不同的效果。所以，体育教学过程中，教师应注意对教学方法的灵活选择。

（3）依据教师的自身条件进行选择。作为体育教学方法的实施者，体育教师自身的素质对于教学效果与质量具有直接的且非常重要的影响。倘若体育教师自身的能力和素质水平较低，则其难以将体育教学方法应有的作用很好地发挥出来，从而制约教学活动的顺利进行。因此，教师在选择相应的教学活动时，应对自身的专业素养能力水平以及教法特点有着客观的理解。

一般而言，体育教师需要对众多的教学方法进行熟练掌握，这样才可以从自身以及学生的实际情况出发对最佳的教学方法进行选择。不同教师根据学生实际状况采取同样的教学方法，也会得到不同的教学效果。可见教师自身条件极大地影响着体育教学活动。所以，教师要有意识地提高自身的素质，优化自己的教学风格，对更多的教学方法加以尝试与熟练运用。

（4）依据学生的实际情况进行选择。在体育教学过程中，教学方法的实施主要以学生为对象，促进学生更好地学习是运用各种不同教学方法的最终目的。因此，在选择相应的体育教学方法时，应与学生特点及其实际情况（年龄特点、性别特征、身心发育状况以及相应的知识储备和学习能力等）相符合。

（5）依据体育教学物质条件进行选择。在体育教学活动中，体育教学物质条件对教学方法的选用有很大程度的影响。学校的体育教学器材、场地以及设施等都属于教学条件的范畴。倘若学校拥有全面且先进的教学条件，那么体育教学方法的功能与作用就可以得到良好的发挥。相反，倘若教学条件不全面，则会直接影响体育教学方法的作用与价值的充分发挥。例如，在背越式跳高的教学中，采用海绵块练习的效果要优于采用沙坑练习，主要是因为海绵块相对较为干净，比较安全，学生在海绵上练习不会有很大的心理负担，而且神经系统兴奋性会处于较高的水平。在体育馆内进行体育教学，能够避免受到周围环境的影响，能够促进体育教学方法使用效果的提高。

对现代化体育教学手段的充分运用，能够使教师动作示范中的某些缺陷得到有效的弥补，从而促进体育教学质量的提高。所以，体育教师在对教学方法做出选择时，要对体育教学物质条件进行充分的考虑。

（6）依据不同体育教学方法的功能与适用条件进行选择。不同的体育教学方法拥有不同的特点功能、适用条件与范围，而且不同的教学方法都具有自身的优点与不足。在体育教学活动中，各要素组合的合理性对体育教学方法的作用与价值的充分发挥具有非常重要的影响。有时，一种教学方法可能适合在某个体育项目的教学中采用，而且效果良好，但不适宜在其他项目的教学中采用，而且会产生制约教学活动顺利开展的影响。同样的道理，对于某一教学内容的教学，有些教学方法是合理且能够产生正效应的，而有些就会产生相反的作用。体育教师在对教学方法进行选择时，对于不同教学方法的功能、应用范围和条件等，一定要进行认真的考虑与分析。

2. 体育教学方法合理选择的注意事项

（1）加强师生之间的协调配合。在体育教学过程中，为了实现预期的教学目标，教师和学生必须进行默契的配合。体育教学活动中，没有"教"的"学"和没有"学"的"教"都是不存在的。因此，无论采用何种教学方法，都应考虑"如何教"和"如何学"。

在传统体育教学中，一味以教师为中心，选用教学方法也只对教师"如何教"的问题比较重视，而直接忽略了学生在教学过程中的作用。例如，教师在示范动作时，只对动作的优美和协调性比较重视，而没有对学生的感受进行考虑，从而使学生的学习效果不佳，影响教学质量。因此，体育教学方法的选择应注意考虑师生双方的默契配合，避免两者相脱节。

（2）加强不同学习阶段的前后配合。学生在体育教学过程中，不同的学习阶段会有不同的学习特点产生。教师选择体育教学方法应对学生学习知识的不同阶段的前后配合予以考虑。例如，在学生的动作学习过程中，教师应注重指导学生从"模仿型"向"创造型"过渡，并实现二者的有机结合。

学生的学习过程也是对学习内容不断了解与掌握的过程。在初步学习阶段，往往以模仿（模仿教师或他人）学习为主，之后，学生就会形成动作定式而完全摆脱模仿，从"模仿型"过渡到了"创造型"。这两个阶段之间具有一定的联系，又相互区别。因此，在对教学方法进行选用时，应有意识地使二者之间的互相代替、割裂得到有效避免。

（3）加强学生内部与外部活动的配合。学生的学习过程是内部活动和外部活动的统一。学生的心理活动以及相应的生理生化反应等属于内部活动；学生的动作质量、情绪、注意力等属于外部活动表现。

教师在选择相应的体育教学方法时，应注重学生内部活动与外部活动之间的配合。教师应善于分析学生的内外活动变化，有机结合指导学生外部活动的方法与激发学生内部活动的教学方法，以使学生能够自觉地进行体育学习。

在体育教学方法的选择过程中，教师还应对多种教学方法进行对比与分析，从而将最佳的教学方法确定下来。此外,对于不同的教学方法适用于哪些教学内容,可以解决什么教学问题,能够对什么教学对象起到积极作用等,都是体育教师需要考虑的问题。

(二)体育教学方法的科学运用

1. 体育教学方法的优化组合运用

(1)优化组合运用的原则。

①启发性原则。不管是采用哪一种形式的教学方法,都应该考虑其是否有利于调动学生的学习积极性和主动性,是否可以促进学生进行积极的思考与自主的探索,是否可以促进学生各方面素质的全面提高。在体育教学活动中,对教学方法的优化组合还要注重对学生学习兴趣和动机的培养,从而使学生的自主思维得到充分的发挥。

②最优性原则。教学方法不同,自然就具有不同的特点、功能和应用范围,而且各自的优势与不足也有差异。因此在对教学方法进行组合运用时,不同体系的综合教学方法会因此而形成,每一套教学方法的特点也各不相同。对此,教师在进行体育教学方法的优化组合时,应以实际需要为依据,对最符合实际情况的一套教学方法进行选择。教师在教学方法的选择中,应从整体入手,将各种适应相关教学内容的教学方法进行有机的结合,从而将教学方法体系的整体功能充分发挥出来。

③统一性原则。统一性原则要求教师在对相应的教学方法进行选择时,应注重"教"与"学"双边活动的统一,并强调二者的密切结合与相互促进。如果只重视其中的一项活动,则难以使教学活动达到预期的开展目标。另外,贯彻统一性原则还要求体育教师在教学过程中尽可能地将教学方法的多种功能充分发挥出来,从而全面促进学生各方面素质的提高。

(2)优化组合的程序。

①将体育教学的任务进一步明确。

②根据实际情况将总体设想提出来。

③对多种体育教学方法加以优化组合。

④对优化组合的教学方法加以实施与评价。

2. 体育教学方法运用的注意事项

(1)全面考虑影响体育教学方法运用效果的因素。体育教师在对体育教学方法进行科学运用时,为了促进教学效果的加强,应全面分析对教学方法运用效果产生影响的各方面因素。具体涉及的因素有教师自身、学生以及教学条件与环境。在体育教学过程中,体育教师自身的知识储备、人格魅力以及教学技艺等会对教学方法的运用效果产生不同程度的影响。所以,全面提高教师的素养对于教学方法使用效果的提高非常有益。

体育教学是教师与学生共同参与的活动,学生因素对于教学方法运用的效果同样也会产生举足轻重的影响。因此，教师应注重鼓励学生主观能动性的发挥。

除教师和学生两方面的影响因素外，体育教学的物质条件和环境也会对体育教学方法的运用效果产生一定程度的影响。因此，体育教学中在强调教学主体因素的同时，要重视对良好教学条件的提供与教学环境的优化。

（2）注意体育教学方法有关理论的运用。体育教学的理论源于实践，但又高于实践。因此，在运用体育教学方法的过程中，教师不仅要注重实践方面的问题，还要重视在理论方面的积极探索。如果对相关理论的研究具有片面性，那么体育教学的方法也会相应表现出片面的缺陷。因此，在体育教学实践中，对体育教学方法的相关理论基础进行探索，应综合考虑辩证唯物主义与唯物辩证法的基本观点，系统论原理，教育学、心理学有关学科理论知识、普通教学论和体育教学论等所有相关的内容。

总而言之，在体育教学过程中，教师应树立新的观念，运用新的理论对体育教学工作进行指导，不断促进体育教学方法的改革与发展，将各种教学方法的效用充分发挥出来。

第三节　现代体育教学方法体系的构建

一、新体育教学方法体系构建的理论依据

"目标统领教材"是体育课程改革的突出特点，即以不同的教学目标为依据对不同的体育教学内容进行选择。学校向学生传授的各种思想、知识、技巧、技能、言语、观点、信念、行为、习惯等的总和就是教学内容。从本质上说，学生的学习过程就是将这些丰富的教学内容内化为自我发展成果的过程。这一过程体现了由外到内的转变，这一转变不会自动完成，必须通过对教学方法的运用才能实现。

选择体育教学方法要因地、因时、因人而异，即以不同地区的实际情况、学生的身心发展特点等为依据对体育教学方法进行确定，这是体育新课程标准的基本要求。以往的体育教学大纲虽然对教学目标、各年级教学内容比重及考核标准做出了明确的规定，却将地区间、城乡间、学校间的差异忽视了，而且也没有将学生的体育基础、兴趣、爱好等因素考虑在内，从而在具体的教学过程中只重视采用教师的讲解与示范等单一的教学方法，学生"看体育"的负面效果因此而形成。

体育课程标准对课程目标、领域目标、内容标准做出了相应的规定，但没有限制具体内容、比重、成绩评定等。新课标以学习内容性质的不同为依据对五个学习领域进行了划分，不同领域都有相应的教学任务和教学内容。虽然有些领域中的内容并不

具体，但能够在其他领域中对相关内容进行渗透和贯穿，形成"目标—内容"，即目标指导内容选择，内容选择达成目标的关系。与此同时，新课标还对六级学习水平进行了划分，并对相应的水平目标进行了设置，而且主要是以学生的身心发展特征为依据划分的，从而将体育教学特殊的规律充分体现了出来。

此外，新课标不对具体的学习内容进行规定，而是将达到目标的内容或活动建议提了出来。这样，学校选择的余地也很大，可以本校实际为依据对教学内容进行合理选择，从而促进学习目标更好地实现。由此可见，新课程标准的五个领域，不仅是学校选择体育教学内容的主要依据，也是体育教学自身规律的体现，还可以有效地指导体育教学方法的选择，促进"目标—内容—方法"教学范畴体系的形成。这样，不同地区、学校就拥有了选择符合本地区特点或本校特点的教学内容与方法的广阔空间。

二、基于新课标的体育教学方法体系的构建

学生学习方式的转变是体育新课程改革的基本特色，具体就是改变学生单纯接受式的学习方式，对发挥学生主体的学习方式进行建立，并对研究性学习进行积极的提倡。这一转变对教师来说，要对不同学生的情况进行了解，从而向学生提供不同的学习空间，同时要对不同年龄学生的教学方法进行考虑。新的课程标准必须有新的方法体系与之相配套。体育教学需要以体育教学自身的规律为依据，并结合具体的教学内容去开展教学活动，以促进学习目标的顺利实现。因此，应以体育教学规律及为实现目标而选用的教学内容为依据，按课程标准划分的五个学习领域来对新的体育学习方法体系进行构建。

体育课程改革对五个学习领域目标做了重点强调，并在此基础上以学生不同的身心发展阶段为依据对六个不同的水平目标做了划分。在体育教学实践中，每节课都要以不同的目标要求为依据对教学内容进行选择，而每节课教学内容都要能够使五个领域的不同目标顺利实现。所以，各个领域目标都有不同的水平目标与之相对应，教师应当以不同的水平目标为依据对所需要的教学方法进行合理选择与科学运用。

第五章　高校体育教学模式

随着我国体育事业的发展，体育教学各环节的研究显得越来越重要。作为高校体育教学的重要组成部分，体育教学模式对于高校体育教学的开展及深化研究有着非常重要的意义。对体育教学模式的研究与创新，能够更好地促进高校体育教学的发展。本章主要对体育教学模式的基本理论、现代创新体育教学模式的构建与应用以及高校体育教学模式的发展与改革进行研究。

第一节　体育教学模式的基本理论

一、体育教学模式的概念

20世纪80年代，我国就开始对如何界定体育教学模式展开专门性讨论。但至今，体育教学模式的概念尚未达成统一，其规范化程度也有待进一步提高。在对体育教学模式进行的相关研究中，很多学者对于体育教学模式的概念给出了自己的看法和见解，其中比较有代表性的主要有以下几种。

（1）李杰凯认为，体育教学模式"是蕴含特定的教学思想，针对特定的教学目标，在特定教学环境下实现其特定功能的有效教学活动与框架，是以简洁形式表达的体育教学思想理论和教学组织策略，是联系体育理论与体育教学实践的纽带"[1]。

（2）杨楠认为，体育教学模式是"体现某种教学思想或规律的体育活动的策略和方式，它包括相对稳定的教学群体和教材、相对独特的教学过程和相应的教学方法体系"[2]。

（3）毛振明认为，体育教学模式是"按照一定的体育教学理论或教学思想设计，具有相应结构和功能的体育教学理论或教学活动模型"[3]。

（4）樊临虎认为，"体育教学模式是指在一定的教学思想或理论指导下，设计

---

[1] 李杰凯.体育教学原理与教学模式［M］.沈阳：辽宁教育出版社，1995.
[2] 杨楠.体育文化传播 案例与分析［M］.上海：华东理工大学出版社，2023.
[3] 毛振明.体育课程改革新论 兼论何为好的体育课［M］.北京：教育科学出版社，2012.

和组织体育教学而在实践中建立起来的各种类型体育教学活动的范型,它以简化的形式稳定地表现出来"[①]。

综上所述,我们可以将体育教学模式定义为:在特定的体育教学思想指导下,实施的以完成体育教学单元目标的稳定性较好的教学程序。

二、体育教学模式的特点

(一)可操作性

体育教学模式的可操作性主要包括两方面的内容。

一方面,体育教学模式易被教师模仿。究其原因,主要是由于教学模式不仅是教学理论的操作化,还是教学实践的概括化。体育教学活动在时间上的开展以及每一教学步骤的具体做法都需要教学模式提供相应的逻辑结构与思维,也就是所说的操作程序。这样,教师在教学中应该先做什么,再做什么,最后做什么,就非常有条理,可操作性较强。

另一方面,体育教学模式的操作程序是处于基本稳定状态的。究其原因,主要是因为体育教学活动的特殊性、复杂性以及影响体育教学的主要因素不能受到精确控制。关于此,比较具有代表性的是魏书生同志创立的"六阶段教学论"。从总体上看,教学是按照提出教学要求→组织学生自学→师生讨论启发→开展实践运用→及时做出评价→系统总结这样的程序进行的。运动技能类教学模式是按照教师的示范讲解→动作分解教学→学生初步练习→纠正错误动作→再次练习→动作部分的结合练习→纠正错误动作→完整动作练习→强化练习、过渡练习→掌握动作这样的程序进行的。而且需要强调的是,教学程序是不可逆转的,但是其中某些步骤可以以教学实际情况为主要依据进行压缩、省略和重叠。这就充分体现了体育教学模式的可操作性特征。虽然体育教学模式具有较强的针对性,但在不同条件与环境下开展体育教学,其产生的体育教学模式也表现出一定的差异性,也会因不同的教学指导思想和理论而表现出一定的差异性。但是一旦确立了体育教学模式,就代表了一定的教学思想和理念,也表示了某一特定的条件下的具体操作的稳定性和可模仿性,具体相同的理念和外在条件,便可以容易地被体育教师所模仿,这种特性就是体育教学模式的稳定性。需要注意的是,随着时代的变迁,指导思想与外在条件等发生质的变化,这就要求适当调整和变更体育教学模式。由此可以看出,体育教学模式的稳定性并不是绝对的,而是相对的。

(二)简洁概括性

体育教学模式并非"复写"体育教学活动,而是在能将自己个性充分显示出来的基础上,将教学目标、教学方法、组织形式等开展某一教学活动的不重要因素省去,

---

① 樊临虎.体育教学论[M].北京:人民体育出版社,2002.

从理论高度简明系统地将模式自身反映出来。由此可以看出，它是对某一理论的浓缩，对实践的精简，表现出一定的简洁性与概括性。一定的体育教学模式能够将特定的体育教学思想充分反映出来，而且也在一定程度上简化教学模式的各环节，通过教学程序的方式将其展现出来，因此充分体现出了体育教学模式显著的简洁概括性特征。教学模式的概括性主要在教学模式的表现形式、表现内容和表现种类等方面得到体现。具体来说，每一方面的概括性都有着不同的特点，具体如下。

（1）表现形式的概括性，就是用较少的笔墨，少许的线条、符号或图表就能够将整个教学模式大致反映出来。

（2）表现内容的概括性，就是浓缩、提炼单元体育教学活动的理论或实践。

（3）表现种类的概括性，就是把具有共同特征的模式归结为一类，从而达到将某一体育教学模式的教学目标更明确地表达出来的目的，也可以在体育教学实践中使体育教师对体育教学模式有更加明了的理解与选择，从而使对多种体育教学模式产生相互混淆的现象得到有效避免。

（三）针对性

无论何种体育教学模式，其建立都是针对体育教学实践过程中的某个具体问题或问题的某一方面而进行的，是与针对体育教学内容、体育教学对象、体育教学环境等不同要素所形成的体育教学模式是有很大区别的。从这一点来看，体育教学模式有其特定的教学目标和使用范围，是不能包罗万象的，普遍有效的可能模式或者最优的模式是不存在的。然而，教学模式与目标往往是一对多或多对一的关系，而绝非一对一的关系。

通常来说，一种模式的目标是多种多样的，而多样化目标又可以进行主、次的划分，其中主要的目标不仅是此模式与彼模式相区别的主要特征之一，也是人们有针对性地选用模式的一个重要依据。比如，启发式教学模式与快乐体育教学模式中都有发展学生技能、运动参与、情感方面等目标，但是这些方面的主要目标并不是一样的，而是有一定差异性的。具体来说，开启学生的学习智力，使学生的运动思维得到有效的发展，从而对运动技能的学习与掌握产生积极有利的影响，是启发式教学模式的主要目标；而使学生在学练一些较为简单的体育活动动作中体验运动的乐趣，并创造性地组合一些简单的动作，体验运动成功的感觉，使其自信心有所增加，则是快乐体育教学模式的主要教学目标。

（四）优效性

体育教学模式的建立是需要有一定的理论作为基础条件的。但同时，体育教学模式的构建与完善离不开体育教学实践的不断修正与补充。因此，促进体育教学质量的提高，逐步改进体育教学过程，不断更新与完善体育教学的各个环节，避免教学资源的浪费与缺失，是完善体育教学模式的主要着眼点。从这一角度来说，体育教学模式充分体现了其显著的优效性特点。

（五）整体性

体育教学模式对体育教学的处理是从整体上进行的。具体来说，它不仅要明确规定教学活动中的教学主体（体育教师与学生）、教学客体（教学目标、教学内容等）等主要因素的地位与作用，而且要对教学物质条件、组织形式、时空条件、师生互动关系或生生合作关系等影响体育教学活动并在教学活动中起重要作用的其他因素进行相应的说明。由此可以看出，这几乎把体育教学论体系中的基本内容都涵盖了，因此人们也将体育教学模式称为"体育微型教学论"。体育教学模式的整体性特征要求人们在对体育教学模式做出正确的认识及运用时，一定要将体育教师的教学风格、学生的年龄特点、体育基础特点、课程内容特点等体育教学模式的主要要素整体全面地确定下来并熟练把握。除此之外，教学场地条件、环境条件、教学班级人数、气候特点等一些次要要素也要列入考虑的范围，同时要清楚地认识到它们之间的相互关系，对各环节的相互配合、相互衔接也要引起足够的重视，从而使教学模式成为系统的教学程序。这种大部分、多要素、多环节的有机组合将体育教学整体性充分体现了出来，也对体育教学模式并非多环节、多要素的简单堆积进行了说明。因此，可以说，体育教学模式是具有一定科学性的。

三、体育教学模式的功能

（一）简化功能

体育教学活动有着较为显著的特殊性和复杂性的特征。因此，要想取得较为理想地处理这种特殊性和复杂性的效果，除了需要人们的思辨和文字的处理方式外，还需要其他一些简单明了的方式。例如，图示方式往往就能够使人们对事物有一个整体的印象。体育教学结构能够反映各环节、各要素的关系，除此之外，也能够将其组织结构和流程框架反映出来。这种结构的主要特点在于注重原则、原理，而且也较为重视行为技能的学习。因此，从客观的角度上来说，体育教学模式有着非常重要的作用和意义，与现代体育教学任务是相符的。具体来说，主要表现在三方面：第一，对体育知识的学习和体育技术、体育技能的学习与掌握非常重视。第二，对学生的学习目标和教师的设计方案非常重视。第三，在充分反映教学理念的同时，对具体的操作策略也非常重视。由此可以看出，体育教学模式具有较强的可操作性，其结构和机制也较为完整。另外，体育教学模式比抽象的理论更具体、简化，不仅与教学实际更为接近，而且它能够为体育教师提供基本操作框架，使教师明确具体的教学程序，因此较容易被教师理解、选用、操作与认可，受到教师的欢迎。

（二）预测功能

体育教学模式是以体育教学活动中的内在规律与逻辑关系为基础的，因此它有利于准确地对体育教学进程和结果做出判断。即使不能准确判断，也能对体育教学进程和结果进行合理估计，甚至可以对教学结果假说进行建立。通常以某种教学模式内在与本质的规律及其现象为主要依据，来对该模式进行预测。例如，快乐体育教学模式。这种教学模式既要注重学生在学习过程中的学习体验，也要使学生对运动技能加以掌握，从而为学生的终身体育打下良好基础。这种模式的预测功能主要体现在两方面：一方面，如果在教学过程中没有达到预期的教学目标，说明实际与预测存在一定的差距，需要进行合理、正确的调整。另一方面，如果在教学过程中达到了预期的教学目标，说明与事先的预测是相吻合的，证明理论与实践是相统一的。

（三）解释与启发功能

体育教学模式的功能和作用主要表现在通过简洁明了的方法来解释相当复杂的现象。比较常见的一种体育教学模式是发展体能教学模式。这一教学模式的建立给人以整体的框架，其中文字的解释让我们能够更加深入理解教学模式。具体来说，发展体能教学模式中所蕴含的理论知识主要在三方面得到体现。首先，阶段性的体能目标实施与反馈控制理论。其次，体育教学系统地、长期地发展体能的指导思想。最后，非智力、非体力因素参与体育活动并促进技能教学的发展理论。具体来说，体能的发展是比较枯燥的，因此如何激发发展体能的兴趣就成为一项关键性因素。需要注意的是，这一关键因素是非智力、非体力的。

除此之外，对整个教学活动来说，体育的某种教学模式的核心环节具有非常重要的作用和意义，其主要在教学目标的制定与教学过程实施的形成性评价中得到一定的体现。具体来说，主要包括以下几方面：

第一，预先进行体能测验，实施诊断性评价。

第二，以学生的身体条件与身体素质的侧重点为主要依据来对教学单元进行合理的安排。

第三，有针对性地对单元中诸体能目标进行练习，并力争达成目标。

第四，对学习效果进行总结，实施总结性评价。

第五，以评价的结果为主要依据来使矫正措施得以实施。

（四）调节与反馈功能

马克思主义唯物观认为实践是检验真理的唯一标准，因而体育教学模式是否科学也要通过实践的体育教学活动对其进行检验才能得知。体育教学模式是依据具体的教学指导思想、教学条件和教学环境来进行安排的。例如，在实际的运用过程中，如果某一种体育教学模式没有达到预先制定的教学目标，就需要具体分析教学模式操作过程中的各个环节与因素，并找出其中的利弊关系，深入地分析其原因并提出相关对策，以使体育教学活动更加科学、合理。

四、体育教学模式的结构

体育教学模式的结构主要包括教学思想、教学目标、操作程序、实现条件以及评价方式等。具体内容如下。

（一）教学思想

作为体育教学模式的灵魂，教学思想是建立体育教学模式所应具备的基本理论与思想基础。也就是说，要想建立体育教学模式，就需要有一定的理论知识对其进行指导，在不同理论指导下所建立起来的体育教学模式是有所差异的。例如，我国在20世纪80年代所建立起来的愉快教育的教学模式是根据当时学生学习的具体需求产生的，有利于学生参与学习活动的积极性和主动性的充分调动，并能够通过体育教育养成终身体育的习惯。

（二）教学目标

在体育教学过程中，建立体育教学模式的目的就是更好地实现体育教学目标。如果没有体育教学目标，也就没有体育教学模式存在的必要和价值了。"体育教学模式所能够达到的教学效果是体育教师对某项教学活动在学生身上将产生的效果所做出的预先估计。"[1] 体育教学目标是具体化了的体育教学主题的表现，体育教学模式要以教学目标为核心，教学目标能够制约体育教学模式的其他结构要素。

（三）操作程序

教学活动中的教学环节或步骤就是所谓的操作程序。在体育教学活动中，操作程序主要指的是在时间上展开的逻辑步骤以及各逻辑步骤的具体做法等。无论哪种体育教学模式，其操作程序都是独特的，与其他教学模式不同。操作程序并不是一成不变的，但它一定是基本的和相对稳定的。

（四）实现条件

所谓实现条件，是指体育教学模式中所采用的策略和手段，它是对操作程序的补充说明，并能够使体育教师选择合理的、正确的教学方法和策略。人力条件、物力条件和动力条件三方面是体育教学模式中实现条件的主要内容。具体就是体育教师与学生、体育教学内容与时空，以及学校的基础设施等。

---

[1] 曹垚. 现代体育教学理论与实践训练探索[M]. 长春：吉林人民出版社，2020.

（五）评价方式

不同的体育教学模式，所要完成的体育教学目标不相同，而且所采用的教学程序和条件也存在差异。因此，不同的体育教学模式也具有不同的评价标准和评价方式。每一种教学模式的评价标准和评价方法都是特定的，如果使用统一的标准进行评价，就会使评价不具备科学性，评价结果失去说服力。例如，与标准化评价相比，群体合作教学模式的评价标准是采用计算个人和小组合计总分的评价方式。

第二节　现代创新体育教学模式的构建与应用

一、现代体育教学模式的新形式

随着现代体育教学的发展，过去传统的体育教学模式已经无法满足现代体育教学的各种需求。在对体育教学进行深入改革的同时，体育教学模式也得到了相应的创新发展，产生了一些适合现代体育教学的新的体育教学模式。由于体育教师的个人特点以及学生实际情况的不同，在体育教学过程中，应根据具体实际来选择适合的体育教学模式。下面主要对现代体育教学中比较常见的体育教学模式新形式展开介绍。

（一）小群体体育教学模式

1. 建立背景

小群体的学习形式来源于日本的"小集团学习"理论。小群体体育教学模式是指在体育教学中，教师通过对小组教学形式的运用，将学生分为几个不同的学习小组，教师指导学习小组进行学习，各小组之间与同组的学生之间通过互动、互助、互争来促进学生学习的主动性不断提高，从而促进教学效率提高的一种教学模式。小集团学习法起初是在其他学科中产生的，到了 20 世纪 50 年代开始应用于体育教学中。这种模式在高校体育教学中的运用，除了取得较为理想的效果外，还进一步促进了高校体育教学的发展和完善。

2. 指导思想

小群体体育教学模式的主要指导思想是在遵循体育学习机体发展和发挥教育作用规律的基础上，通过高校体育教学中的集体因素和学生间交流的社会性作用，促进学生交往，提高学生的社会性。此外，在运用这种模式的过程中，还要注意培养学生自主学习能力，并要适应学生的个体差异表现。因此，小群体教学模式的指导思想具体体现在以下几方面。

（1）有针对性地培养学生的良好品质。

（2）强调集中注意力，并要求学生相互帮助、团结，以有效地提高组内的竞争力。

（3）通过教导学生相互帮助、合理竞争，从而提高学生的身心健康和社会适应能力。

（4）要在条件基本均等的情况下，使组与组之间的学生合理竞技，从而激发学生学习的兴趣，提高学习效果。

3. 操作程序

小群体体育教学模式的操作程序如图5-1所示。

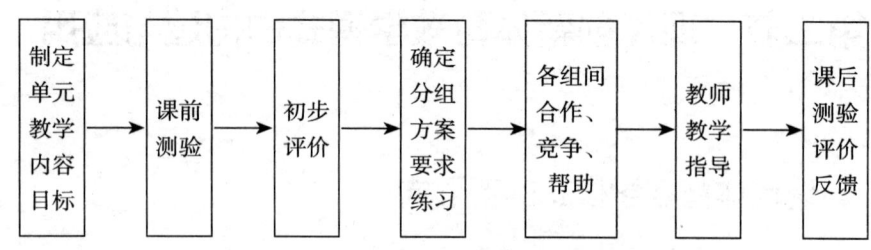

制定单元教学内容目标 → 课前测验 → 初步评价 → 确定分组方案要求练习 → 各组间合作、竞争、帮助 → 教师教学指导 → 课后测验评价反馈

图 5-1 小群体体育教学模式的操作程序①

4. 主要优缺点

（1）优点。

①小群体教学侧重于培养学生的团结性，有利于充分调动学生学习的积极性和竞争性，也有利于培养和提高学生的社会适应能力。

②通过小群体教学，既可以提高组内队员间的合作能力，又可以提高团队与其他团队之间的竞争能力，增强学生的竞争意识。

（2）缺点。由于这种教学模式更注重培养学生的社会适应能力，就可能导致在教学中将大量的时间消耗在这一方面，从而使学生对教学内容的学习时间相对减少。

（二）主动性体育教学模式

1. 建立背景

在现代教育中，学生是整个教学活动的主体，所以主动性体育教学模式能更好地引导学生通过思考体验来进行交流和合作，从而进一步发展自身的社会技能、社会情感以及创造能力。在高校体育教学中，要想取得较为理想的教学效果，必须有良好的课堂环境和氛围作为保证。因此，主动性体育教学模式在这样的环境和需求下应运而生。

2. 指导思想

主动性体育教学模式的指导思想主要包括以下几方面。

---

① 邵伟德.体育教学模式论［M］.北京：北京体育大学出版社，2005.

（1）培养学生的参与能力。只有使学生参与到教学活动中来，才能有机会使学生的主动性得到进一步发展。

（2）培养学生的教学能力。引导学生站在教师的角度去思考问题，有利于提高学生的教学能力和主动性。

（3）培养学生的合作精神。要使学生认识到团队合作的重要性，培养学生的团结合作精神，同时可创造出理解、尊重、宽容、信任、合作、民主的课堂氛围。

（4）培养学生的创新意识。要想发展就必须进行创新，教师应根据教学实际和学生的具体情况，有针对性地培养学生的创新意识和创造能力。

3. **操作程序**

主动性体育教学模式的操作程序如图5-2所示。

4. **主要优缺点**

（1）优点。

①体育教学中运用主题性体育教学模式能够实事求是地、有针对性地发展学生的主体意识。

②有利于提高和发展学生的学习主动性和自我学习能力。

（2）缺点。主动性体育教学模式要求学生有一定的自觉性基础，并且要求学生具有自我设计教学计划、教学方法、教学手段、组织措施的能力，更要求学生的自学能力要强，否则，运用主动性体育教学模式就不会取得理想的效果。

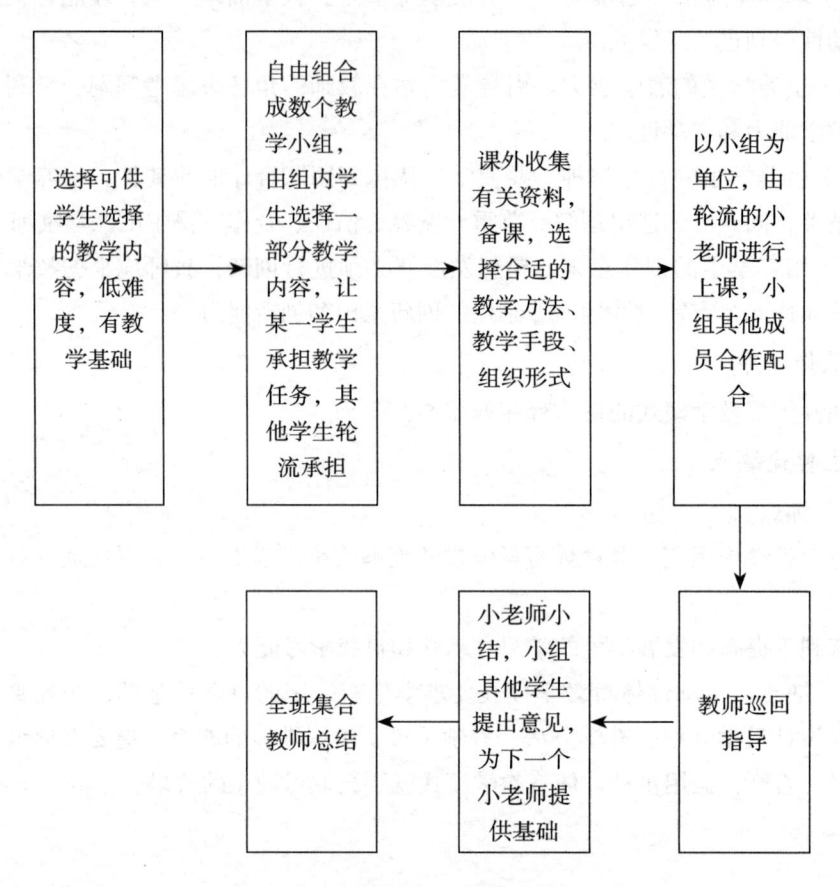

```
选择可供        自由组合
学生选择        成数个教         课外收集       以小组为
的教学内        学小组,         有关资料,      单位,由
容,低难        由组内学         备课,选       轮流的小
度,有教   →   生选择一    →   择合适的   →  老师进行
学基础         部分教学         教学方法、     上课,小
               内容,让         教学手段、     组其他成
               某一学生         组织形式       员合作配
               承担教学                        合
               任务,其
               他学生轮
               流承担
                                                  ↓
                           小老师小
                           结,小组
全班集合        其他学生         教师巡回
教师总结   ←   提出意见,   ←   指导
               为下一个
               小老师提
               供基础
```

图 5-2　主动性体育教学模式的操作程序[①]

（三）领会式体育教学模式

1. 建立背景

领会式体育教学模式是在 20 世纪 80 年代由英国学者提出的。在当时，这种教学模式的运用主要是为了对球类的教学过程结构进行合理的改造，对新教程进行领会，试图通过这一教学模式对以往教学中存在的缺陷进行改正（这个缺陷主要就是只对技能教学表示重视，而将学生对整个运动项目的认知和对运动特点的把握忽略了）以达到提高球类教学质量的目的。

2. 指导思想

领会式体育教学模式的指导思想主要包括以下几方面。

（1）这种教学模式强调先尝试，后学习。

（2）要在尝试的过程中了解学习运动技术的重要性，进而促进学生学习主动性的提高。

[①] 邵伟德. 体育教学模式论 [M]. 北京：北京体育大学出版社，2005.

（3）强调先进行完整教学，然后分解教学，在对分解后的各部分知识有所掌握后再进行完整的尝试，从而对学习前后的效果进行对比。

（4）竞赛是开展体育教学活动最主要的组织形式，有利于提高学生学习的积极性和实用性。

3. 操作程序

领会式体育教学模式的操作程序如图 5-3 所示。

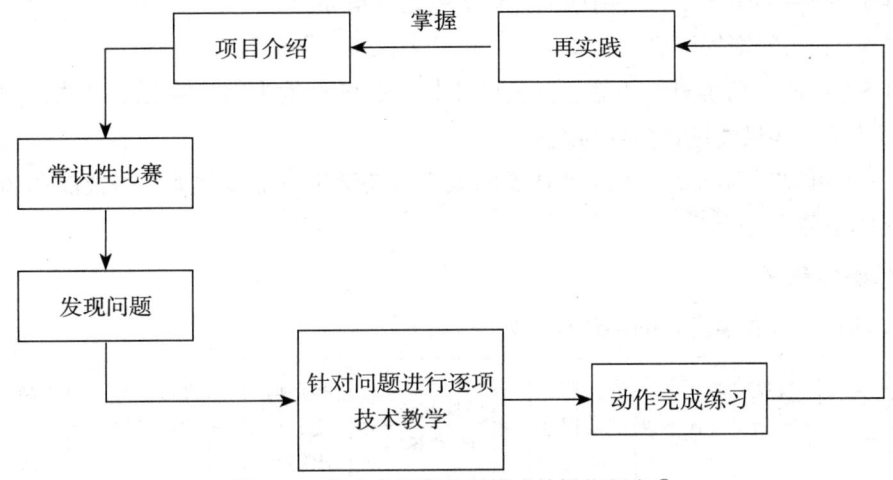

图 5-3　领会式体育教学模式的操作程序[①]

4. 主要优缺点

（1）优点。领会式体育教学模式通过先让学生初步进行体验，体会出学习正确动作的必要性，然后根据学生的实际情况，教师选择合理的教学方法，来促使学生产生强烈的学习动机和需要，进而将学生学习的积极性调动起来，提高学习效率。

（2）缺点。在尝试性比赛中，学生因对这项运动缺乏深刻的了解，很可能使比赛无法顺利进行。在一些尝试性的比赛中，要想避免这种情况的发生，可以通过降低难度和要求，使学生慢慢进入活动的角色，从而使比赛更为有序，以此来保证常识性比赛的顺利进行。

（四）发现式体育教学模式

1. 建立背景

发现式体育教学模式是指通过体育教师的指导，学生能够独立地研究和发现事实和问题，从而更加深刻地掌握相关原理和知识的一种教学模式。这种教学模式主要强调学生的直觉思维、内在的学习动机以及教学过程三方面。

2. 指导思想

发现式体育教学模式是教师通过对学生适当地进行引导，让他们运用主观思维进

---

① 邵伟德. 体育教学模式论 [M]. 北京：北京体育大学出版社，2005.

行积极的思考，独立地发现问题、解决问题的普通高校体育教学发展与改革探究的教学方式。因此，这种体育教学模式的指导思想就是在体育教学中通过遵循学生的认知规律来考虑教学过程，体现以学生为主体，以学生为中心的思想。具体来说，其指导思想具体包括以下几方面。

（1）着重增强学生学习的积极性和趣味性。

（2）调动学生思维的主动性，开发学生的智力。

（3）在以学生为主体的前提下，对学生进行指导。

（4）在将答案揭晓之前，要让学生自己去探索问题的答案。

（5）对问题情境进行设置，并使学生投入教学情境中的过程更为自然，对学生的学习热情与积极性进行激发与鼓励。

（6）可以提高学生学习运动技能的效率，使学生更加深刻地领悟技能和知识，记忆更加牢靠。

3. 操作程序

发现式体育教学模式的操作程序如图5-4所示。

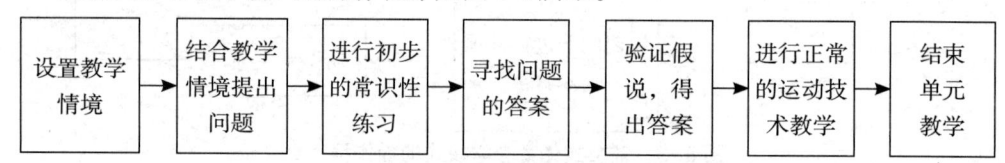

设置教学情境 → 结合教学情境提出问题 → 进行初步的常识性练习 → 寻找问题的答案 → 验证假说，得出答案 → 进行正常的运动技术教学 → 结束单元教学

图5-4 发现式体育教学模式的操作程序[①]

4. 主要优缺点

（1）优点。

①发现式体育教学模式能调动学生学习的热情和积极性，提高学生的学习效率。

②发现式体育教学模式有利于开发学生智力，提高学生智力水平。发现式体育教学模式非常重视学生的智力发展，通过在学习过程中设置问题情境，激发学生学习的好奇心，进而提高其智力水平。

（2）缺点。

①发现式体育教学模式会在问题的提出、讨论、解决等环节占用大部分的教学时间，从而使运动技能练习与巩固的时间相对减少，因此会对学生学习和掌握运动技能的效果产生影响。

②发现式体育教学模式还会受到不稳定因素的影响，所以从教学模式的评价来看，无法在短时间内与其他教学模式进行比较。

（五）选择式体育教学模式

1. 建立背景

在"健康第一"思想和新课程标准的影响下，为了更好地体现以学生为主体的教

---

① 邵伟德.体育教学模式论［M］.北京：北京体育大学出版社，2005.

学观念，现代高校体育教学中出现了选项课。选项课的出现可以使学生在体育学习过程中依据自己的喜好和需要选择适当的项目学习。由于选择式教学模式具有较高的可行性和良好的教学效果，近年来在多所学校中已普遍使用，并受到体育教育工作者的高度重视。

2. **指导思想**

选择式体育教学模式可以使学生自主选择的优势得到充分体现，自主选择所要学习的内容、学习进度、学习参考资料、学习伙伴、学习难度等，这样才能提高一个学生的学习积极性，同时能够将学生学习的积极性和主动性充分调动起来，从而更好地对学生的学习能力进行有效的培养。

3. **操作程序**

选择式体育教学模式的操作程序如图 5-5 所示。

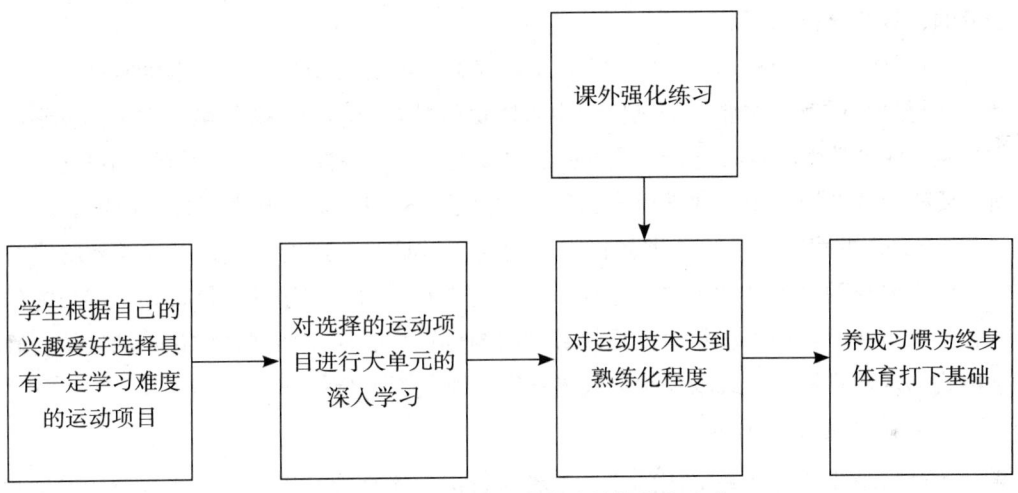

图 5-5 选择式体育教学模式的操作程序[1]

4. **主要优缺点**

（1）优点。

①学生自主选择学习内容，这不仅是学生主体地位的充分体现，而且也有利于提高学生的学习兴趣。

②通过学生根据自身的兴趣和需求来选择学习内容，能够更好地培养学生的自觉性、学习热情、学习态度、情感体验、克服困难的意志力等，也能提高学生的责任感。

（2）缺点。

①根据目前相关教学实践来看，选择式体育教学模式虽然对有运动兴趣的学生有积极作用，但对于那些暂时还没有特别兴趣的学生在选择上会出现盲目性。也就是说，这种教学模式在目前还不适用全体学生。

②由于受到技术难度、趣味性、运动量以及考核评价等方面的影响，学习内容可

---

[1] 邵伟德.体育教学模式论［M］.北京：北京体育大学出版社，2005.

能导致学生功利性地选择运动项目，从而使选择内容不均等，不利于教学活动的顺利进行。

二、新型体育教学模式的构建与应用

（一）新型体育教学模式构建的参考依据

新型体育教学模式的构建主要把握以下几个参考依据。

1. 参考体育教材性质

体育教学以教材为基本工具，体育教师教学、学生学习都要借助教材这一基本教学工具。体育教材也是体育教师与学生共同完成体育教学目标的内容载体。通常把体育教材分为概括性教材与分析性教材两大类，这主要是以体育教材内容的性质为依据划分的，具体分析如下。

（1）概括性教材。这一类教材中没有较难学习的运动技术需要学生掌握，对概括性教材进行讲解的主要目的是使学生对体育项目有简单的了解、培养学生体育学习的兴趣，促进学生的身心健康。学生在学习该类教材时主要注重体验乐趣，获取快乐，所以要构建并选用快乐式教学模式、情景式教学模式以及成功教学模式进行教学。

（2）分析性教材。这一类教材中的运动技术具有一定的难度，对这类教材进行讲解的主要目的是提高学生的自主学习能力与创新能力，促进学生体育知识与技能的增长。学生在学习该类教材时注重培养学习与创造力，所以要选择构建主动性体育教学模式、发现式教学模式以及领会式体育教学模式等进行教学。

2. 参考体育教学目标

体育教学模式构建与运用的关键是教学目标，体育教学模式需要体育教学思想与目标为其提供活力、指明方向。体育教学思想与目标也是区分教学模式的一个标准。体育教学目标在新课程改革之后有所变化，主要涵盖了以下四方面。

（1）提高学生运动参与能力与积极性的目标。

（2）促进学生身心健康的目标。

（3）促进学生正确掌握运动技能的目标。

（4）提高学生社会适应能力的目标。

上述体育教学目标要求在体育教学中要构建与选用情景体育教学模式、探究体育教学模式以及成功式教学模式等进行教学。

3. 参考体育教学对象

体育教学活动离不开学生这一教学主体。体育教学活动中，学生也是其中非常重要的一个组成部分，所以要针对不同学生的具体情况与特点对教学模式进行构建。学生的学习阶段按年龄大致可以分为小学、中学、大学三个时期。不同学习时期，学生的身体与心理情况是有明显不同的,所以体育教学模式的构建要考虑到不同学习阶段的学生的具体情况。

学生在大学时期,主要是接受专项体育运动教学训练,因此适合这一时期的体育教学模式有技能性体育教学模式,同时要发挥体能性体育教学模式的辅助作用,所以对这两种教学模式的构建极其重要。

4. **参考体育教学条件**

体育教学模式不同,其相应的教学条件也会有差异。不同地区或学校的体育教学条件具有明显的复杂性与差异性。以城市和农村地区为例,两个地区的经济水平差距很大,因此体育教学场所、设施与器材也有差距。针对这一情况,体育教师要实事求是,从实际出发,构建恰当的体育教学模式来完成教学目标与任务。农村学校的教学水平与条件有限,因此不适合构建并选用要求外部教学条件良好的小群体教学模式。

(二)新型体育教学模式的构建原则

1. **坚持教学目标、内容、形式、结构与功能的统一原则**

从本质上讲,新型体育教学模式的建构是处理好高校体育教学活动中形式与内容、结构与功能的关键问题。所以,体育教师应该对各类体育教学课堂结构和形式的功能与作用进行全面分析,并以教学目标和条件为根据对教学模式做出比较合理的选择。

2. **坚持统一性与多样性的统一原则**

(1)体育教学模式构建的统一性是指在构建和创造体育教学模式时,要继承中华人民共和国成立以来我国体育教学思想和成功经验。

(2)新型体育教学模式构建的多样性是指在开发和构建体育教学模式时应尽量实现多样化,避免单一化与程式化。

3. **坚持借鉴与创新的统一原则**

体育教学模式要坚持创新与借鉴的统一性。这里所说的借鉴具体是指借鉴两方面的内容:一方面要借鉴国外的先进教学模式理论,另一方面要借鉴国内的先进教学模式理论与成功教学经验。

有机结合创新与借鉴,才能运用成功的经验,吸取失败的教训,不走或少走弯路。具体来说,统一借鉴与创新,就是要以正确的体育教学思想为指导,革新原有的落后的体育教学模式,借鉴前人和他人的成功经验和理论,结合教学中的客观实际,提高体育教学的效率。

(三)新型体育教学模式的构建步骤

概括地讲,新型体育教学模式构建的主要步骤如下。

1. **明确指导思想**

选择用什么教学思想作为构建模式的依据,使教学模式更突出主题思想,并具有理论基础。

2. 确定构建模式的目的

在明确指导思想的基础上，确立建构体育教学模式所达到的目的。

3. 寻找典型经验

在完成第一步的基础上，通过调查研究，寻找恰当的典型经验或原型作为教学案例。案例要符合模式构建的思想与目的。

4. 抓住基本特征

运用模式方法分析教学案例，对教学案例的基本特征与教学的基本过程进行概括。

5. 确定关键词语

确定表述这一体育教学模式的关键词。

6. 简要定性表述

对这一体育教学模式进行简要的定性表述。

7. 对照模式实施

对照这一体育教学模式具体实践教学，进行实践检验。

8. 总结评价反馈

通过体育教学实践验证，对实践检验的结果进行归纳总结。通过初步实践调整修正模式，并反复实践以不断完善。

（四）两种新型体育教学模式的构建与运用

1. 合作式体育教学模式的构建与运用

在体育教学活动中，合作教学模式的运用有利于学生合作意识与能力的提高，有利于学生交往、实践及协调能力的增强，也有利于学生个性发展和终身体育意识的形成。

（1）合作体育教学模式的构建。

①构建程序。首先，要以体育教学大纲规定的教学时间与教学内容为主要依据，对上课时间进行合理的分配与安排。通常，在体育教学活动中，体育理论知识教学占总教学时间的25%；学生体育能力培养占总教学时间的30%；体育技战术教学占总教学时间的45%。其次，体育课堂教学之前，教师要做好课堂教学计划，即教案。制订教学计划时，教师要加强与学生的合作，与学生一起探讨教学方法的选用。

②具体实施。

a. 明确教学目标。体育教学过程的第一环节就是要明确并呈现教学目标。这一环节中，体育教师的口头讲解与动作示范要有机结合学生的观察体验与思考，加强师生之间的沟通与交流。

b. 对学生进行集体讲授。对学生进行集体授课时，体育教师要适当缩短授课时间，提高教学效率，从而留出更多的时间为下一环节（小组合作）做准备。教师要注意提高学生的学习积极性，善于运用一些新颖的问题使学生的注意力集中到课堂上。

c. 加强小组合作学习。学生的学习主体性以及学生之间的沟通与交流是小组合作环节的重点。学生要在小组合作学习中积极发表自己的意见，提高自己的主动性、积极性以及创新性。

d. 实施阶段测验。体育教师在学生学习一个阶段后，对各个学习小组进行阶段测验，从而对学生在这一阶段的学习情况与效果有一个初步了解。

e. 积极反馈。在反馈阶段，体育教师要综合评价学生在这一学习阶段的具体表现。学生在小组合作学习中获取的知识比较零散，系统性很差，所以教师要正确引导学生归纳所学知识，使之成为一个系统的知识体系，便于学生掌握与记忆。小组测试也是反馈的一个重要手段，通过测试反映出学生学习的不足，从而有针对性地对其进行纠正与完善。

（2）合作教学模式在体育教学中运用的注意事项。

①更新教学观念。合作教学模式在体育教学活动中的运用要求对传统的体育教学观念进行更新，对学生的重要性进行重新认识，重视学生的主体地位，引导学生充分发挥主观能动性，尊重学生的人格，教师在教学中加强与学生的合作交流，以学生的具体情况为依据进行教学。

②注重学生主体意识的培养。首先，体育教师在体育教学活动中要想方设法激发学生的思维与学习热情，然后引导学生积极发现与探索新问题、新情况；在引导过程中，注重学生自主意识和独立能力的培养。其次，教师要注重自身的引导作用，通过提问、质疑等手段，引导学生把注意力集中到课堂教学中。最后，教师主导性的发挥要以实现体育教学目标为出发点，倘若没有从教学目标出发，就谈不上学生主体性的培养了。

2. 启发式体育教学模式的构建与运用

"启发式体育教学模式指的是在体育教学活动中，教师以体育教学目标、教学规律以及学生的认知水平和年龄特点为主要依据，通过采取各种教学手段引导学生独立思考、积极主动地获取知识、解决学习问题的过程。"[1] 解决教学中出现的问题、提高体育教学的质量以及促进学生体育学习积极性的发展是体育教学模式的实质。

（1）启发式体育教学模式的构建。

①对问题情境进行创设。体育教师在对问题情境进行创设时，要具体以体育教材的重点和学生的客观实际为依据。在创设问题情境的过程中，体育教师不仅仅要解决学生在学习中出现的问题，更要采取一定的方法与措施来引起学生的好奇心，使其主动提出疑问，并积极思考解决疑问，这样有利于学生学习热情的充分调动，有利于提高学生逻辑思考与客观分析及解决问题的能力。

②采用直观教学手段。体育教师在对学生进行启发的过程中，要尽量采用直观的

---

[1] 邱君芳. 体育教学优化与学生综合素养提升研究 [M]. 北京：中国原子能出版社，2019.

教学方法和手段，减少抽象概念的使用。直观手段具体是指多媒体、录像、图片等直观教具的使用。直观教学方法有利于学生学习兴趣的激发与提高，有利于学生以最为简单的方式清晰地掌握学习内容。

③采用多样化的练习手段。体育教师在引导学生进行练习的过程中，要以体育教学任务、目的和要求为主要依据，并要善于采取一些有助于启发教学的练习方式作为辅助学习的手段。除此之外，体育教师还可以以教材内容为依据，对多样化的练习手段加以运用，以此来促进学生学习兴趣的提高，同时能够提高学生的学习效果。

（2）启发式教学模式在体育教学中运用的注意事项。

①对教材重点与难点有所明确。体育教材的重点是学生要掌握的关键内容，教材的难点是学生不容易掌握的教材内容。教师运用启发式教学模式进行教学时要以教材重点为中心，通过口头叙述、动作示范等各种教学方式来引起学生对教材重点内容的思考。体育教师也可以针对重点动作做一些生动、逼真的模仿，这样学生也能比较容易地掌握教学内容。除此之外，教师也要把学生的身心特点、认知能力和学习基础重视起来，遵循因材施教的教学原则，使每个学生的学习效率都能得到保障。

②对多元评价体系进行科学构建。评价学生的学习过程或结果主要是为了总结学生的学习效果，对学生学习体育达到一种督促与激励的效果。合理的评价有利于提高学生学习的积极性和主动性。评价的实施步骤具体为：评价标准的确定—评价情境的创设—评价手段的选用—评价结果的利用。评价讲究合理，不要求过于死板地对标准答案有严格的限制，要根据具体情况保留一定的评价空间。教师在对学生的学习技能做出评价的同时，要引导学生进行自我评价或学生之间的互相评价。

第六章　体育教学球类运动技能的教学

球类教学是体育教学中的重点内容之一，也是锻炼和提高学生球类运动技能的基础。所以，本章我们主要从"篮球""排球""羽毛球""乒乓球""足球"等方面进行论述，确保每位学生都能掌握一定的技能，提高基本的体育素养。

第一节　篮球运动技能研究

1995年，我国篮球运动实施了职业化改革，在较成熟的专业化竞技篮球体系解体之后，还未形成完善的职业化篮球体系。篮球训练指导思想研究出现了断层，我国竞技篮球训练工作缺少明确的方向。指导思想的不明确，造成我国竞技篮球运动技术水平的波动起伏；同时，虽然篮球职业化一直在前进，但是我国篮球市场、篮球产业体系并未真正形成。

新制度经济学家道格拉斯·诺斯提出制度变迁会出现两个完全相反的轨迹，一个是良性循环的路径依赖轨迹，这条轨迹上的制度变迁会极大地调动人的积极性，使资源利用最大化；一个是恶性循环的锁定轨迹，只利于极少数控制者的利益，不利于整个事业的发展。

我国竞技篮球运动也正在经历制度变迁。如果能走上一条良性循环的发展道路，将使篮球运动实现其价值最大化。良性轨迹的最优特点是制度变迁让最大群体得利。扩展到我国竞技篮球运动项目来说，是要让篮球管理者、运动员、教练员、相关工作人员实现价值最大化，同时让观众得到最大化的篮球文化享受。

在实现竞技篮球制度变迁良性循环的过程中，科学定位、多学科研究训练指导思想，提出明确的训练指导思想，将有利于我国竞技篮球运动的可持续发展。

一、篮球实践和运用技能问题的提出

现代运动竞技已越来越紧密地与现代科学技术结合在一起，赛场上的优胜者必然会更加依赖于现代科技全方位与全过程的介入。不同学科的科学理论、思想与方法都

能在这里得到广泛的应用，发挥着各自的影响和作用。为了提高运动员的整体竞技能力，在很大程度上都要借助多学科的现代科学技术的帮助与支持。中国篮球运动百余年历史充分证明，加强科学研究、注重实践效果是推动中国篮球运动发展的动力。

在运动训练理论和实践中，运动技能的学习与控制是一个非常重要的问题。人们早已从体育运动实践中，认识到掌握运动技能、加速运动技能形成和提高运动技能绩效的重要意义。像所有科学一样，运动技能学的理论也是从实践中产生、在实践中发展起来的。同时，它又服务于运动技能实践的需要，推动运动技能实践的发展。运动技能学习与控制理论及其研究成果，对于参加体育运动的人们，无论是竞技者、健身者还是康复者，无疑都有着重要的现实指导意义，标志着体育科学的内涵更加充实。

关于运动技能学理论与专业实践之间的关系问题还存在着不同的看法。首先，在运动技能学研究中，有学者认为概括性研究要比对特定技能的研究更有价值，认为概括性研究在实践中的应用范围更加广泛。其次，对运动技能学理论的必要性提出疑问。这种疑问主要来源于对运动技能学理论的"实用性"认识不够，不能充分理解理论与专业实践之间的关系。基于这样一种认识，就形成了目前在运动技能学的研究内容和成果中，实验性理论研究发展较快，理论与专项运动技能，特别是特定的某一专项技能的应用研究成果较少。

作为一个独立的理论学科，运动技能学在我国的发展较晚，于20世纪80年代初才引起我国有关学者的关注。我国一批体育学者在国际交流中，了解到运动技能学对运动训练和体育教学的现实作用，从而将之引进我国。并且，篮球运动技能的重要任务之一，就是向运动员传授正确的运动技术并形成高水平技能，特别是对篮球运动这样以同场对抗性竞技为主导的项目来说尤为重要。运动技能的方法、原则、计划等都应依据篮球运动技能形成规律及其特征而设计。无论是学习者还是指导者，在篮球运动技能的学习与控制过程中，都应研究、掌握篮球运动技能的形成及其变化规律，才能实现对篮球技战术的有效控制，并获得最佳的技能绩效。将运动技能学的理论与篮球运动实践相结合，能够为篮球运动技能提供科学的理论依据，从而帮助教练员更加有效地组织练习，把科学训练落到实处，不断提高训练质量。因此，有关篮球运动的技能学研究将成为人们关注的问题。

二、篮球运动技能的组成成分

篮球运动技能的形成过程与三个因素有关，即目标得分或控制得分、操作任务技能、战术行动和操作环境。是否能够达成目标，取决于运动员对特定环境的适应与技战术操作技能绩效水平。因此，篮球技战术操作能力是构成篮球运动技能组成成分的核心，技能绩效取决于环境变化的干扰程度、人对操作环境的认识以及通过自身运动能力对篮球技战术的控制水平。所以，我们认为篮球运动技能的组成应包括以下三个成分。

（一）篮球技战术操作能力

篮球技战术操作能力指技战术操作的熟练程度和达到的水平，即对基本技术、组合技术、位置技术、技战术组合技术等掌握的程度，是组成篮球运动技能的核心成分，是区别于其他运动技能的重要标志。

（二）运动素质

运动素质是运动员体能的重要组成部分，运动员在运动过程中，机体各器官、系统的机能在中枢神经系统的支配下所表现出来的各种基本运动能力，共分为九种。这些基本运动素质因为主要与大肌肉群运动技能操作有关而区别于知觉运动能力。

运动素质包括九种基本运动能力：一是静态性力量，指人能够对外界物体施加的最大力量。二是动态性力量，指反复用力时肌肉的耐力。三是爆发力量，指为肌肉爆发有效动员能量的能力。四是躯干力量，指躯干肌肉的力量。五是伸展柔韧性，指弯曲或伸展躯干和背部肌肉的能力。六是动态柔韧性，指重复快速躯干弯曲动作的能力。七是全身协调性，指运动中身体各部分的协调能力。八是全身平衡能力，指在没有视觉线索的条件下保持身体平衡的能力。九是耐力，指需要心血管系统参与维持最大限度工作的能力。

（三）心智能力

心智能力包括两个层次：一是初级认知能力，即知觉运动能力。二是高级认知能力，即一般智力和心理技能。

1. 知觉运动能力

知觉运动能力是指对篮球技战术操作环境中的刺激所做的观察和理解，并做出选择、调节和控制的能力。知觉运动能力包括九种：一是多肢体协调性，指协调多个肢体同时运动的能力。二是控制精确性，指单侧手臂或腿在控制器械时做出快速准确动作调整的能力。三是反应定向，指根据自身或操作对象的移动情况快速选择操作模式和方法的能力。四是反应性，指当信号出现时迅速做出反应的能力，包括简单反应性、选择反应性和辨别反应性。在篮球运动技能操作中，反应性的用途是评价运动员在运动情境中，对特定动作形式和开始时间的预判能力和决策速度。五是手臂动作速度，指迅速操作要求最小限度准确性的大的、分立手臂动作的能力。六是速度控制，指根据持续移动的目标、对象的速度、方向的变化调整动作速度的能力。七是手臂灵敏性，指快速条件下用技巧性的手臂动作操作较大对象的能力。八是手臂的稳定性，指在最低限度要求速度和力量的条件下准确控制手臂方位的能力，包括在手臂动作运动过程中或在一个静止的手臂位置时，保持手和臂的相对稳定性的能力。九是准确操作能力，指在快速移动过程中，准确控制动作姿势、获得最佳效果的能力。

2. 一般智力和心理技能

一般智力包括认知定向能力和记忆加工能力，如学习、记忆储存、提取、整合、比较记忆信息以及这些认知过程在新背景下的使用。心理技能是通过练习形成的能影响个体心理过程和心理状态的心理操作系统，是一种与提高人体身心潜能相关的在人脑内部进行与形成的内隐技能，它包括一般心理机能和篮球专门化的心理技能。一般心理技能是指适合所有运动技能操作特点的心理技能，如应激控制、唤醒水平控制、目标设置、集中注意力、表象能力等。篮球专门化心理技能是指适合于篮球专项所必须掌握的心理技能，如球感、时间知觉、空间知觉、动觉方位感、节奏感、篮球意识等。例如，在球类比赛中，运动员的运动技能是开放性的，运动员的运动能力取决于对不完整信息或先行信息的加工过程。利用眼动测试器测试冰球守门员眼动的情况，研究结果表明，无论是在大力射门还是小动作射门的情况下，初学者盯球的次数都比优秀守门员要多得多。因为优秀守门员利用球杆的信息，而不是利用冰球的信息来预测球的飞行，而初学者只是当球杆接触球时才能判断出球的运行情况。篮球运动也有同样的情况，并且随着问题的解决和运动员经验水平的不同，其注视的变化情况也不同，视觉搜索并不是看尽赛场上所有的信息，无论是优秀运动员还是新手，都是倾向于选择特定的信息，一旦认为获得了足够的信息，就马上做出反应。但是，优秀运动员倾向于反复成对地注视进攻—防守队员，而初学者则不注视防守队员，只注视同伴队员。这说明优秀运动员的视觉搜索模式与初学者有所不同，优秀运动员能够注视比较重要的信息。

三、篮球运动技能的类型特征

提到篮球运动技能的类型，几乎所有的研究都认为篮球运动技能属"开式技能"，罚篮动作技能除外。开式运动技能与闭式运动技能的技能分类方法是由英国实验心理学家波尔顿提出的。他根据环境是否稳定把运动技能分为开式和闭式。当环境稳定、可预测的时候，在这种环境下操作的运动技能称为闭式运动技能；如果环境不稳定、不可预测，动作要因环境的变化而不断改变调整，就称为开式技能。波尔顿的技能分类方法的基本依据就是技能操作环境的稳定性。而把篮球运动技能完全归属于"开式技能"的观点，只注意到了篮球运动技能在比赛环境背景中的技能特征，忽视了篮球基本技战术学习阶段的环境背景相对稳定的特征。原因是对篮球运动技能形成过程缺乏整体性的认识。因此，篮球运动技能属开式技能还是闭式技能，要依据技能形成过程中不同阶段的操作环境背景特征来确定。技能操作环境背景的可控性与不可控性特征的分析结果，为篮球运动技能的开式、闭式类型的认识提供了理论依据。另外，不同阶段技能操作目标的不同也反映了技能操作环境背景稳定与否的特征。例如，基本技战术学习阶段的技能操作目标是学习准确、规范的基本技术动作，形成动力定型并达到自动化程度。为了实现这一目标，学习者必须在稳定的环境条件下进行反复的练习，提高内部本体感受器调节运动操作的能力。教练员或教师也必须依据技能操作目标调节控制环境，尽可能创造最适宜的练习环境提高练习绩效。因此，目标决定了操作环境特征，同时也确定了在此环境中操作的技能类型。

四、篮球运动技能的特征

篮球运动技能的组成成分应包括篮球技战术操作能力、运动素质、心智能力。运动素质和心智能力是组成篮球运动技能的一般成分，篮球技战术操作能力是其特殊成分。

篮球技战术学习与控制由基本技术学习、技战术组合学习、技战术应用、技战术自组织创新四个阶段构成。

在基本技术学习阶段，其操作环境是在事先安排好的、稳定的，具有高控性特征。而技战术自组织创新阶段的技能操作环境是不断变化、不可预测的，表现出明显的低控性特征。而技战术组合学习和技战术应用阶段中的环境则是两种特征并存。

篮球运动技能属开式还是闭式要依据技能形成过程中不同阶段的操作环境特征来确定，技能操作环境的高控性与低控性特征的分析结果，为篮球运动技能属开式、闭式类型的认识提供了理论依据。

五、篮球运动技能培训相关专业词汇解析

（一）强化基本功

匡鲁彬认为，篮球运动员技术比较单调且片面（如会投的不会过，会左手的不会右手等），基本技术掌握得不够全面，特别是脚步动作差，现在会传球的队员不太多。传球的时机、落点、角度、手法掌握不好，往往内线队员抢占了位置，外线运动员却无法将球准确、舒服地交到内线去。

董顺波在《对我国甲级女篮2006年夏训体能和基本技术的测试分析》一文中指出："通过专家组对测试队员技术的评定和我们在现场对她们训练和比赛的观察，队员在基本技术的规范度和熟练程度上有很大的差别，特别是投篮技术，无论是投篮和节奏的把握与世界优秀女篮队相比都有很大不同，基本技术相差比较大，普遍存在基本功不扎实和基本技术不全面的问题。这一点与篮管中心官员、专家组成员和测试组成员的意见一致。然而，女篮要重新崛起就必须加强对投篮等基本技术的科学训练。运动员在比赛中技术运用不稳定、发挥不好，防守时跟不上对手的变化、漏人等情况的出现，这一方面说明基本功不扎实，还说明在平时训练中教练员不注重基本功练习，所以才会导致运动员在比赛中出于基本技术的原因而屡屡出现错漏。因此，要加强运动员的

基本技术训练。"[①]

（二）"快速"风格

1."快速"释义

从世界篮球运动的发展趋势来看，其发展主线是快速和准确，速度快是手段，准确是目的。快速是创造、寻找和掌握、利用战机达到准确完成动作的手段，"以快制胜"的锐利武器更加受到世界强队的重视。对我国篮球运动来说，"快速"这一概念既可以指向技术风格，也可以用来阐释战术风格。体现在技术动作方面，是指运动员在训练、比赛中的脚步移动快、起跳快、起动快、传接球又准又快、推进快、攻防转换快等。当然，运动员在"快"的同时也要"准"，否则，只"快"不"准"会在比赛中造成更多的失误。而体现在战术方面，最具代表性的就是快攻战术。快攻战术在进攻战术中占有重要地位，是当今世界强队克敌制胜的"法宝"。快攻战术不是一个人、两个人的个别行动，而是全队整体的战术配合。因为快攻不仅包括攻击性强、协同配合的防守体系，并且包括有效地拼抢篮板球、抢断球配合，这是为发动快攻创造条件的前提。球队只有掌握全面、系统的快攻战术，才能在比赛时主动地、有意识地发动快攻。"兵贵神速"，在发动快攻时，运动员的一切动作都必须快。用最快的速度、在最短的时间内完成快攻推进，投篮得分，令对方猝不及防。如果一支球队忽视了快攻战术，那么这支球队"积极主动、快速灵活"的运动风格就难以形成了。因为只有快速才能体现运动员在赛场上积极主动的思想作风。

2."快速"风格

一支球队有了坚定的"快速"思想，必然带动体能、技战术以及思想作风的不断提高。近年来，我国男篮在国际篮球比赛时，因为一些原因导致球队的进攻速度下降，这种现象在联赛中也不罕见。2011—2012年赛季，由于外援马布里的加盟，北京金隅队在本赛季的比赛中发生了很大的变化。在马布里的带动下，北京金隅队提高了进攻的推进速度，加快了攻守转换的节奏，创造了开局13连胜的新纪录，最终取得了本赛季常规赛的第二名，也是北京金隅队在职业联赛中取得的最好成绩。从这个案例可知，当前最重要的是必须树立我国篮球教练员、运动员的"快速"训练指导思想。有了这个训练指导思想，我们在技术、战术训练工作方面就会制定明确的、可操作性的指标，这也是我国篮球运动向世界篮球高水平迈进的关键环节。"快、灵、准"是我国篮球运动的传统风格，因此要重新树立我国篮球运动的"快速"风格，就要在篮球训练工作中强化快速战术，即快攻战术。

3.快攻战术

快攻战术是我国篮球运动在20世纪五六十年代形成的"三大法宝"之一，是我

---

① 董顺波，于振峰.对我国甲级女篮2006年夏训体能和基本技术的测试分析[J].首都体育学院学报，2008，（1）：96-98.

国男女篮在比赛中强有力的进攻"武器"。因为快攻战术能在短时间内打出进攻高潮并将比分迅速拉开，奠定比赛胜利的基础。

回首我国篮球运动发展的历史，我国女篮之所以能获得世锦赛、奥运会亚军，男篮打入世界八强，其中很重要的原因是当时我国篮球运动有正确的训练指导思想，而主张快速进攻就是其中最重要的组成部分之一。我国篮球运动过程中所提出的明确的训练指导思想是中华人民共和国成立后经几代篮球人努力拼搏、勇于实践、善于总结、不断改进的结果，它们是我国篮球运动的宝贵财富，也是我们今天应该继承和发扬的篮球运动技战术风格。

（三）"灵活"风格

对竞技篮球运动的发展趋势来说，高度所带来的优势已经成为各国的共识，但篮球运动强调的高度不仅仅是运动员身体形态的高，它要求高大运动员高中有壮，壮中有巧（灵活机敏有智慧），使高、壮、快、巧、准结合为一体。

1. "灵活"释义

运动项目不同，对运动员身体素质的要求也不同。篮球运动所要求的灵活性是传接球的准确、巧妙；在有限场地内的快速起动、急起急停、变速变向的快速、多变；掩护、突分等战术配合的机敏、善变等。因此，我国的篮球运动员应该在加强力量训练的基础上，提高技术动作的细腻性，掌握快速灵活的技术和敏捷的脚步动作，在比赛时才能做到灵活多变，能形成"灵活"的篮球运动风格。

2. 打造"灵活"风格

2008年北京奥运会，在中国男篮对立陶宛的比赛中，我国以68∶94的比分输给了立陶宛队。纵观全场比赛，我国男篮节场进攻战术配合笨拙、费力，而立陶宛球队的配合则明确、默契、灵巧而轻松。相比之下，我们丢失了传统风格中的"灵活多变"的特点。

马赫执教我国女篮时，他强调攻防的对抗性，尤其是加强防守的对抗性。这种对抗性并非指队员之间的身体接触，而是指在防守时要给对方强烈的攻击性和压迫性。从进攻的角度说，虽然加强对抗性，特别是加强篮下一对一的对抗性也很重要，但基于我国运动员的身体特点，即便身体对抗性有很大提高，但与身体强壮、力量大的外国高大队员相比，从整体上来看并不占上风。因此，从战术的角度来讲，我国女篮如果与对手拼体能上的对抗，并非上策。因此，我国女篮对付外国强队的策略应该是：全场进攻采取快速攻防转换，利用一切能利用的机会发动快攻反击，打对方立足未稳，让对方的强对抗性无计可施，无用武之地，不让她们发挥优势。

在2009年中澳国际篮球挑战赛北京站的比赛中，我国女篮以大比分取胜。当然，澳大利亚布林袋鼠队的竞技水平比较弱。但若从亚锦赛的角度来看这场比赛，似乎能够提出一个让人值得思索的问题：中国女篮要战胜身高体壮的世界强队，是靠对抗取胜，还是靠灵活巧妙的打法取胜？在中、澳队的这场比赛中，我国女篮打出了许多快速反击，在无人防守或防守跟不上进攻队员动作的情况下，使对方的对抗性失去了发挥作用的机会。由此可见，我国女篮在与世界强队比赛时，应该靠灵活多变的战术打法制胜。

六、现代竞技篮球运动的进攻与防守

（一）进攻与防守的概念

攻，即进攻，是实现篮球竞赛目的的重要手段之一，也是篮球竞赛行为的基本类型之一，它的行为目的是攻击对手、击败对手，获得时间和空间的主动权。它的行为特征是以运动的状态向对手进击，并在进击的运动中求得"争斗"的更大优势和主动地位，进而实现"争斗"的终极目的——通过一切合法的手段把球投入对方的篮筐。守，即防守、防御，它是实现"争斗"目的的重要手段之一，也是"争斗"行为的基本类型之一。它的行为目的是保存和守卫自己的阵地，不让对方得分。它的行为特征是以相对驻止的状态抵御对手的进攻，并求得竞赛过程中的优势和主动地位，进而达到巩固成果的目的。竞技篮球运动中存在着这两种最基本的行为。因为在"争斗"过程中，双方的行为不是出于进攻的目的，就是出于防守的目的，出于进攻和防守目的之外的任何行为都是不存在的。这是由于"争斗"的目的是击败对手和巩固已得成果，而击败对手依靠的是进攻的行为，巩固已得成果依靠的是防守的行为。"争斗"中没有脱离目的的任何盲目行为，一切行为都是为"争斗"目的服务的。因此，除了为"争斗"目的服务的行为外，不可能有任何别的行为。

由此，"争斗"中的一切行为，不是出于进攻击垮对手的需要，就是出于防守保存自己巩固已得成果的需要，出于进攻和防守之外的任何需要都是不存在的。

（二）进攻与防守的性质

1. 进攻的性质

在"争斗"中，攻的性质和守的性质是完全不同的。从进攻的概念来看，攻是一种对对手的进击，目的是击败对手。它处在一种主动的运动状态，并且在进击运动中追求优势，发挥主动和长处，进而达到攻的目的。由此来看，攻的性质是一种主动进击的行为，是"争斗"行为的发起者，或者说攻击者就是首先挑起"争斗"的人。但是，攻击不仅仅是一种力量的打击，它还包括精神上的攻击、气势上的攻击、使用智谋进行的攻击。攻的行为及其运动状态的过程，只是攻的行为的表象。《孙子》中说："上兵伐谋，其次伐交，其次伐兵，其下攻城。"孙子把运用智谋进行攻击放在首位，而把用力量进行攻击放在次要地位,足见孙子是何等重视"谋攻"。因为任何成功和胜利的"争斗",都首先是运筹帷幄中的较量和"谋攻"上的"多算""胜算",其次才有比赛场上追亡逐北的战果。孙子所谓"多算胜,少算不胜",就是指"谋攻"的重要性。因此,攻的性质,首先是进攻者具有了这种攻击的强烈欲望、攻击的谋略,然后才有攻击的行动。

2. 防守的性质

从防守的概念来看,守是为了保护自己不被击败,保存自己不淘汰,是相对对手的进攻而言的,它的特征是以相对驻止状态抵御对手的进攻,并在这种相对驻止状态中求得优势和主动地位。守从形式上来看,它是攻击的承受者,因而守的性质是被动的。但是,攻守双方一旦接触,守方就不再是被动攻击的承受者了,守方的还击,也具有了攻击的性质,也是一种主动进击的行为。这就是双方的斗争。克劳塞维茨说:"没有还击的防御是根本不可设想的,还击是防御的一个必要组成部分。"[①] 所以,对进攻的还击就是防御。

总之,防守的性质是承受攻击的被动行为,是相对进攻而言的,同时防守的手段也是针对进攻手段的一种反应,进攻手段促使防守手段的不断变化,防守手段也反过来促使进攻手段的不断变化。防守建立在相应的还击和对场地或外界事物的利用之上。

(三)防守与进攻的内在联系

比赛中的进攻和防守是相对而言的。因为有了进攻,必然出现防守。防守和进攻在竞赛双方中是交替变化的。攻和守是相对的,无攻就无所谓守,无守就无所谓攻。攻守两种行为是密切联系的。《孙子》中说:"攻而必取者,攻其所不守也;守而必固者,守其所不攻也。"这段话的意思与我们所讲的攻守两种行为的必然联系完全不同,它从另外一种角度来考查攻守问题。《孙子》中所说的"攻"是进攻对方虚弱和疏于防守的地方,是其该守而不守的地方。这种"攻"已不纯粹是"攻"的一般性概念,而是指一种"攻"的战略战术。《孙子》在这里讲的是如何克敌制胜的战略战术问题,而不是关于攻守两个一般性概念的普遍内在联系问题。

攻守的内在联系是由"争斗"行为的相互作用构成的。对防守的一方来说,是因为有进攻者的进攻,一方的进攻导致了另一方的防守;对进攻者来说,并不是因为有防守,而是出于实现目的的一种实际行动的需要。

攻守的内在联系也是由竞争目的决定的。争斗的目的在于击败对手、获取胜利,因此攻守也是出于夺得胜利的目的。也就是说,无论是进攻,还是防守,其目的都是夺得战斗的胜利。《唐李问对》中说:"攻是守之机,守是攻之策,同归乎胜而已矣。"攻守在"争斗"中的目的是没有矛盾的,是统一的求胜过程的体现。为了达到获胜的目的,防守在外在表现形式上处在被动地位,但在内在行动上则要带有攻击的性质,

---

[①] 克劳塞维茨. 战争论 [M]. 孙志新,译. 北京:北京联合出版公司,2014.

而防守的胜利会必然转向进攻。军事家们常说，最好的防御就是进攻，即深刻地从另一面体现了这一思想的普遍意义。革命导师恩格斯在《波河与莱茵河》一文中说："最有效的防御仍然是以攻势来进行的积极防御。"①《孙子兵法》中说："我以退为守，则守不足我以攻为守，则守有余。"②约米尼说："守势作战只要不是属于绝对消极的性质，则常有成功的机会。守方绝不可以站在原地不动，静等着敌人来对他加以打击，反而言之，他应有双倍的活跃，随时保持着机警的态度，一发现了敌人的弱点，马上就加以强烈的回击。这一类作战计划可以叫作'攻势防御'，它在战略和战术上，都具有相当大的优点。"③

攻守二者是辩证统一的。攻守虽然是两个截然对立的矛盾事物，但二者却同处于一个统一体中，它们互以对方为存在的原因。攻守对一方而言，并不是处于进攻时就没有防御，处于防御时就没有进攻。如果在进攻中不知道运用防守，就会把弱点暴露在对手面前，并遭到对手的反击而陷入被动挨打的地位，此时攻势就可能变成被动的守势。如果防守中不知道运用进攻，当对手暴露了虚弱点而熟视无睹，放过反攻的良机，就会助长对手的强大，使自己陷入更加被动的不利地位，其结果必然导致惨重的失败。在进攻过程中，进攻是矛盾的主要方面，防守是矛盾的次要方面，防守是潜在的；在防守过程中，防守是矛盾的主要方面，进攻是矛盾的次要方面，进攻是潜在的。如此构成攻中有守、守中有攻的对立统一关系。因此，攻守二者是紧密联系的，是不能被割裂的。

《唐李问对》中说："攻守者，一而已矣，得一者百战百胜。"所谓"一"，就是要把攻守二者有机地统一起来，因为从实际比赛中来看，无论是我方还是对方，都不可能只有优点而没有缺点，只有实而没有虚，或者是只有缺点没有优点，只是虚而没有实。只要双方始终存在着互有强弱、互有优劣的关系，就有攻守统一的绝对必要性。从战略到战术，从思想到行动，从需要到手段，都必须是攻守统一和攻守兼备。攻守统一和攻守兼备运用得当，这往往是取得胜利的重要条件。

（四）防守与进攻的内容和形式

攻守的对象是攻守的具体内容，攻守对象的多样性决定了攻守内容的多样性。不同的对阵对象，技战术风格、队伍结构和面貌也不同，必然要有针对性地采取攻防形式。攻守内容的多样性，也决定了攻守形式的多样性。攻守形式随着篮球运动的发展不断变化和有所创新。攻守的形式就是针对具体攻守对象所采取的具体方法和手段。

在篮球运动早期，技术比较原始，也没有太过复杂的战术，攻守的形式都比较简单，随着一系列新的技术不断出现，如跳投、勾手投篮等，原来的防守形式必须改变。

---

① 恩格斯.恩格斯军事论文选集.第三分册."一八五二年神圣同盟对法战争的可能性与前提""波河与莱茵河"萨瓦亚，尼[M].人民出版社，1955.
② 《孙子》注释小组.孙子兵法新注[M].中华书局，1977.
③ 约米尼，Jomin，刘聪，等.战争艺术概论[M].解放军出版社，1986.

由于单兵作战能力大大提高，一个人防不住单个对手，出现了协防和夹击，为了解决这个问题，掩护也就自然而然地产生了。但是，无论形式怎样变化，攻守行为却绝对没有变化。因此，这决定了攻守基本形式即攻守的普遍形式并没有发生多少变化，变化发展的只是攻守的具体形式。

攻守的具体形式包括了攻守所使用的各种战法。首先从攻守的样式来讲，有阵地战、快攻、人盯人、联防、区域紧逼、全场紧逼等；从时间形式上讲，有所谓快节奏和慢节奏；从作战的具体形式上讲，有正面突破、底线包抄、一一进攻、一一紧逼、夹击、掩护、紧逼反击等；从规模上讲，有半场防守、全场防守等。

攻守的内容和攻守的形式是密切相关的，一定的攻守内容往往需要借助一定的攻守形式来实现。内容是攻守对象的实质，形式是针对解决实质性问题的攻守方法和手段。面对不同的攻守内容，必然要求选择和采用相应的攻守方法和手段，即攻守的形式。

唯物辩证法认为，任何事物都是内容和形式的统一，任何内容都有和它相适应的形式。从统一的角度来讲，攻守的内容和攻守的形式是不可分离的，形式和内容是互相包容的。例如，阵地进攻争夺是攻守的内容，阵地战的各种战法是形式，二者是完全统一的，因为争夺阵地必须借助于阵地战的各种形式来实现，如果一方背离了阵地战的各种规律，必然导致争夺的失败。

（五）防守技术运用技能

基本姿势包括头、手臂、背、腿、脚五个部分。

1. 头

头部对身体平衡十分重要。在比赛中，头部总是在球和对手之间迅速调动，极易失去重心和有利位置。为减少过多的头部运动，一定要靠准确的判断、高效的脚步移动，占据有利位置，尤其是在滑步过程中，更要注意保持头部的相对稳定。

2. 背

防有球与防无球，防投篮与防运、突、传对背部姿势的要求也有所不同，一般防运、突、投之前是背稍前屈，这种姿势便于起动，有一定的爆发力和弹性。封逼死球及防无球空切时，背部相对较直，以便于身体对抗，"延误"对手的进攻。现代篮球防守仍然是低姿势防守。身体重心低并不是减少膝角即膝关节的弯曲角度，使其处于深蹲状态，而是使自己处于既平稳又易于尽快冲破平衡，及时向各个方向移动的最佳施力状态。因此，防守队员在防有球对手时，多采用在屈膝、降低身体重心的基础上，上体稍前屈，臀部稍后坐，并以全脚掌着地，使自己的手在一定距离的条件下也能接近对手。

3. 手臂

只有用手的攻击才能破坏对方的进攻和获得球权，重心的调整与维持，防有球与防无球，防投篮与防运、突、传打、抢断、封盖与争抢篮板球等，手臂动作的合理运用起着至关重要的作用。投篮有手法，防守亦有手法。不同区域、不同位置、进攻队员持球部位的高低，对手臂的摆放要求是不相同的。防守中手臂绝不能因累而下垂，合理的手臂动作姿势与高度，加大了防守面积，加快了抢球速度，减少了在低处随心所欲地乱捞球，并可降低无谓的犯规。

4. 腿

腿要自然弯曲，降低重心，保持稳定，易于发力，便于起动和起跳，符合人体生理结构特点的就是最佳角度。

5. 脚

防守的起始姿势是两脚平行站立，或前后稍分，两脚之间的距离比肩宽；脚跟稍抬起，两腿屈膝降臀，近似坐姿；上体较直，微前倾，头要摆正，两眼平视；两臂屈肘，高于腰，手心略向上，放于身前。在防守中，脚步移动的作用是使身体及时移位，以保持正确的防守位置和活动范围。

（六）防守专项脚步

脚步动作是防守者在防守时采用的移动步伐，是个人防守技术的基础。防守者运用脚步动作，与手臂和身体其他部位配合，抢占有利位置，最大限度地破坏和阻挠对手的进攻意图，以达到争夺控球权的目的。专项脚步动作有跑、跳、急起、急停、转身、碎步、前滑、迎上攻击步、后撤步、迎前变后撤、后撤变迎前、横侧滑步、交叉步、跑跳步、滑跳步、跳滑步等。

（七）选择防守位置

防守位置包括抢篮板球位置、攻转守退防选位、防有球选位、防无球选位、限制区内的争夺抢位五个部分。

1. 抢篮板球

抢篮板球分为抢前场篮板球和抢后场篮板球。抢前场篮板球，要求用身体的虚晃绕过或摆脱防守队员，常利用手臂"划船"式或直臂单挑式、双手直臂式等动作。抢占空间面积的同时，配合各种步伐、合理的身体冲撞，抢占有利位置，争取获得控球权。抢后场篮板球，则根据对手离篮圈和防守队员之间的距离，防守队员离进攻队员近，就用后撤步转身挡住对手，如离进攻队员有一定距离，就用迎前交叉步配以手臂的"划船"动作做前转身，将对手挡在身后，转身后两肘外展举于体侧。抢占空间面积的同时，两腿弯曲、重心降低、含胸拔背，发力顶住对手，保持最有力的起跳姿势，抢占地面位置。另外，还有与进攻面对面、交叉挡人、弱侧挡人抢位等动作。

2. 攻转守退防

攻转守有主动转守（投中篮或失去球权成死球时）和被动转守（失去控球权）。无论哪种转守，事先都应根据本队的条件，制定防守战术，明确个人职责，根据"球—

我—他（攻方）—篮"的防守原则，各自积极地抢占合理有利的位置。

3. 防有球

根据球与篮之间的距离、本队的防守战术打法、个人的防守能力，保持和对手适宜的距离，做到能控制和干扰球而不失位。根据时间、比分、区域、对手决定防守的强度。

4. 防无球

根据"球—我—他（攻方）—篮"的防守原则，不断调整防守位置，坚持"球要经过他必先经过我"的防守原则，进攻队员离球越近，防守就越紧。

5. 限制区的争夺

靠勇敢、靠智慧、靠积极、靠脚步，主动发力，占据最有利的位置。

第二节 排球运动技能教学——生成性教学

新课程改革以来，人们对教育问题不断地进行批评和反思，"生成性教学"这一术语在这一时期频繁使用。生成性教学是在生成性学习的基础上提出来的，是指教师在动态的教学活动中，根据学生具体的学习情况，有针对性地调整教学思路和教学行为的教学活动。现阶段对生成性教学的研究，集中在中小学的语文、数学、化学和历史等学科上，并取得了可观的成果；但在体育学科中，生成性教学的研究很少，还没有出现具体某项体育运动项目生成性教学方面的研究资料。目前，体育教学虽然进行了一些改革，但仍是采用传统的教学模式进行授课，对学生的主体性不够重视，不能激发学生的学习兴趣和运动动机，而生成性教学始终关注学生主体性的发挥，能激发学生的学习积极性和主动性。因此，本节将把生成性教学引进排球运动技能教学中，并通过教学实验验证生成性教学对排球运动技能教学的影响。

一、生成性教学概述

我国的教学深受赫尔巴特和凯洛夫教学思想的影响，特别是"教学过程是特殊的认识过程"影响了我国几代学者，教学过程的"组织教学—复习旧知—新授—巩固练习和布置作业"已成为一种固定的教学形式。20世纪80年代中期，我国对基础教育进行批评反思，2001年教育部印发的《基础教育课程改革纲要》提出，教学过程要"注重培养学生的独立性和自主性，引导学生质疑、调查、探究，在实践中学习，促进学生在教师的指导下主动地、富有个性地学习"。近年来，我国又深化了教学改革，教学过程不再被视为一种简单的活动过程，而是看作教学活动的主体围绕一定的活动主题在特定的情境中，通过互动建构的实践活动，是教学要素之间相互作用、变化和发展的过程。师生在动态的教学中，促进学生知识与技能的形成、情感态度与价值观质的飞跃。这不仅打击了传统的教学模式，还严重打击了教师的教学。随着新课程改革的不断深入，教师对生成性教学理论不断了解，把生成性教学引入教学领域已成为众学者的期待。

生成性教学实践探索先于理论研究，最早可以追溯到20世纪80年代，在意大利的雷焦艾米利亚地区就进行了生成性教学的实践探索，但这次教学活动主要是在幼儿园内进行的。最早把生成性教学理论和实践结合起来的研究者是美国太平洋橡树学院伊丽莎白·琼斯教授和约翰·尼莫教授，在他们合著的《生成课程》一书中，记载了他们亲自指导的美国一家幼儿园一年中生成课程的实践情况。伊丽莎白·琼斯教授和约翰·尼莫教授认为，生成性教学"是一个教育环境中实际发生的事情——不是理性上计划了要发生的事，而是真正发生的事情"[①]。他们强调生成性教学的真实性和实践性。

从目前收索的文献资料上来看，对生成性教学理论的研究很多，虽有些已经运用到语文、化学、数学、历史等学科中，但对体育教学的研究很少，还没有人涉及把生成性教学理论引用到体育教学中。随着信息化时代的到来，越来越多的人开始关注奥运会，关注排球运动。排球运动是一项集体项目，其技术复杂、战术精细、攻防瞬息变换，具有高度的刺激性和敏锐的灵活性，深受广大民众和学生的喜爱。在我国高校学科中，排球运动一直占有重要地位，但由于其对动作技术的要求较高，而且技巧性又比较强，这给高校排球运动的教学带来了一定的影响。现在大学体育专业毕业生大多面临着中小学体育教师和低层体育指导者的角色，这就要求学生更好地掌握排球技术和自主学习排球知识，使其在以后的体育教学工作生涯中更好地教授下一代排球学习者。仅依靠在课堂中学习的知识并不能满足社会对学生的要求，学生不仅要掌握基本的排球知识，还应持一种终身学习的精神，这就需要教师激发学生深入学习排球知识的兴趣。

目前排球运动技能教学仍以常规教学为主导，遵循教师讲解示范、学生根据教师的指导逐步练习、教师指导纠错、学生巩固练习，最后达到一定的技术水平，常规教学只是让学生达到了课程目标的要求，并没有引导激发学生学习的兴趣。现代教学要求教师不仅要让学生掌握应有的知识技能，还要引导学生对此项运动的热情，以保障学生在以后的学习生活中深入探究、自主学习，形成终身学习的理念。随着新课程改革进一步深入，学生的主体性逐渐得到关注，生成性教学的出现解决了这个难题。首先，生成性教学符合新课改的要求，关注学生的主体作用，在教学过程中是以学生

---

① 伊丽莎白·琼斯，约翰·尼莫. 生成课程[M]. 周欣, 卢乐珍, 王滨, 译. 上海: 华东师范大学出版社, 2004.

的学习活动为中心，教师根据具体的教学情况来调节课堂，以使学生更好地学习课堂知识和运用各项技术。其次，生成性教学关注发展的教学目标或动态的教学过程，在预设好的教学目标和过程上，教师可以根据具体的教学环境来降低或提高教学目标和改进教学过程，适应学生的学习情况和满足学生的需要。再次，生成性教学注重个性化的教学方法，教学要以学生为中心，适合学生的方法才是最好的方法，要根据学生个体的差异性来采用不同的教学方法，使学生快速有效地掌握知识技能；最后，生成性教学还关注多元化的评价方式，形成性评价和终结性评价相结合，这将激发学生学习的热情。为此，本节将在排球运动技能教学中采用基于生成性教学理论的排球运动技能教学优化策略，并通过教学实验探讨与验证基于生成性教学理论的排球运动技能教学策略的有效性，为进一步深化体育教育的改革和改进排球技术教学提供理论参考。

二、基于生成性教学理论的排球运动技能教学策略的设计

（一）设计的目的意义

排球教学策略设计一般是指教师根据排球教学设计的有关原理和设计思想，设定预期的目的和要求，把握教材的具体教学内容，针对教学对象，在教学过程中安排系统完整的教学程序和教学结构，制定出有利于取得良好教学效果的策略。教学设计为完整的课堂教学做铺垫。在排球运动技能教学策略设计中，把握教学设计的各个环节，促进课堂教学各要素之间有效联系，使教学过程系统化，这既能提高教师的执教和观察能力，帮助教师把握好课堂教学的各个环节，又能让学生有效掌握排球技术，提高学习效率，从而改善课堂教学效果。

（二）设计原则

1. 弹性化原则

弹性化原则是指在生成性教学设计的过程中，对教学内容的设计除了预设的基本确定性知识外，还包括一定量的师生间共同建构的生成性知识；在教学进度上，要根据学生学习和掌握知识的情况来弹性地调整教学过程，使学生更好地理解知识和技能掌握。

2. 动态化原则

动态性原则是指在教学活动中，会出现许多意想不到的问题和情况，教师不能机械地依照预设好的教学过程进行，应用发展的、动态的眼光，根据具体情况进行灵活处理，积极引导教学活动不断更新，生成新的超出原计划的教学过程和教学目标。

3. 合理性原则

合理性原则是指在教学过程中，教师应根据学生对知识的掌握情况，合理地安排

课堂内容、教学进程和教学方法，教学内容应在学生接受的能力范围内或稍高于学生的接受能力，以便学生更好地生成。教学设计安排得是否合理，将影响学生对所学内容的掌握、对所学知识的兴趣和学习成就感，这样会影响学生的学习积极性和主动性。

4. 有效性原则

有效性原则是指所生成的教学过程对主体的成长及教育是有用的、具有积极意义的，生成的目的不是为了生成而生成，而是为完成某一任务而服务的。因此，主体在生成时必须在正确价值观的指导下；生产的内容应具有一定的有益性，应该是积极的、有意义的，是有价值的教学内容。

5. 发展性原则

发展性原则是指教学设计要求设计者把学生看成不断发展变化的，应该采用动态的、变化的指标进行衡量；设计者在发挥其主导作用的同时，也要充分考虑学生已有的知识经验、态度和心理变化。

（三）设计的理论依据

本设计基于建构主义理论、人本主义理论、生成性学习理论，从各个角度和不同方面为优化排球运动技能教学策略的设计提供充分的理论依据。

1. 生成性学习理论

生成性学习理论是美国教育心理学家威特罗克最早提出来的，他认为学习是一个主动的生成过程，学习者积极地接受知识，并主动地对知识进行加工处理，最后构建出自己对知识的理解。理解是学习者的视野与文本相互交流融合的过程，在教学过程中，注重学生与文本的互动，通过学生和知识的不断作用，学生对知识不断地理解探索。生成性学习理论注重学生对知识的自主探索，学生以自己现有的知识水平对新知识进行学习探索，经过不断探索，最后领悟到知识的真谛。这个过程是学生自主学习的过程，充分体现了学生在学习中的主动性，这一特性是生成性教学的基本特征，生成性学习理论是生成性教学的基础，因此生成性学习理论也可以作为生成性教学策略设计的理论基础。

2. 建构主义理论

建构主义强调学生对知识的主动探索、主动思考以及对所学知识的主动建构，区别于传统教学中的"教师怎么教，学生怎么学"的模式。在教学观念上，以学生为中心，突出的是学生的"学"，充分尊重学生的主体地位。学习的意义在于学生以自己原有的经验和认识，对接收的信息进行重新认识和理解，建构起自己的理解，在这个过程中，由于接触新信息，使得原有的经验和认识也发生了变化。在教学目的上，鼓励学生分析他们自己观察的事物，发展创造性思维。在教学环境上，强调学习环境在学习中的作用，学生自己创设一种学习环境，在这一环境中，积极学习，与周围的同学相互讨论、交换意见，以此获得对事物的见解。

建构主义把教学视为学生主动建构知识的过程，知识的获得是在特定的情境，对某一主题或问题进行探究的过程。因此，教学是一个知识传授和能力发展相结合的过程。建构主义正是对行为主义的一种反思，行为主义教学的目标模式是一种预设性的目标，教学的过程就是根据这个预设的目标选取教学内容、教学方法，然后实施教学内容，最后达到预设的教学目标，因此建构主义理论可以作为本教学策略设计的理论依据。建构主义则与之相反，把教学看成动态的、不断变化的，这与生成性教学理念相同，可以作为生成性教学策略设计的理论基础。

3. 人本主义理论

人本主义理论的宗旨是树立以人为本的思想、全面发展的原则，体现"人文关怀"，打破教师中心论，提倡学生突破机械学习、被动接受知识的局面，要求学生主动参与，重视学生的认知发展，此外，人本主义更关注学生的兴趣、动机、情感的发展趋势，了解学生的内心世界，顺应学生的学习需要、学习兴趣、学习经验，把握学生的个性差异，激发学生的潜能，使其认知和情感交互作用，强调学生的创造力、动机、情感、兴趣、认知等方面对行为的约束作用。

人本主义主张在教学的运用中从各方面强调"以人为本"的理念，这要求教育者在教学活动中充分贯彻这一策略思想，重视人文关怀，同时激发学生的学习动机和兴趣，重视个体差异，使每个学生都能获得最适宜、最充分的发展。人本主义和生成性教学理论具有高度的统一性，因此人本主义理论对于生成性教学策略设计具有一定的借鉴作用。

三、生成性教学的排球运动技能教学策略

（一）教学目标

生成性教学目标是在教师创设的教学情境中，通过教师捕捉生成性的教学资源，在引导学生思考的过程中自然而然生成的。教学目标主要从知识与能力、过程与方法、情感态度与价值观三个维度进行弹性预设。

1. 认知目标

首先，通过排球运动技能的学习，学生能理解、记忆各项基本技术动作要领和动作概念，掌握各技术环节的技术要点，建立清晰的技术动作表象。其次，学生要理解掌握各技术的动作要点，了解技术的难点和相关的理论知识，为技术的运用做准备。再次，学生可以将已学的知识运用到新的教学中，并可以解决一些简单的问题。最后，学生能对技术状态做出价值评判，运用已学的知识解决复杂的问题。

2. 情感目标

首先，激发学生对本课程的兴趣、好奇心。其次，培养学生独立思考、自主学习

的精神，让学生积极参与到教学活动中，发挥学生的主体作用。最后，培养学生相互互助的品质，增强团队凝聚力和不怕疼、不怕累的优良品质。

3. 技能目标

要求学生基本掌握传球、垫球、发球和扣球的技术动作，以及能够参与排球教学比赛。首先，通过感觉了解技术动作，并对此做出条件反射，对技术动作具有观察分析能力和模仿能力。其次，通过自主学习和探究掌握各技术的动作要领和重难点，能流利地做出各技术动作。最后，在教学比赛中，能顺利运用各项技术动作，达到动作的自动化与规范化。

（二）教学策略

1. 弹性预设教学方案

（1）课堂目标的弹性预设

课堂目标是一节课的教学目标，是一节课的核心，控制着教学过程，是进行教学的出发点和归宿。在设计一节课的课堂目标时，既要考虑实际的教学目标和期望的教学目标的差异，又要关注学生个体之间的差异，要使课堂教学目标具有一定的"弹性空间"。课堂教学目标应该分为基础性教学目标和发展性教学目标。基础性教学目标即掌握基本的技术要领和完整的技术动作，发展性教学目标是对所学技术的运动，即在一定的情境中，学生可以适时地运用各项技术。例如，在教学过程中，若学生对基础的教学目标没有掌握牢固，那么教师将进一步改进教学方法，对学生进行强化训练，让学生规范掌握技术动作的要点；然后进行发展性教学目标的学习，让学生每一步都脚踏实地地走好，为以后的排球技术学习打下坚实的基础。

（2）板块设计教学内容

教学方案即我们俗话说的"教案"，在教学之前，教师对学生的特点、教学环境和教学内容等因素进行学情分析，并制订出相应的教学预案。生成性教学是在预设基础上的升华和发展，是对预设性教学的补充和修正，以此来增加学生的学习兴趣，使其更好地掌握课堂知识和技能。在设计教案时，教师应尽可能多对本节课可能出现的问题和情况进行设想，并根据具体情况设计出应对方法，以便更好地调整教学手段，引导学生在轻松愉快的学习环境中学习。所以，笔者认为，在排球教学中教师可以采用板块教学，有利于教师掌控课堂教学动态发展。

例如，教师在教授"正面双手垫球技术"这项技能时，就可以设计以下板块：

板块一：正面双手垫球技术的动作要领学习。

学习活动1：观看教师做规范完整的示范，并讨论垫球技术的动作要领。

学习活动2：结合自己对垫球技术的理解练习。

板块二：探究正面双手垫球技术的技术要点和难点。

学习活动1：学生自主练习垫球技术，并总结自己练习中的不足。

学习活动2：学生合作练习垫球技术，相互指导学习。

学习活动3：学生讨论总结垫球技术的要点和难点。

板块三：探究移动中正面双手垫球技术。

学习活动1：两人一组，一抛一垫练习。

学习活动2：三人一组，两人抛球一人移动中垫球练习。

在进行正面双手垫球技术教学中，教师根据学生的基本情况，安排课堂内容，调控课堂进度，教师根据学生对知识的掌握状况进行教学。在进行正面双手垫球技术学习时，教师将教学内容分为三个板块，每一个板块又分成若干个学习活动，教师可以根据学生对技能的实际掌握情况进行组合或变动。

2. 个性化的教学方法

生成性教学方法的选择必须以满足学生自身的发展为前提，有利于训练学生生成性思维；方法不是固定的模式或机械运作，它是学生正确掌握运动技能的脚手架。从某种意义上说，生成性教学方法的选择是根据教学过程的需要和教学环节的改变，随机采取的解决当前教学问题的教学方法，同时依据实验者自身的特点和教学环境对教学方法进行选择。

首先，分层教学法。分层教学就是教学根据学生的不同学习情况，给其进行分组。分组方法有同质分组、异质分组。在生成性教学中，我们将采用动态的同质分组和异质分组。在教学前，教师应先进行同质分组，给不同阶段的学生提出阶段目标，待技术到达要求，教师再给其提出更高的要求。经过练习，教师再进行异质分组，让技术掌握好的学生去帮助学习技术困难的学生，充分利用学生自身的资源，以学教学。这样不仅帮助了学习技术困难的学生技术的掌握，还巩固了能力强的学生的技术，更帮助了教师的教学，充分体现了学生的主体性和教学灵活动态。

其次，互动教学法。教学环境的好坏直接影响学生对课堂的喜爱程度，所以若想把学生的积极性调动起来，教师必须给学生提供一个开放、民主、平等、互动的教学氛围，让学生在轻松愉快的环境中学习。新课改倡导教学要注重学生主体性的发展，学生的主体性主要体现在学生对课堂的参与性上。在课堂教学活动过程中，师生应多进行交流互动，教师也应该多给学生提供学生之间的相互交流，这样不仅能增进师生之间的感情，还能促进学生之间的交流，学生之间相互帮助、相互学习，相互交流学习的心得体会，这样教师的教学将会事半功倍。

例如，在教授传球技术时，教师就能创设以下情境：

情境：所有学生两人一组，都在进行传球练习，教师正在巡视学生的练习情况，突然看到一位学生在甩自己的手，教师就走上前去问原因。经了解得知，这位学生在传球时顶到了手指。针对这一情况，教师与学生展开了讨论。

师：这位同学为什么顶到手指了？

生1：他的手太僵硬了。

生2：他的击球手形不对。

师：手形不对？那正确的手形是怎样的，你能做个示范吗？

生2：行！

（生2进行示范）

生3：老师，他说对了，但做得不好！

生2：我做得不好，你做个标准的，我学习学习！

生3：做就做，又不是不会！

（生3做动作）

师：嗯，做得很好。大家现在都看到了吧！那我们继续练习，出现问题再讨论。

在本节课的授课中，整个课堂氛围都很好，学生的积极性很高，对本节课知识技术的掌握很好。这充分体现了学生的主体性和学生对课堂的参与性，教师给学生提供了互动的教学环境，给师生和生生提供了民主平等的交流平台。

3. 捕捉利用教学资源

教学资源即在教学过程中突然出现的一些有利用价值的信息，所谓有利用价值的信息就是在教学过程中有助于提高学生的知识和技能、培养学生良好的情感态度和价值观。例如，课堂上学生的一句问话或一个错误、突发事件或一个相左的意见等，均有可能成为可以利用的教学资源，而这一块也恰恰能突出一个教师所具备的教育机制。所谓教育机制，是教师在教学过程中一种特殊定向能力，是指教师根据学生新的特别是义务外的情况，迅速而正确地做出判断，随机应变地采取及时、恰当而有效的解决问题的能力。教育机制是教师良好的综合素质和修养的表现，是教师娴熟地运用综合教育的手段和能力。

首先，关注问题资源。生成性资源无处不在，在课堂教学中不是缺乏生成性的教学资源，而是缺乏善于发现和有效利用教学资源的慧眼。在教学过程中，教师及时捕捉课堂上师生、生生互动中产生的有探究价值的新信息、新问题，并能在亮点处引领，在冷场处引领，在迷茫处引领，在错误处引领，把师生互动和探索引向纵深，使课堂再产生新的思维碰撞和交锋，从而再有所发现、有所拓展、有所创新，促进教学的不断生成和发展。

例如，在扣球技术教学的过程中，教师可以创设以下情境：

情境：教师正在给学生讲解扣球技术的动作环节和技术要领。

生1：老师，你让我们回去看教学视频，我们都看了，你就让我们上网扣球吧！

师：真的吗？那老师想请你给大家叙述一下动作要领。

生1：扣球技术动作包括助跑起跳、挥臂击球、缓冲落地。

师：嗯，很好！有没有同学补充？

生 2：挥臂击球时，击球动作和发球应该一样吧？

师：好，这个问题问得很好。下面我们就针对发球和扣球进行对比分析。

在这堂课中，学生听得都很认真，最后经过教师的讲解和学生的讨论，最终使学生更清楚明白地掌握了两项技术，并了解了两项技术的差异。若在学生 2 提出问题时，教师只是直截了当地回答"不一样"，并继续自己的教学，这将错失教学良机，不仅使学生尴尬，而且会让学生对教学产生不满情绪。带着这种不良情绪，学生将很难认真听讲。所以，教师对于课堂中有益于教学的问题或提问，应予以肯定的、积极的回应，让课堂时刻充满奇迹，这样也会让学生刻苦钻研、积极提问，这将是良好课堂氛围的开端。

其次，关注突发事件。在教学过程中，教师虽然对教学有一定的预设，但突发事件还是不可避免的。因为教学过程是一个动态的、瞬息变化的过程，每个个体都有自己对知识的理解和认识。若想学生对课堂有长期的兴趣，就需要教师研究学生，时刻关注学生在课堂中的表现。教师处理突发事件的方式可以反映一个教师的素质，教师对突发事件处理的好坏影响着学生对课堂的喜爱和热情。对于突发事件，教师应给予肯定，鼓励学生多提出疑问，通过探索得出结论，这样学生对知识的掌握将更加牢固。

四、分析与讨论

（一）基于生成性教学理论的排球运动技能教学策略对排球运动技能习得的影响

基于生成性教学理论的排球运动技能教学策略对排球运动技能习得具有促进作用。生成性教学是动态的、发展的教学活动，这给学生留有充分的空间来发展自我的学习能力、自我掌控和自我监督的能力。当代学生个性迥异，都有各自的想法，期望能按照自己的方式来学习探究，生成性教学正好可以满足学生的个性发展，可以调动学生的积极性；能够取得良好的教学效果，有利于学生更好地掌握各项技术，提高学生的人际交往能力。

但是，从实际的情况来看，学生的颠球技术和扣球技术中具有显著性的差异，笔者从以下两方面进行阐述。

1. 学习的迁移

学习迁移是指一种学习对另一种学习的影响，或习得的经验对完成其他活动的影响。网球运动发球时借助于外在的器械击球，而排球运动中的发球是不借助运动器材的，两者的发球动作轨迹不同，但由于长期重复网球发球动作练习，学生已经形成了一种发球动作定式，这将对排球教学中的发球动作的学习具有一定的影响。网球的发球动作和排球的发球动作具有本质上的不同，之所以在发球技术上没有产生显著性差异，就是因为在排球发球技术学习中产生了学习迁移。

2. 教学内容的板块设计

板块设计是教学方案的具体化，是通过对学生基本情况的了解和学习环境的考虑，对教学方案的具体划分和有针对性的安排。在教学设计中，将教学实施过程中的教学内容分成若干个板块，针对不同阶段，设置不同的教学内容，安排不同的教学方法和练习强度，解决这一阶段的教学任务，待所有学生完成该阶段的教学目标后，再进行下一阶段的安排和实施，以此递进式设计教学板块，以达到整个教学任务的顺利完成。

通过教学的板块设计，教师可以全方位地掌握教学内容的安排，教师根据每个板块教学中学生对教学内容的理解和掌握情况，进行教学手段的调试，能够有效地促进学生对排球技术动作的习得水平，满足教学需要，取得预期的教学效果。

（二）基于生成性教学理论的排球运动技能教学策略对运动动机和学习兴趣的影响

如上文"生成性教学的排球运动技能教学策略"所述，基于生成性教学理论的教学策略在一定程度上激发了学生的运动动机，提高了学生的学习兴趣。分析其原因，主要可以从以下两方面来说。

1. 弹性的预设，给学生自我探索的空间

在生成性教学课堂中，教师给学生留有一定的自主学习和探索问题的空间，体现了生成性教学"动态、发展"的教学特征。当代学生都各具主见和思想，在教学活动中为了充分发挥其主体性作用，教师在教学时应适当放权，适当地引导促进教学过程的生成，让学生在自我学习探索中展现自己，体现自我价值，满足学习需要。

2. 教学资源的及时利用，激发学生的学习热情

在生成性教学过程中，学生不仅是教学对象和学习的主体，也是教学资源的组成者和生产者。学生在教学活动中的表现，如积极性、注意力、一系列的发言、提问、争辩及错误的回答等，均是可利用的教学资源。教学资源无处不在，教师根据具体的情况加以引导，既有效地利用了学生在学习中自我产生的资源，又可以激励学生，让学生对课堂充满热情。所以，在教学中，教师要充分利用学生自身的特点，让学生发现问题，通过教师的引导，不仅能够使学生掌握应有的知识技能，还能满足学生的表现欲和虚荣心。但是，在实际的教学过程中会出现一些突发性事件，教师要根据学生的具体情况与学生共同处理，以达到师生之间的交流互动，保证课堂教学的顺利进行。

（三）基于生成性教学理论的排球运动技能教学策略对团队凝聚力的影响

团队凝聚力是指团队对成员的吸引力、成员对团队的向心力以及团队成员之间相互的影响和吸引。团队凝聚力的大小可以从侧面反映一个班集体的好坏，而生成性教学法教学策略对团队凝聚力起了影响作用，具体体现在以下两方面。

1. 个性化的教学方法

新奇的事物对每个人都有一定的吸引，个性化的教学方法能够激发学生的学习兴趣。在生成性教学活动中，笔者主要采用分层教学法和互动教学法，分层教学法是教师根据学生的自身能力的特点和教学的条件，在尊重学生个体差异的情况下，将学生分层，每个层次的目标和练习方法是由学生自己来定的。不过需要注意的是，在实施的第一阶段我们可以采用同质分组，教师对低层次的学生进行循序渐进的教学，使其在不断练习强化中达到最终的目标；对于层次高的学生，要充分调动其积极性，让其自我探索，在自主学习中理解掌握知识。第二阶段采用异质分组，学生自由组合分组，形成互帮小组，每个高层次的学生带一个低层次的学生，这样既利用了可利用资源，又增加了学生之间的交流，在一定程度上增强了团队之间的凝聚力。

2. 适时的教学比赛

在生成性教学过程中，教师根据学生的表现情况，适时地组织小型的教学比赛，既可以提高学生对排球技术的掌握运用和学生学习的积极性，还可以让学生在比赛中明白团队合作的重要性。一个球队若想打出好的成绩，需要团队中每个人的努力，并不是只靠一个人就可以完成。一万次的想象，不如一次的亲身经历，实践经历可以让学生更好地明白排球比赛中团队凝聚力的作用。学生未来要走向社会，在以后的生活工作中都要与人交往，让学生早点融入大集体中，让学生感受集体的温暖，以使学生形成正确的人生观、价值观。

由此我们不难发现，将生成性教学引入排球运动技能教学中是可行的。在研究基于生成性教学理论的排球运动技能教学策略时，我们不难发现生成性教学理论下的排球运动技能教学策略可以有效地提高学生对排球运动技能的习得，有利于激发学生的学习兴趣，提高学生的运动动机，增强学生的团队凝聚力。

基于生成性教学理论的排球运动技能教学优化策略在排球运动技能教学中实施，能够激发学生的学习兴趣，提高学生学习的积极性和主动性，增强学生对排球运动的喜爱；能够提高学生的团体凝聚力，培养学生的人际交往能力；有助于增强学生的自信心，提高学生运用排球技术及参与排球比赛的能力。

第三节 羽毛球运动技能教学——多球训练法

随着我国人民生活水平的不断提高，各级教育部门、各级体育部门和各类社会团体组织的学生羽毛球比赛越来越多，这就产生了对学生进行羽毛球训练的需求。本节以多球训练法在学生羽毛球运动技能中的运用为中心内容，对学生羽毛球训练中的一个子方法——多球训练法进行深入的探索研究，以启蒙阶段的多球训练法为主，对今后开展学生羽毛球运动技能的理论研究具有一定的参考价值。另外，本节以对学生羽毛球运动技能中所使用的多球训练法进行研究为切入点，对训练内容、训练程序等进行研究，寻求行之有效的措施与方法来提高学生羽毛球运动的教学质量和教学效果，对培养高水平的学生羽毛球运动员具有一定的现实参考意义。

一、多球训练法的概念

羽毛球多球训练法是指教师站在球场的一侧以发球的形式连续地发出一定数量的球，队员则站在球场的另一侧来击打教师所发出的球，其目的是通过反复练习某一单一技术或几种技术的组合，达到提高队员羽毛球技术水平的训练方法。根据羽毛球的各项技术，可以将训练法分解为高远球技术多球训练法、平高球技术多球训练法、杀球技术多球训练法、劈吊球技术多球训练法、滑板吊球技术多球训练法、后场正手区被动抽球技术多球训练法、后场头顶区反手球技术多球训练法、中场接杀球技术多球训练法、搓放网前球技术多球训练法、网前勾对角技术多球训练法、网前挑球技术多球训练法、网前推球技术多球训练法、网前扑球技术多球训练法等。另外，根据实战情况，可以将各个单一技术多球进行组合，如杀球技术和各种网前技术相结合便可组合成杀上网技术，吊球技术和各种网前技术相结合便可组合成吊上网技术等。此外，还可以通过多球数量的控制和发球速度的变化来达到提高不同代谢能力的作用。例如，发球时采用一组多球的数量在 10~30 颗之间的发球速度较快的多球训练时，经过多组训练后可以有效地提高无氧代谢能力；发球时若采用一组多球的数量在 100 颗以上的发球速度适中的多球训练时，经过一段时间的训练后可以有效地提高有氧代谢能力。

二、羽毛球多球训练法在教学训练中的重要作用体现

（一）多球训练对于学生动力定型有重要的作用

羽毛球技术中的高球、吊球、杀球、网前球是最基本的技术。学生在学习技术动作的初始阶段，对于各技术动作要领并不十分清晰，因此在操作中往往会表现为动作僵硬，缺乏连贯与协调性，甚至有较多的错误动作与不必要的动作，此时需要不断重复多次练习来形成动作表象。多球训练比单球练习在单位时间内练习次数更多、密度更高、强度更大。采取针对性措施，通过围绕掌握和规范动作、强化某一技术特点的单一或连贯的多球练习，纠正和改进错误动作，强化某个技术环节的动作定型，逐渐掌握相关的技术要领。

(二)多球训练有利于强化羽毛球技术节奏感的养成

羽毛球项目在对抗时，球的来回速度、路线上都表现得较为紧凑，需要在对抗时不断控制自己的身体与速度变化，保持击球动作和步法移动协调一致，出球予以回击。多球训练本身具有多变性及可控性的优势及特点，供球者在实际的操作中可采用各种技术组合，多样性地进行不同路线、不同速度、不同弧度、不同落球点的供球，让练习者及时对不同变化的来球做出各种判断，逐渐适应击球变化所需的力量、方向与速度，对不同击球技术之间的应用产生条件反射性的操作，从而提高他们对羽毛球技术的节奏感。

(三)多球训练能有效提升学生的各项身体素质

羽毛球运动经常会出现多拍的现象，连续性较强很容易使身体血乳酸值迅速升高，甚至处于缺氧状态。因此，身体素质的高低直接影响羽毛球技术水平的高低。多球训练由于来球的多变性，要求练习者必须高度集中注意力才能完成每个技术动作。高强的训练密度能够最大限度地加快步伐的移动、挥拍动作的速度和幅度，有效锻炼学生的速度素质、力量素质、有氧耐力水平和身体的协调性。通过各种形式的多球训练，学生的注意力被无形地吸引并主动地投身到训练中去，有效地解决了传统身体素质训练枯燥乏味这一矛盾，激发了学生练习的积极性。

三、学生羽毛球运动技能培养的目标

在学生运动技能培养中，通过运动技能的学习使学生初步掌握基本的羽毛球运动能力，能够完成基础的羽毛球技术动作。人们从事体育运动和进行体育锻炼时所表现出来的能力，也就是以体育为目的的动作能力是最基本的目标，因此运动技能目标可以设定为基础技能目标、组合技能目标和竞赛技能目标。任何一个项目运动技能的形成与培养都是一个完整的系统过程，是一项集技术、战术、心理和体能为一体的综合培养过程。在学生羽毛球运动技能的培养中，各项单一基础技能的培养是其重要的组成部分。学生在学习能力和体质特征方面有别于成年人，处于运动技能培养的初级阶段，因此在学生羽毛球运动技能的形成过程中，最为适合也最为重要的技能培养内容就是技术和身体素质的培养。其中，羽毛球击球技能的掌握，是学生进行下一阶段训练的基础。羽毛球属于技能主导类隔网对抗，在羽毛球技能培养的每一环节，都需要击球技术作为展开训练的基础。

四、启蒙阶段多球训练法的组织实施

羽毛球教学训练的启蒙阶段是指还未掌握羽毛球基本技术的学生们所处的阶段。

因此本实验中初一年级的学生正处于启蒙阶段。下面对试验中启蒙阶段的羽毛球多球训练法的运用进行详细的介绍。

（一）训练目标

掌握羽毛球的基本击球技术（高远球、吊球、挑球、搓球、勾球）；使击球动作标准、协调，达到动作自动化；击出球的飞行弧线能够高低合理且保持稳定；使击球的落点比较精准。

（二）教学手段

启蒙阶段多球训练法的教学手段包括羽毛球场地（五片）、羽毛球拍（每人一支）、羽毛球（30颗）、羽毛球教学课时计划。

（三）组织形式

启蒙阶段多球训练法的组织形式以实践课为主，以演示为辅，即教师站在球场的一侧连续发出30颗球，队员则在球场的另一侧来击打教师发出的球，与此同时教师根据学生的击球效果，可以运用口头讲解或动作示范来加以规范击球动作。

（四）训练方法和要求

按照循序渐进的教学原理，羽毛球所有技术的训练过程都为：首先掌握定点击球技术，然后掌握移动中的击球技术，最后再将各项技术综合运用。因此，笔者将分别对各项基本技术的训练方法进行论述。

1. 高远球的多球训练

（1）定点击打高远球的多球训练

首先，训练时让学生在球场一侧的双打后发球线位置做侧身架拍动作（以便学生养成侧身的习惯），教师在球场另一侧的中间位置发高远球，要求发出球的高度足够高，能使球垂直下落且落点尽量在队员的头顶上方，使队员减少移动（因为移动中击球的难度要大于定点击球的难度，不利于初学者的动作定型）。

其次，由于击打高远球是所有羽毛球后场技术的基础，而熟练的挥拍则是击打高远球的基础，因此此项训练要求挥拍练习和击打高远球练习相结合，即当一人在场上练球时，要求其他学生做挥拍练习。

最后，教师在喂多球时，发球速度不易过快，等待学生击完上一个球，动作完全还原后才能发出下一颗球。教师在喂球过程中发现学生动作错误时，要及时停止练习并加以纠正。

（2）移动中击打高远球的多球训练

当学生熟练掌握定点击打高远球技术后，就可以进行移动中击打高远球的多球训练。

首先，学生采用后退步法移动到后场时，教师发出高远球，此时并不需要把球发到学生所处的准确位置而是大体位置，让学生自己去寻找最佳击球点。教师发球速度不易过快，等学生快要移动到后场时才能发球。当发现学生动作错误时，教师要及时停止练习并加以纠正。

其次，学生在场上的移动顺序是：中场准备—退至后场正手区—回至中场—退至后场头顶区—回至中场，如此重复移动直至将所训练的球数击打完。

最后，当一人在场上练球时，教师要求其他人在其他场地做步法练习或发球练习。

2. 吊直线球的多球训练

（1）定点吊直线球的多球训练

首先，让学生在球场一侧的双打后发球线位置不需移动，教师在球场另一侧的中间位置发高远球，学生不断练习吊直线球，使其体会吊直线球的动作要领：一是要求吊球的挥拍动作同击打高远球的挥拍动作一致，只是在击球的一瞬间手腕抖动不同；二是要使拍面同球头摩擦，使其能够产生过网急坠的效果。

其次，要求学生控制好球在网带正上方的高度，太高容易给对手造成机会，太低容易造成球下网。

最后，要求球的落点在前发球线左右且下落速度要快，达到出其不意的效果。

（2）移动中吊直线球的多球训练

当学生熟练掌握了定点吊直线球的技术动作后，就可以进行移动中吊直线球的多球训练。

首先，学生采用后退步法移动到后场时，教师发出高远球，学生进行吊直线球练习。教师发球速度不宜过快，等学生快要移动到后场时才能发出球。当发现学生动作错误时，教师要及时停止练习并加以纠正。

其次，学生在场上的移动顺序是：中场准备—退至后场正手区—回至中场—退至后场头顶区—回至中场，如此重复移动直至将所训练的球数击打完。

最后，当一人在场上练球时，教师根据情况可以安排其他人做辅助练习（如颠球练习、挥拍练习、步法训练等）。

3. 吊斜线球的多球训练

当学生掌握了吊直线球的技术动作后，就可以进行吊斜线球的多球训练。吊斜线球分为劈吊球和滑板吊球两种手法，但都为吊斜线球，因此训练方法和要求相同，以下统称为吊斜线球。

（1）定点吊斜线球的多球训练

首先，让学生在球场一侧的双打后发球线位置不需移动，教师在球场另一侧的中间位置发高远球，学生不断练习吊斜线球。在后场正手区练习劈球，劈吊对角网前小球，在后场头顶区练习滑板吊球，滑吊对角网前小球，同时要求学生体会吊斜线球的动作要领：吊斜线球的挥拍动作同击打高远球和吊直线球的挥拍动作一致，只是在击球的一瞬间手腕抖动方向不同。

其次，要求学生控制好球在网带正上方的高度，太高容易给对手造成机会，太低容易造成球下网。

最后，要求球的落点在前发球线左右且下落速度尽量快，达到出其不意的效果。

（2）移动中吊斜线球的多球训练

当学生熟练掌握了定点吊斜线球的技术动作后，就可以进行移动中吊斜线球的多球训练。

首先，当学生采用后退步法移动到后场正手区时，教师发出高远球，学生进行劈吊斜线球练习；当学生采用后退步法移动到后场头顶区时，教师发出高远球，学生进行滑板吊斜线球练习。教师发球速度不宜过快，等学生快要移动到后场时才能发出球，当发现学生动作错误时，要及时停止练习并加以纠正。

其次，学生在场上的移动顺序是：中场准备—退至后场正手区—回至中场—退至后场头顶区—回至中场，如此重复移动直至将所训练的球数击打完。

最后，当一人在场上练球时，教师根据情况可以安排其他人做辅助练习（如颠球练习、挥拍练习、步法训练等）。

4. 网前搓球的多球训练

（1）定点搓球的多球训练

要求学生定点在网前不需移动，教师在网前扔球，学生连续搓放网前小球，使其体会搓放网前小球的动作要领：一是要注意拍面角度。二是要抢击球的高点。三是要体会手指的捻动发力。四是要使搓放出去的小球直上直下，即球要尽量贴网下落，并且使球的最高点在本方场地内。五是搓放出去的小球高度要合理，太低使不过网的概率加大和难以产生贴网直下的效果，太高容易让对手抓住机会扑球。

（2）移动中搓球的多球训练

当学生熟练掌握定点搓放网前小球技术后，就可以进行移动中搓放网前小球的多球训练。

首先，教师发网前球时，发出的球尽量离网近些高些，以便于学生做出完整的搓放网前球动作，有利于动作定型和养成网前抢高点的意识。发球速度不易过快，要与学生的移动速度相同，当发现学生的动作错误时，要及时停止练习并纠正其动作。

其次，学生在场上的移动顺序是：中场准备—上网至前场的正手位—回至中场—上网至前场的反手位—回至中场，如此重复移动直至将所训练的球数击打完。

最后，当一人在场上练球时，教师根据情况可以安排其他人做颠球练习，以培养球感。

5. 网前挑球的多球训练

（1）定点挑球的多球训练

首先，同前场定点搓放小球的训练一样，要求学生定点在网前不需移动，教师在网前扔球，学生不断练习前场挑球，使其体会前场挑球的动作要领：一是要求在做挑球准备动作时拍形应与搓放网前球的拍形保持一致，二是在击球时动作要小要突然。

其次，要求学生控制好挑出去球的飞行弧度，太高容易让对手有充足的时间回到后场，太低容易使对手半场拦截。

最后，要求挑球的落点精准，最好落在双打后发球线和底线之间。

（2）移动中挑球的多球训练

当学生熟练掌握了定点挑球的技术动作后，就可以进行移动中挑球的多球训练。

首先，教师发网前球时，发出的球尽量离网近些高些，以便于学生体会正确的挑球动作要领，有利于动作定型和养成网前抢高点的意识。发球速度不易过快，要与学生的移动速度相同，当发现学生的动作错误时，要及时停止练习并纠正其动作。

其次，学生在场上的移动顺序是：中场准备—上网至前场的正手位—回至中场—上网至前场的反手位—回至中场，如此重复移动直至将所训练的球数击打完。

最后，当一人在场上练球时，教师根据情况可以安排其他人做辅助练习（如颠球练习、挥拍练习、步法训练等）。

6. 网前勾球的多球训练

（1）定点勾球的多球训练

同前场定点搓放网前球训练一样，要求学生定点在网前不需移动，教师在网前扔球，学生不断练习勾对角技术，使其体会勾对角的动作要领：一是要求在做勾对角准备动作时拍形应与搓放网前球的拍形保持一致，二是在击球时动作要小要突然，三是要控制好勾出去的球的飞行轨迹，使球在本方场地内的飞行时间较长，在对方球场内的飞行时间较短，四是要注意勾球的落点，使其越近网越好。

（2）移动中勾球的多球训练

当学生熟练掌握了定点勾球的技术动作后，就可以进行移动中勾球的多球训练。

首先，教师发网前球时，发出的球尽量离网近些高些，以便于学生体会正确的勾球动作要领，有利于动作定型和养成网前抢高点的意识。发球速度不易过快，要与学生的移动速度相同，当发现学生的动作错误时，要及时停止练习并纠正其动作。

其次，学生在场上的移动顺序是：中场准备—上网至前场的正手位—回至中场—上网至前场的反手位—回至中场，如此重复移动直至将所训练的球数击打完。

最后，当一人在场上练球时，教师根据情况可以安排其他人做辅助练习（如颠球练习、挥拍练习、步法训练等）。

通过以上论述，进一步明确了多球训练法在学生羽毛球运动技能中的运用效果，因此笔者将研究重点集中在学生羽毛球运动技能所使用的多球训练法上，对训练内容、训练程序和训练负荷进行探索，寻求行之有效的措施与方法来提高学生羽毛球运动的教学质量和教学效果，对培养高水平的学生羽毛球运动员具有一定的现实参考意义。

第四节　乒乓球运动技能教学——参与式教学法

一、参与式教学法的相关概念

（一）参与

参与，又称"介入"或"参加"，通常指的是个体或团体以第二方或第三方的身份加入、融入某项事情中。《现代汉语词典》将"参与"定义为"参加（事务的计划、讨论、处理），介入其事"，即"参加某个组织或某项活动"。

对于教学过程中的"参与"，笔者认为是指学生进入教学群体和教学过程中的状态，参与让学生在教学过程中通过自身活动和亲身体验，享受学习的乐趣，感受知识的奇妙，提升学习信心，让学生在学习过程中真正实现知、情、意、行的统一。

（二）参与式方法

参与式方法是20世纪后期确立和完善起来的一种新的工作方法和手段，其显著特点就是强调发展主体能够积极地参与活动的决策、实施、管理和利益分享的全过程。

教学过程中的参与式方法是指学生全面参与到学习活动中来，通过与教师、其他同学的相互沟通、交流和协作，共同完成学习任务，实现个人全面发展的学习方法。

（三）参与式教学法

参与式教学法是指通过在教学中提供各种学习机会，发动学生用积极参与的方式与教师、同学相互学习、相互促进、共同提高的教学和学习策略。

参与式教学法相对传统教学法而言，具有七个优势：第一，提供形式多样、丰富多彩的教学活动（包括小组内部和小组之间的活动）来促进学习体会的分享和教学目标的达成。第二，可提供危险性小、无威胁、轻松愉快的学习环境。第三，可以促进师生之间的互动。第四，为教师和学生提供互教、互学的机会。第五，可为学生提供各种趣味性强、有意义的学习内容。第六，有助于学生学习动机的提升。第七，更容易促进师生相互理解对方的观点和看法。

二、参与式教学法常用的活动形式

目前国内外常用的参与式教学法活动形式主要有小组讨论、头脑风暴、角色扮演、游戏及分享、案例教学五种。

（一）小组讨论

参与式教学法中的小组讨论形式是指教学过程中在对某个问题进行深入的讨论时，根据具体情况将学生分为三人到五人不等的小组，每组指定两位学生担任记录员和报告员，使每个学生都有机会表达自己的意见和倾听别人的意见的教学形式，并通过不停改变小组分组的方式，激发学生对小组讨论的兴趣。

在小组讨论形式中，学生的学习途径主要有四种：第一，在参与中学习。所有学生都有机会积极参与到讨论中来，并且这也是鼓励性格内向、不爱说话的学生积极参与教学的有效方法。第二，在分享中学习。教师与学生之间可以相互分享学习经验，学生和学生之间可以相互分享学习体会。第三，在讨论中学习。小组讨论可以激发学生头脑风暴，寻找问题解决的新途径和最优措施。第四，在问题中学习。可以培养学生发现问题、理解问题、解决问题的能力，有助于学生形成解决问题的个性化方法和基本立场。

但同时，参与式教学方法的小组讨论形式如果组织或把控不好，容易造成四个问题：第一，学生之间的讨论容易跑题或者变成学生之间的争吵。第二，小组之间的讨论通常需要耗费较多的时间才能达成一致，容易造成课堂时间的超时。第三，小组人员越多，每个学生分享个人心得体会、发表个人观点的时间越少。第四，参加讨论的学生越多，小组讨论主持人的工作就越难协调和开展，对主持人的能力要求较高。

小组讨论在以下五个情况中比较适用：第一，让学生出主意。第二，解决一个问题。第三，让学生互相交流意见和经验。第四，让学生感受小组活动的热烈、活泼气氛。第五，当学生对讲课感到厌烦时，小组讨论可以重新恢复他们的兴趣。

（二）头脑风暴

头脑风暴又称快速联想，是指在教学过程中就某个问题快速提出相关的问题，并记录下来，有利于教师在短时间内收集信息，并鼓励学生参与讨论。

头脑风暴法形式中的学习途径主要有三种：第一，在激发中学习。激发每个学生提出新观点、新想法，从而创造性地解决问题。第二，在开拓中学习。有利于提高学生的知识归纳能力，提高记忆力，开阔知识领域和视野。第三，在思考中学习。可以激发学生独立思考，从而提高学生的创造性能力。

但同时，在参与式教学中使用头脑风暴法，容易造成三个问题：第一，学生过于强调个人观点，导致相互批评。第二，学生为显示自己的不一样，故意提出新奇的观点。第三，学生在头脑风暴过程中容易受其他人思维影响而放弃个人主见。

头脑风暴法在以下三个场合中比较适用：第一，课堂教学中的"热身"活动，激发学生参与课堂教学的热情。第二，课堂教学过程中的知识拓展，把教学内容与学生的个人经验联系起来。第三，训练学生的思维，培养学生运用已学知识解决实际问题的能力。

（三）角色扮演

角色扮演是指在教学过程中通过模拟知识的真实运用环境来发现学习过程中的问题、探索解决办法和促进共同提高的教学方法。

在角色扮演法形式中，学生学习的途径主要有三种：第一，在扮演中学习。角色扮演能够提高学生的表达能力。第二，在锻炼中学习。在锻炼学生的表达能力的同时，有机会应用所学习的技能。第三，在兴趣中学习。角色扮演的"剧本"可以由教师根据教学目的事先设计好，也可以让学生根据他们的生活实际自己设计，尤其是在与青少年交流的过程中，教师通过他们的表演可以了解他们的生活。

尽管角色扮演法具有诸多优点，但角色扮演法在使用过程中应遵循四个基本原则，即教学活动情景性、教学氛围趣味性、活动参与共同性和教师介入适当性。

（四）游戏及分享

游戏及分享法是指教师将教学内容通过游戏的形式来呈现，帮助教师激发学生的学习兴趣或帮助教师引出要讨论的问题，也可以作为活动开始时的热身或结束时调节情绪的手段。运用游戏及分享教学方法，教师在设计过程中需明确每个游戏的目的和游戏的针对性，让学生真正实现在游戏中学习，在学习中得到乐趣。

（五）案例教学

案例教学是指把实施解决问题中的真实场景加以典型化处理，形成可供学生分析和思考的案例，以此来培养学生独立思考的能力、变革学生的学习方式、开发学生的智慧潜能、提升学生的情感态度、张扬学生的创新精神。

三、参与式教学法的特点

（一）学生主体性：开放式教学环境有益于发挥学生的主体作用

参与式教学的教学环境是开放的，从教室内桌椅、投影、黑板等教学设备及教室内墙壁、窗户的布置都具有开放性，教师可以根据参与式教学的具体使用手段来积极主动地营造一种民主、宽松、和谐、快乐的教学氛围，鼓励学生积极表达个人想法和建议，给予学生动脑、动手和动口的机会，促进学生主动观察社会万象，思考热点问题，以期用充分的论据来论证自己的观点，激发学生的探究欲望和充分发挥其在教学过程中的主体作用。

（二）师生互动性：师生和生生互动有助于沟通感情、培养兴趣

参与式教学中生动活泼的教学气氛有助于培养学生所学课程的学习兴趣，从而建立深厚的师生、生生情感。开放式教学作为联系实际、贴近生活的教学方法，有助于

调动学生学习的积极性，并使学生认识到所学知识即使不考试也有用，甚至伴随一生、终生享用，能够极大地激发学生的学习兴趣和促进学习主动性，把积极情感转移到对教师所任的学科上，从而激发学生的学习兴趣，促进教学相长。

（三）方法多样性：多元化教学方法有利于发现知识、培养能力

参与式教学理论不拘泥于具体的教学方法，凡是能够调动学生积极参与学习过程的方法都可以运用到参与式教学过程中来。参与式教学丰富多样的教学方法方便教师依据不同的教学内容选择合适的教学方法、安排不同的教学活动，在因材施教的基础上，让所有学生从教学过程的参与中获益，在活动的参与中获得知识、发展个性、形成能力。

四、参与式教学法在乒乓球运动技能中的实施原则

（一）落实学生的主体地位

在乒乓球参与式教学中要落实学生的主体地位，需从以下三方面入手。

1. 尊重学生的学习主体地位，发挥教师的教学主导作用

参与式教学过程需充分尊重学生学习的主体地位、发挥教师教授的主导地位，促进教师和学生在教学过程中相互促进、共同提高，达到教学相长。例如，在乒乓球理论教学部分的电视教学环节中，教师可与学生一起观看世界乒乓球锦标赛、乒乓球世界杯等国际大型乒乓球比赛和中国乒乓球超级联赛等国内大型乒乓球赛事以及学习如何打乒乓球的教学视频，在观看完成后，教师与学生一起讨论乒乓球技术、交流乒乓球运动心得，调动学生的积极性，以形成民主自由、轻松愉快的教学气氛，让教师在教学过程中充分发挥其主导作用，以促使学生意识到掌握乒乓球运动知识的重要性，并使这种外部因素内化为学生主动参与学习的动机，达到教师教学方法和学生学习方法的融合和统一。

2. 尊重学生的个体差异，让学生成为学习主人

例如，在乒乓球教学的理论部分，乒乓球组织（竞赛、编排、裁判法）的教学环节，教师可要求学生自主组织乒乓球赛事并建立"运动笔记"，通过学生记录每次比赛前后的乒乓球组织学习状态、赛事组织中遇到的问题、乒乓球组织能力获得的感受以及对乒乓球教学的一些看法等，让教师既能及时地了解到每一个学生所处的状态和反馈的信息，又能适时调整课程教学的进度，做到以学生为中心。学生可以通过运动笔记及时调整自身的学习状态，避免不良情绪的产生，可以清楚地看到自己的学习轨迹，并主动思考和探究学习问题，能够培养自身独立的能力，体验到学习的快乐，让自己真正成为学习的主人。

3. 注重学生学习兴趣的培养，强调学生学习的主体意识

体育教育要突出"以人为本"，遵循素质教育、创新教育指导思想，突出学生学习的主体地位，并结合参与式乒乓球教学的特点，从注重学生的身体素质提高到素质与能力并举，力求使学生身心全面发展。我们要注重学生成功的运动体验，激发学生的学习兴趣。

例如，在乒乓球教学的直板握拍法和横板握拍法的实践教学的技术与战术教学环节中，教师在进行直板握拍和横板握拍动作的讲解示范后，留给学生充足的时间相互交流讨论直板握拍和横板握拍的优劣，让学生在直板握拍和直板站位、横板握拍和横板站位的练习中相互帮助、相互学习、共同提高，这不仅使学生掌握了如何学和如何教，而且也有利于融洽同伴关系，有助于学生探索适合自己的乒乓球握拍方式。参与式乒乓球教学过程需创设良好的人文环境，体现了以人为本的思想，使学生在公平竞争中相互帮助、相互交流，有利于培养学生健康的心理品质。

（二）转变传统教师教学角色，形成正确的师生关系

参与式教学法强调"以学生为中心"，参与式教学法在普通高校乒乓球教学中的实施要求教师转变传统教学角色，建立正确的师生关系。

1. 学习以学生为中心，教学以平等为基础

参与式教学过程强调学习以学生为中心，教学过程中师生、生生之间相互平等，教学气氛民主、轻松，关注在学习习惯上的培养和已有经验上的学习。例如，在乒乓球的技能教学部分，教师可让学生自行组织课堂教学比赛并要求学生对比赛过程进行思考，有助于学生在已有经验上对乒乓球的技术、战术的运用能力进行再学习，从而达到探索赛事组织方法、拓宽乒乓球知识范围、掌握乒乓球运动技能、实践乒乓球比赛组织能力、进行乒乓球学习方法的再创新。

2. 关注学生的发展需求，形成为学生服务的观念

需求是人类发展的动力源泉。不同的发展需求将导致学生不同的学习动机，所以在参与式乒乓球体育教学前，教师要了解学生，要与没有明确发展需求目标的学生交流，帮助他们明确发展目标，从而激起他们的学习欲望。与传统乒乓球教学相比，参与式乒乓球教学法更注重突出学生的主体地位，这就要求乒乓球教师形成为学生发展服务的观念，以学生为主体、教师为主导，根据学生的需要调整教师角色。教师在学生的学习过程中是参与者，在学生学习困难时是鼓励者，在学生情绪波动时是调控者，总之，体育教师是学生学习知识的服务员和前进路上的加油者，是学生发展所需条件的创造者和学生发展的服务者。

（三）选择合适的教学内容

参与式教学法强调"以活动为主要形式"，这对参与式乒乓球教学的教学内容提

出了新的要求,选择适合不同乒乓球教学活动的教学内容成为参与式乒乓球教学能否成功的关键。

1. 教学内容体现教学活动的竞争与合作性

在参与式乒乓球教学活动中,处处体现了集体的协作与配合,合作会使乒乓球运动更为有效,团队的胜利需要全体成员的相互协作和共同努力。美国心理学家莫顿·多伊奇(Morton Deutsch)认为个体间不同的互动方式决定于不同的合作,正向的依赖(合作)导致正向互动,负向的合作(竞争)导致负向互动,而无依赖(个体努力)没有互动。因此,乒乓球教师可通过组织乒乓球双打等相互依赖性的体育项目,让学生在乒乓球双打比赛中领会个体目标与团体目标的一致性,学会人与人之间频繁的合作,通过乒乓球双打中个人攻防角色的转换,体会乒乓球双打比赛中不仅需要充分发挥个人技能,更需要练习各种不同的战术配合,依靠集体的相互鼓励、默契配合,通力合作实现共同的目标的团体精神。

2. 教学内容贴近生活,提高学生的心理健康

由于乒乓球活动需要社会交往和合作的同时,参与者之间又存在相互竞争,与现代社会生活十分接近,在乒乓球双打活动过程中形成的合作、在乒乓球单打过程中的竞争和乒乓球活动中交往的意识和比赛过程中的行为会牵引到学生的日常学习、工作和生活中,促使学生与他人合作、竞争能力及良好人际关系的形成,从而提高学生的社会健康水平。

3. 关注学生的学习差异,留足时间自由学习

参与式教学强调以学生为主体,以学生为主体并不意味着课堂教学完全按学生的意愿自主选择学习内容,而应在教师确定和完成主要教学内容的基础上,让学生自由选择其他相关教学内容进行自主学习。例如,教师在乒乓球的步法技术与战术方面的主要教学内容已教完,教师可安排15~20分钟的时间让学生自主选择乒乓球步法学习活动内容,学生根据需要选择练习内容,如有的学生进行乒乓球换步步法练习,有的学生进行侧身步步法练习,有的学生进行交叉步步法练习,可大大提高学生的自主参与度。

(四)确定科学的评价方法和标准

参与式教学法强调"以学生的发展为目的",这就要求参与式乒乓球教学的评价方法和评价标准不能片面地以学生的乒乓球知识和乒乓球技巧掌握程度为评价依据,需系统、全面地形成包含参与式乒乓球教学的评价标准、评价内容、评价方法以及评价实施途径在内的评价体系。例如,对乒乓球基础好、先天身体条件优、乒乓球学习进步快、自信心强的学生,评价时要更严格,不但要求他们能够规范地完成体育教学任务,还可以要求他们完成更高难度的任务,或者要求他们帮助其他同学完成任务,或者让他们成为团队领袖,带领团队竞赛;而对乒乓球基础差、乒乓球学习进步慢、自卑感强的学生，应尽量寻找他们的闪光点，用激励的语言评价帮助他们树立信心，提高体育学习的兴趣。总之，乒乓球参与式教学的评价应以分层评价、激励成功为主，以激发不同层次的学生学习乒乓球的信心和热情，不断提高学生自我认识和自我教育的能力。

五、参与式教学法在普通高校乒乓球教学的实施过程分析

参与式教学法关注所有参与者积极主动地参与到学习中的程度，强调参与者在课前、课中和课后等整个教学过程的全程参与。接下来，笔者以乒乓球运动中的基础技术——左推右攻为例来说明参与式教学法在普通高校乒乓球教学中的实施。

（一）课前参与

在使用参与式教学的乒乓球教学实践中，学生的课前参与主要体现在以下三方面。

1. 选择教学内容

目前，我国高校的体育教学课程普遍存在教学内容多、课程时间少的问题。因此，如何做到在高等体育教学大纲的指导下，选择学生关注的重点教学内容成为关键。笔者认为，让学生参与课程教学内容的选择不失为一种好的解决方法。

在教学中，教师可以组织40名学生自由进行乒乓球练习并对学生整节课的活动情况进行录像。教师在首次课程结束后，由教师将视频录像发到建立的微信群中或者一起观看首次课程视频，分析学生在乒乓球练习中最薄弱的技术动作、最需要提升的技术工作后，确定本学期的主要教学内容为乒乓球发球和左推右攻教学。

2. 确定教学方案

在确定教学内容后，在乒乓球左推右攻打法教学部分，针对推挡、攻球基本动作的技术要领及左推右攻打法的使用等教学内容，教师详细介绍该部分课程参与式教学的设想，并将初步选定的左推右攻打法的教学内容向学生公布，鼓励学生基于自己乒乓球运动经验的基础提出自己对乒乓球左推右攻技术教学的意见，然后教师与学生一起分析探讨后确定重点教学内容为"推挡动作和攻球动作的规范"，教学难点为"左推和右攻技术动作的衔接及组合运用"。

在确定乒乓球发球、左推右攻的教学内容后，教师要求学生自主学习发球、推挡和攻球动作，通过阅读教材、网上视频学习等获得各种可能的信息，在微信群中一起分析讨论，共同进行分析和判断，对乒乓球发球、推挡和攻球学习的内容进行排查认定，教师把发球、乒乓球正手攻球相关的教学资料提供给学生，让学生以乒乓球教师或乒乓球运动员的心态去研究、去"做学问"，形成自己对乒乓球发球、正手攻球"教"的观点、方法和意见，从而与教师一起确定发球、乒乓球正手攻球教学方案，确定乒乓球发球、左推右攻技术要领为：第一，乒乓球发球技术要领。发球三要素——拍型

角度、球拍的用力方向、触球时的瞬间速度对发球的影响，发各种旋转的球、配套发球的手法，乒乓球运动中发球的隐蔽性和准确性及第一落点的掌握。第二，乒乓球推挡技术要领。双脚与肩膀同宽，稍抬后跟；大拇指伸开，通过食指和小拇指来调整拍型角度，中指和无名指发力。第三，乒乓球攻球技术要领。包括攻球站位技术要领和攻球动作站位技术要领，身体与乒乓球台保持30厘米左右的距离，两脚距离与肩同宽，双膝自然弯曲、上身前倾，肩部自然放松。第四，攻球动作击球技术要领。通过稍下压拍面来压低回球弧线，球拍斜挥来制造回球弧线，同时需注意挥拍的稳定性以追求攻球的命中率。第五，左推右攻的组合使用。推球时，可以适当地加力，或者借助对方来球的力量，借力打力。正手攻球一般的打法是采用正手拉弧圈的方式，注意拉球时要以肘关节为圆心，挥动小臂划弧，同时注意保持身体重心放低。

在确定技术要领后，确定本学期的教学计划：发球技术学习为6个学时；乒乓球推挡技术学习为10个学时；攻球技术学习为10个学时；左推右攻的组合使用学习为14个学时。

教学方法为精细讲解与大量练习相统一、集体示范与个别指导相结合、给予挑战与鼓励表扬相协调。

3. 参与课件制作

如果学生对左推右攻技术中的某些内容感兴趣，就安排学生自行组织小组备课，制作课件和授课，以激发学生学习的兴趣。例如，教师可根据学生学习兴趣的不同，安排学生自行组织推挡技术、攻球技术和左推右攻组合技术三个不同的小组备课，利用多媒体和现有比赛制作视频课件，激发学生的学习兴趣，加深学生对乒乓球技能的理解。

（二）课中参与

1. 准备活动的参与

在本次教学中，乒乓球选修课程开始的第一、二次课，由教师引领准备活动，并且讲解准备活动的作用、练习时间的强度和密度、练习的手段方法等，使学生基本掌握如何做准备活动，同时使其组织能力得到锻炼。从第三次课开始，学生由体育委员整队、清点人数后，依次由各个小组轮流带准备活动，每次课结束前安排每一小组下一次课的准备活动，每次带准备的情况进行记录作为平时成绩的依据。

2. 课程内容的参与

参与式教学法强调"以活动为主要形式"，参与式教学法在乒乓球教学实施过程中的课堂教学参与形式多种多样，在此仅以小组讨论和角色扮演两种课堂教学参与形式进行说明。

（1）小组讨论

课前的小组分组以保证所有学生都能公平、全面地参与课堂讨论为目的，以尊重每个学生的想法、激发学生的探索欲望、共同分享课程内容和新的体会为小组的活动原则，鼓励所有学生积极参与到小组活动中来。

例如，在乒乓球左推右攻的技术与战术教学环节中，教师将40名学生分成同时包含高、中、低乒乓球技术水平学生的8组，让每组学生自行播放由学生自己制作的课件，课件包括世界冠军比赛时运用发球和左推右攻打法得分的视频、教师的示范视频、学生自己练习的错误动作视频和正确动作视频，教师和学生一起观看视频，讨论、分享和比较分析各自动作存在的问题，研究发各种旋转球的落点、左推右攻以近台正手攻球为进攻，以反手推挡为防守和助攻的主要手段，并研究乒乓球运动中有利于先发制人的打法及左推右攻打法的"快、准、狠、变、转"的风格对乒乓球比赛成绩的影响，每一组选取一个水平相对好的学生为组长进行分组练习，能够调动所有学生的积极性。

（2）角色扮演

教师先与学生沟通和编制与课程教学内容相关的剧情，根据剧情内容将扮演角色分为剧情扮演员、剧情观察员、组长、记录员、发言人等，并要求小组成员之间进行角色互换，以相互找出各自的优缺点促进共同提高。

例如，在乒乓球的左推右攻基本技能教学部分，教师通过组织左推右攻乒乓球比赛，将学生分成若干小组，每个小组包含5名学生（1名赛事组织者、2名乒乓球运动员、1名乒乓球赛事裁判、1名乒乓球赛事记录员），2名运动员中最早完成移动中左推右攻10个回合的运动员取胜；并将左推右攻乒乓球比赛小组成员的组内角色互换，可让学生体验乒乓球赛事组织者、乒乓球运动员、乒乓球赛事裁判、乒乓球赛事记录员等不同角色，找出自己在不同角色扮演时做得好的地方和做得不好的地方，加深乒乓球左推右攻基本技能的理解和掌握程度。

（三）课后参与

参与式教学法强调学生教学过程的全程参与，在使用参与式教学的乒乓球教学实践中，学生的课后参与方式主要包括以下两种。

1. 教学反思与评价

在乒乓球参与式课堂教学中，学生的反思是建立在评价基础上的，课程教学完成后的教学评价，不是乒乓球运动学习的总结，而是乒乓球教学活动的反馈环节和掌握教学过程、调整教学行为的手段。只有实现评教的有机结合，才能实现评教的相互促进、共同提高。笔者对实施参与式教学方法的班级采用自评、互评、达标评定相结合的评级方法，各种评价方法的所占比例为学生自评20%、学生互评20%、达标评定60%。

2. 心得体会分享

在乒乓球左推右攻技术课堂结束后，在自主自愿的前提下，引导学生以"微博"方式向教师分享对乒乓球发球、左推右攻课堂内容的想法、感悟和建议等，有助于提升学生的个人自信心,加深对体育运动知识的深刻领悟,培养学生的总结归纳能力。

在乒乓球发球、左推右攻教学部分中,教师通过向每个学生下发一张白纸,让学生自己思考、判断、编写乒乓球发球、左推右攻学习测试试题来锻炼学生对教材的把握能力,并分别选取了乒乓球运动的发球、推挡和攻球技术动作要领,推挡和攻球技术组合使用的动作要领,左推右攻技术的使用场合和乒乓球组织的部分试题让学生以乒乓球理论知识测试做题、测试完成后的改题、评题的形式来交流乒乓球发球、左推右攻动作知识的学习方法和学习感受,促使乒乓球运动的教学相长。

(四)参与式教学法在乒乓球教学中的建议

1. 排除不利因素影响的方法

尽管参与式教学法的应用有利于提高学生参与乒乓球教学活动的积极性,有助于提高学生的乒乓球运动知识和技能,有助于培养学生的体育参与和合作精神,但因参与式教学法本身的特点,乒乓球体育教师仍需排除不利因素的影响,具体包括以下三方面。

(1)教师加强引导来减少学生的个体差异

参与式教学法强调教学过程以问题引导、活动过程为主,从而使体育课程的系统性、综合性受到影响,导致自学能力不强的学生无法适应,影响学生的学习质量。

参与式教学法能使教师更容易利用学生间的差异来进行正确的引导。教师可利用小组成员间的相互信任、相互帮助来充分发挥小组成员的最大潜力,产生驱动力、向心力和约束力,让学生在动作要领、标准水平和动作规范上尽可能一致,消除学生间的差异性。

(2)教师需转变教学观念来体现学生主体地位

在传统体育教学的课堂上,由于教师拥有绝对权威,导致师生间的关系容易紧张,同学的相处也不太和睦,容易阻碍教师和学生之间的沟通交流。参与式乒乓球教学法的应用则要求教师转变教学观念,营造具有融洽型教学气氛的课堂,使教师与学生之间、学生相互之间的关系平等、民主、和谐,学生处于愉快、互动的情感状态。参与式教学方法注重在教学过程中教师与学生之间及学生与学生之间的情感交流,教师与学生的地位平等,教师只是教学过程中的引导者、促进者。因此,教师在进行课堂教学时,需注意营造融洽型的课堂氛围来让学生真正充分参与到课堂中来,以体现学生在学习过程中的主体地位。

(3)学校通过增加课时和开设班级来保证教学质量

随着我国高等教育的逐渐普及,高校师资和体育场地不足的问题逐渐体现出来。乒乓球参与式教学法的实施所需的课时比传统教学法多,学校应当适当增加课时数量来保证参与式教学法的实施效果;另外,笔者认为参与式教学实施的班级学生人数太多会较难掌控,建议班级人数不超过30人,否则教师不能保证每个学生都参与其中,因而学校需限制班级人数，增加开设班级数量来保证参与式教学法在乒乓球教学应用中的教学质量。

2.课前、课中、课后的建议

针对参与式教学法本身的特点及存在的问题，笔者对参与式教学法在普通高校乒乓球教学中的应用给出以下三个建议。

（1）课前：了解学生，合理分组

我国教育家孔子注重"因材施教"，我国高校学生来自不同的省份，有着不同的家庭教育、社会教育、学习教育，因此乒乓球教师在实施参与式教学的分组过程中需通过观察、谈心及教学前的测试，了解学生的个性、学习能力，根据组内异质、组间同质的分组原则进行优化组合。

（2）课中：丰富活动形式，全面提升素质

参与式教学法的优势在于可提供多种多样的活动，因而笔者建议乒乓球参与式教学中的活动形式应丰富多彩，应通过采用运动员、裁判员角色扮演、乒乓球比赛情景模拟、乒乓球教学案例分享等活动形式，让学生在模拟的实际场景中实现乒乓球运动知识的被动接收到主动学习的转换，在乒乓球运动体验中磨砺心性、锻炼体能，坚韧品格。

（3）课后：形成体育意识，坚持终身体育

随着社会快速的发展，人们的生活压力日益增大，社会公众对自身健康的重视日益提高，这就必然要求体育活动的生活化。如何培养学生的终身体育锻炼观念，让体育活动成为学生日常生活的常态，成为高校体育教师日益关注的问题。

笔者认为，一线体育教师应加强对学生终身体育意识的培养，将对学生终身体育意识的培养渗透到各个教学环节中，并在课后的日常教学和生活中身体力行，为学生树立榜样，在提高学生运动的同时，提高学生适应社会、促进社会发展的能力。

第五节　足球运动技能教学——游戏训练法

随着校园足球的普及，中小学逐渐开展足球项目，但大多数体育教师采用传统教学法居多，恰恰小学生的年龄特征决定了他们的心理：注意力不集中、不稳定、不持久，对于一些生动、新颖的事物多能接受，引起兴趣，对于一些抽象的、枯燥的概念多不理解，从而只能无意识、无形象地识记，也就出现了记得快忘得也快的现象。训练方法过于单一和枯燥，使得儿童的足球学习热情大大降低，也不便于足球技能学习的提升。

而提到用足球游戏来辅助教学，很多教师选择避而不谈，他们认为足球游戏仅是调味品，并没有实质的作用，更多地强调技术动作的重复练习以及技术动作的标准化。即使部分教师选择足球游戏训练法，然而足球游戏的设计、运用方式及其得到的效果也是千差万别。而通过观看国外的儿童足球训练，笔者发现训练和游戏具有很强的关联性。足球游戏在国外的儿童训练中是贯穿始终的，起着主导性作用。尤其在儿童的足球兴趣并没有完全培养起来的阶段。那么，到底什么是足球游戏，足球游戏对儿童的足球兴趣培养是否存在积极影响，这些无疑成为校园足球教师以及基层足球教练的困惑。

一、游戏与体育游戏的概述

（一）游戏的本质及其定义

从本质上讲，游戏是一种主体性活动，具有自发性、自主性、虚幻性、体验性与非功利性。游戏对于儿童身心和谐发展具有独特的作用，对于学校教学具有深刻的启发性。

游戏是一种自愿的活动或消遣，这种活动或消遣是在某一固定的时空范围内进行的，其规则是游戏者自愿接受的，但又有绝对的约束力，游戏以自身为目的而又伴有一种紧张、愉快的情感以及对它不同于日常生活的意识。从这个定义中我们得出，游戏活动是在固定时空下进行的，带有规则的、自愿的、具有约束力的娱乐消遣，它属于日常生活以外的文化行为。游戏的对立概念是劳动，游戏特征共相归纳的实施标准首先是看某一属性是否为所有游戏所共有，如果只为部分游戏所有，那么它就不是共相。其次是看该属性是不是游戏在任何阶段都具有的稳定属性，如果属性只是在游戏发展的某个特定历史阶段才具有，在另一些阶段不具有，那么它也不是游戏的共相。自由性、时空分离性、秩序性、娱乐性为游戏的共相；竞争、非功利性、规则性并非游戏共相。最后通过揭示游戏的根本矛盾——自由与限制，确认自由性为游戏的本质。游戏定义则为："是人们在现实生活之外，通过一定的规则、技术和情节过程，创造性地展示自己理想和愿望的实践活动。"[1]

（二）体育游戏的本质、定义及分类

体育游戏是游戏的重要组成部分，同时又具有相对独立性。体育游戏是一种集体能、智能、技能为一体的综合性活动，是一种颇具智慧运用，思维、想象与创造等多种成分于一体，有着比较复杂的心理和思维过程的益智活动。

体育游戏是现代社会学校体育教学的内容和方法之一，亦称"活动性游戏"，是规则游戏的一种。构成体育游戏的基本要素是身体活动、情节、规则、方法、结果和场地器具。其中身体活动是体育游戏不可缺少的。

---

[1] 韦勇兵，申云霞，汤先军. 体育教学与运动技能分析 [M]. 长春：吉林人民出版社，2019.

体育游戏通常按照动作基本特征、某项身体素质、运动项目、游戏性质等进行分类。体育游戏按照动作基本特征可分为行走类、奔跑类、跳跃类、攀爬类、支撑类等游戏；按照身体基本素质可分为速度类、力量类、反应类、柔韧类、平衡类、灵敏类、耐力类等游戏；按照运动项目可分为足球、篮球、排球、田径、体操、武术等游戏；按照游戏性质可分为热身游戏、放松游戏、衔接游戏、调整游戏等。

二、足球游戏设计理论

（一）足球游戏的本质

根据前人对游戏及体育游戏的相关研究和定义，同时足球游戏又属于体育游戏的一种形式，因此将足球游戏解释为参与者通过自身肢体与球的接触，实现体育的功能性练习效果，或掌握足球运动基本技能的一种具有显明的专项特征的练习方法。

（二）足球游戏的分类

足球游戏属于足球练习的范畴，对于它的分类可以依据不同的标准进行，如足球项目的有球和无球为分类标准，或依据一般性练习方法的人数为分类标准进行。笔者依据体育游戏分类标准，综合足球游戏分类研究现状，将足球游戏按照有球与无球、目的、负荷、难易度和参与人数 5 个标准进行了分类。

1. 按照无球和有球来划分

无球游戏按照所要发展的身体素质又可分为速度游戏、灵敏游戏、力量游戏、耐力游戏等，有球游戏按照游戏主题又可分为球感游戏、传球游戏、运球游戏、射门游戏等。

例如，接力跑属于速度游戏；根据手势、信号、颜色的不同而行动属于灵敏游戏；根据节奏完成蹲起动作或者集体挑战蹲起数量属于力量游戏；设置多个游戏站，其中包括慢跑、跳跃、冲刺一系列动作的游戏属于耐力游戏。另外，冰冻游戏、城市游戏属于球感练习；传球接力、传球闯关、足球保龄球属于传球练习；运球翻盘、运球绕杆属于运球练习；快速射门、定点射门、抢点射门属于射门练习。

2. 按照游戏目的划分

按照游戏目的划分，可分为热身游戏、放松整理游戏、技术性游戏、战术性游戏、针对性游戏。热身游戏主要是指为比赛或训练前在心理和身体方面做好充分准备，同时为避免运动员轻易受伤而设定的游戏；放松整理游戏则是指为了运动员更好更快地恢复而设定的游戏；技术性游戏则是指为了增强或巩固某个技术动作而设定的足球游戏；针对性游戏则是指为了解决某一存在的问题或者为了向队员传递某种理念而设定的游戏。

热身游戏的目的主要在于激发队员的训练热情，提升兴奋性，使机体进入训练状态,同时避免训练过程中产生不必要的伤病情况;热身游戏的关键要素在于游戏强度的控制,由简到难,由弱到强。放松整理游戏的目的主要在于缓解疲劳,尽快恢复机体机能;放松整理游戏一般在训练接近尾声时进行,游戏时让大家尽量放松心情,不给队员太大的精神压力和身体压力。技术性游戏和战术性游戏主要围绕某一技术动作或某一战术配合为中心开展。例如,足球高尔夫,主要围绕脚内侧传球技术动作,学习和掌握技术动作的同时,增加学习过程中的趣味性;又如,穿越球门,主要为了提升队员之间沟通、接应、无球跑动的能力。针对性游戏主要是指为改善某项想象而专门设计的游戏,如保护后方,主要为改善打开体位、提高观察能力的战术游戏,让队员完全沉浸在游戏中,最后引出游戏的目的,从而改变了战术练习的枯燥乏味,同时记忆深刻。

3. 按运动负荷的大小来划分

依据参与者参加游戏活动时负荷的变化,主要分为低强度游戏、中强度游戏、高强度游戏。足球游戏运动负荷一般根据教学和训练的需要进行选择。一般无严格时间限制、无对抗的足球游戏可称之为低强度游戏,如两人面对面,根据教师信号快速抢球。一般有时间要求、无对抗的足球游戏可称为中强度游戏,如各种团队接力比赛。一般既有时间限定、又有对抗的足球游戏可称为高强度游戏,如蟹式足球、小场地比赛等。

4. 按照难度来划分

按照难度来划分,可分为初级游戏、中级游戏、高级游戏。初级游戏是指为启蒙足球兴趣和初步了解足球而设计的游戏;中级游戏是指为学习足球基本技战术而设计的游戏;高级游戏则是指为巩固和掌握足球技战术而设计的游戏。这种足球游戏分类主要针对不同水平的对象而进行划分的。对初学者来说,只适合选择一些初级游戏,一方面可以维持初学者的足球兴趣,另一方面还可以让其了解足球。例如,可以结合灵敏练习进行踩球比赛。中级游戏适合于具备一定足球基础,对足球基本技术和战术有一定了解和掌握的对象。例如,1对1进攻与防守的游戏。高级游戏则只适合于足球技战术基本成熟,同时水平相当的对象。例如,颠球接力比赛、长传球踢准等。

5. 按照人数多少划分

将游戏按人数划分为个人游戏、小组游戏、团队游戏三种方式。个人游戏是指一个人进行操作的游戏;小组游戏是指两人以上、分组进行的游戏;团队游戏是指所有人同时参与的游戏。在教学和训练过程中,根据人数多少合理选择足球游戏。人数较少或者训练转换时,适合选择一些个人游戏进行操作,如个人抛接球、颠球游戏等。人数适中时,则可以选择小组游戏进行,将人数分成2~4组,一方面可以增加游戏的竞争性,另一方面可以增加队员训练的专注度,如不同形式的接力比赛。人数较多且场地受限时,可以选择一些团队游戏,如抓捕游戏、冰冻游戏等,可以保证更多人参与到游戏中。

（三）足球游戏的作用

足球游戏在实践的应用中可以为参与者提供不同种类的身体活动方式，在参与过程中不仅对其生长发育具有明显的促进作用，同时对其心理的各种体验和发展也起到了积极的影响作用。依据对足球游戏相关研究总结以及在实践领域的运用特征分析的基础上，笔者认为足球游戏在对学生的足球意识的启蒙、培养足球兴趣、促进交流与合作能力、提高足球基本技能、调节心理状态和增强体质方面具有明显的优势。

1. 启蒙足球意识

对零基础的孩子来说，足球游戏对启蒙他们的足球意识起到了至关重要的作用。初学者对于足球运动难免产生惧怕的心理，教学与训练时足球游戏本身的趣味性、娱乐性会得到良好的效果，同时也符合儿童的心理特点。儿童的畏惧感在足球游戏过程中逐渐得到消除，慢慢喜欢上足球这项运动，并产生主动学习的优势心理。

2. 提升足球兴趣

足球游戏可以提高儿童的训练积极性和激发儿童的足球兴趣。足球游戏可以使儿童提高训练专注度，从而弥补了儿童注意力分散的不利因素。在游戏过程中，儿童获得的成就感，能够彻底激发儿童的足球兴趣。一环扣一环的游戏环节，使儿童的训练热情持续高涨，保证整堂训练课的训练效率。

3. 增进沟通与合作

足球游戏可以增进学生与学生之间的沟通与交流。足球比赛中与队友的沟通与合作能力是很重要的一部分。在游戏过程中，如何得到更高的分数，如何进攻，如何防守，队友之间要不断地商讨，制定对策。足球游戏的加入，能够使学生之间产生更多的沟通。

4. 提高足球技能

足球游戏在足球训练中起到的核心作用是提高学生的足球技能和球性、球感。足球游戏各种作用都是为提高足球技能这一核心功能而服务的，任何游戏的设计始终围绕提升足球技能为中心的。让学生在享受快乐足球的同时，增强足球基本技术和提升足球技战术水平。尤其对于足球基础较差的学生，足球游戏能够使他们在一种较为轻松有趣的氛围里掌握足球基本技术。

5. 调节心理状态

足球游戏可以很好地调节学生的心理状态，减轻学习压力。足球教学是一个持续的教育过程。在学习过程中，学生难免产生厌倦、情绪起伏。足球游戏能够有效地调整学生的心理状态，足球游戏的诸多特点可以使学生在学习中减轻压力，增强学习效果，这是教师完成教学任务的有利因素，应当很好地把握。

6. 增强体能

足球游戏在学生的体能方面可以收到很好的效果。足球游戏在一般情况下可使学生进入忘我的运动境界，神经系统不断刺激机体，充分挖掘机体潜力。从而在游戏过程中，使学生的体能得到大大提升。同时，游戏场景的设立会使体能储备更加全面。

（四）足球游戏的结构

《新华字典》对"结构"的解释为："组成整体的各部分的搭配和安排。"在中国知网等检索平台，笔者未搜到关于足球游戏结构解释的相关文献。笔者根据对国内外大量游戏素材的研究发现，足球游戏的结构可大致分为目的、手段、操作程序、规则、相关理论知识五个部分。

1. 目的

目的是足球游戏中必不可少的。足球游戏不是为了游戏而游戏，而是像训练方法一样，每一个游戏都应具有明确的目的，这是足球游戏结构中起到风向标作用的一部分。设计足球游戏时，首先有一个明确的目的，从而围绕该目的展开，规定技术动作、设定游戏规则。

2. 手段

手段或者称为"工具"，主要包括自然环境、场地器材、人。足球游戏必然少不了游戏工具。场地、天气状况、可用训练器材、对象水平，这些是游戏顺利进行的前提条件。根据现有条件，选择合适的足球游戏实施。

3. 操作程序

操作程序主要包括足球游戏的参与人数、游戏时间、间歇时间、活动区域。这也是足球游戏的具体操作方法。明确游戏的参与人数、游戏时间、间歇时间、活动区域，让参与者一目了然。当然，根据参与对象的实际情况，可适当进行调整，因人而异，并非绝对。

4. 规则

每一个足球游戏都应该有独特的游戏规则。游戏的本质是"玩"，然而并非随心所欲地玩，而是在一定规则的限制下进行的。"无规矩不成方圆"，正是带着这份规则的约束，才能起到足球游戏的实际作用，达到足球游戏的真正效果。

5. 相关理论知识

理论知识在游戏过程中是贯穿始终的，通过科学的理论知识进行引导，才能让儿童在"玩"的过程中，不仅获得精神上的愉悦，还能得到相应的知识。无论是游戏方式、参与人数还是规则设定，都是以足球理论知识、运动训练学、运动心理学等为基础的，这样才能保证在游戏过程中，一方面使游戏顺畅进行，另一方面达到足球游戏的真实目的。

（五）足球游戏的特点

足球游戏的特点与体育游戏的特点较为相似，因为足球载体的加入，使得游戏娱乐性更强。前人关于足球游戏特点的研究已较为成熟，概括起来可分为娱乐性、目的性、竞争性、整体性、易操作性等特点。

1. 娱乐性

足球运动被世界各国人民喜爱，就是因为其本身的娱乐性吸引着人们。早在宋朝，蹴鞠的出现给人们的精神生活增添了不少色彩，足球运动便是由这一游戏演变而来的。足球游戏内容丰富、活泼生动，深受参与足球教学与训练的人们喜爱。在游戏过程中，人们能够获得心理满足，并对足球游戏产生浓厚的兴趣，从而在足球训练中变得积极主动。

2. 目的性

足球游戏的目的就是以增强学生体质为主，提高学生的足球运动技能，发展学生的智力并愉悦身心。有的游戏内容同足球比赛的整体活动相近，对学生的创造性、判断方位的准确性和动作的协调性提出了很高的要求，可以很好地提高学生的某些专项专业技能；有的游戏具有激烈性和对抗性，要求学生必须精神集中、全力以赴，可以对学生的身体、心智产生很好的综合影响；有的游戏具有迷惑性成分，能舒缓现实生活中的紧张和压力，在带有一定情节性的活动中，使学生的情绪得到宣泄和张扬，身心得到充分的放松。

3. 竞争性

足球运动因对抗激烈、场面精彩，让人们为之疯狂。足球游戏与足球比赛场景较为接近，充满竞争、对抗。在游戏过程中，你争我夺，你攻我守，你遥遥领先，我穷追不舍。通过足球游戏，逐步培养竞争、对抗的意识。

4. 整体性

足球本身便是一个团体运动，运动性质具备整体性。足球游戏的设计也是围绕整体性开展的，不可能在游戏过程中有人在做、有人在看，每个人都要参与进来，只是分工不同、各司其职。

5. 易操作性

足球游戏不宜过于烦琐复杂，操作程序、游戏手段、游戏规则，简单易懂即可。游戏本身的娱乐性，就是因为氛围轻松，没有太大的精神压力。如果过于复杂，便改变了游戏的本质。任何大小的场地、有限的训练器材，都可以进行相应足球游戏的设计和操作。

（六）足球游戏的创编原则

所谓原则，是指人们进行工作时要遵循的基本要求，是人们在原计划上对工作进行拓展和变更时规定的界限，是人们保留某个事物性质的底线。与体育游戏一样，足球游戏的创编也应遵循一定的原则。根据体育游戏的创编原则以及儿童足球训练的特点，足球游戏的创编原则应包括兴趣、竞争、针对性、结合球、情景、人人参与六大原则。

1. 兴趣

既然称之为游戏，必然与常规意义的足球训练方法存在差异，这就是兴趣。一个足球游戏没有兴趣，无法称之为游戏。构思足球游戏时，首先考虑是否有趣，是否能够激发学生的训练斗志，这是足球游戏创编原则最重要的前提。

2. 竞争

足球游戏必须具备竞争性。足球游戏过程中不能各玩各的，任何游戏环节都也有对比、竞争、对抗，这样才能在游戏过程中感受到成功与失败，让参与人群得到心理满足。同时，这也是足球游戏的魅力所在，正如足球比赛一样。

3. 针对性

每一个足球游戏的设计都有一个目的。热身、放松、锻炼某一足球技术还是改善某一战术意识，围绕此目的，对游戏规则、操作程序、游戏工具进行规定和限制。这是足球游戏创编的终极目标。

4. 结合球

足球游戏属于体育游戏，但与体育游戏明显的区别在于游戏载体——足球。虽然初级足球游戏没有足球载体，但一切是为有球游戏进行铺垫和辅助的。任何足球游戏既可以无球操作也可以有球进行，既可以用手抱球实施也可以用脚踢球开展。

5. 情景

足球游戏的名称要简明易懂，富有启发性和新颖性。所谓启发性和新颖性，即足球游戏场景的设定。既可以模拟足球比赛的某一场景，也可以虚拟想象某一故事情景，让参与人群展开想象力，在游戏过程中充分发挥主动性。在同一个足球游戏中，让不同的人群玩出不一样的感觉，收获不同的心理感受。

6. 人人参与

人人参与这也是评价足球游戏好坏的标准之一，也是足球游戏创编需考虑的重要因素之一。在游戏过程中，所呈现状态应该是尽量大多数人在动，少数人在等，甚至没有人等，这样才能让所有人融入足球游戏和参与足球游戏，从中获得游戏感受。

（七）足球游戏训练法的设计和特征

1. 足球游戏训练法的理念

足球游戏训练法是以游戏为表现形式的一种足球专项训练方法，通过借鉴不同的体育项目的训练方法，也可以通过对足球专项训练方法的重构或改造，从而改编成符合我国基本国情的训练方法。与传统训练法理念上的不同，主要体现在它以人为核心，突出主题、兼顾兴趣性、强调全体参与的同时体验快乐。足球游戏训练法能够让人耳目一新，瞬间可以让学生喜欢上这堂课，长期下去，能够培养学生对足球的兴趣，产生主动学习的心态。在课程中，每一个人都能够以主人公的身份参与其中，发挥各自的作用，了解足球和学习足球技能的同时，可以获得一种快乐的运动体验。

2. 足球游戏训练法模式

教学模式概念由三个基本要素组成，即教学指导思想、教学过程结构、相应的教法体系。这三者的关系是：教学过程结构是支撑教学模式的骨架；教学方法体系是填充教学过程的肌肉；而教学指导思想则是内含在骨骼与肌肉中，并起到协调和指挥作用的神经。教学指导思想体现了教学模式的理论性，教学过程结构体现了教学模式的稳定性，教学方法体系则体现了教学模式的直观性和可操作性。

同样，足球游戏训练法模式也包括这三方面：第一，教学指导思想。改变枯燥无味的纯技术学习的足球教学现状，让学生体验快乐足球，在兴趣中学习足球技能，培养终身学习精神，同时培养学生的综合能力。第二，教学过程结构。以游戏为载体，设计准备部分、基本部分、结束部分。第三，相关教法体系。设定游戏规则，以学生为主体，自由发挥，如自主学习法、比赛法、探究学习法等。

3. 足球游戏训练法的原则

依据李秉德先生和吴杰先生在各自《教学论》对教学原则的阐述，结合儿童足球训练特点，足球训练方法的创编和设计工作应符合其自身特点的同时，更具有针对性和项目特征。

足球游戏训练法不同于一般训练学层面上的训练手段和方法，它更加关注专项运动的特征和应用特点，因此应该从专项实践的应用特征出发，围绕着实践中影响效果的关键因素进行总结和表述。总之，通过实践和理论分析后，笔者认为，足球训练方法的运用过程应遵循九个原则：第一，整体性原则。足球游戏训练法旨在让每一个人都参与其中，扮演不同的角色，发挥各自的作用。第二，启发创造原则。足球教学中设定不同的游戏场景，让学生充分发挥想象力，同时做出自己判断，敢于做出自己的决策。第三，循序渐进原则。这一原则也是人们对于新事物学习的基本规律必须依据循序渐进的原则，才能让人们更容易学习、掌握、巩固。第四，教学连贯性原则。每一环节的紧凑是游戏训练法的一大典型特征，环节之间的转换时间不宜过长。养成良好的时间观念，同时为真实的比赛节奏铺垫和引导。第五，因材施教原则。每一个学生的身体素质和对足球的理解难免存在差异，在游戏操作过程中，教师要根据实际情况，进行适当调整，不能对每一个学生的要求和标准一样，因材施教才会更好地保护学生的兴趣，才有利于学生的更好发展。第六，学生主体性原则。在游戏过程中，每一个学生都是主人公，充分发挥主体作用，教师只是起到引导作用，真正的决策要学生自己思考和判断。第七，技能教学为主原则。传统训练法注重基本技术的学习和改进，游戏训练法更加注重足球技能的培养，强调竞争和对抗，更加接近比赛。第八，兴趣先导、实践强化原则。任何足球技术和技能的学习，必须培养起学生的学习兴趣，引发他们的好奇心和获得成功的欲望。在这个过程中，逐步加大难度，不断强化和锻炼。第九，全面效益原则。足球技术和技能的学习在足球游戏训练法中只是其中一方面，该训练法更加强调全面发展，尤其培养终身学习的态度。

4. 足球游戏训练法的特征

（1）教育性

任何一项运动都具有教育性。例如，马拉松提醒着人们要意志坚定，射击运动警示着人们要心静如水、欲速则不达，而足球运动的教育性较为全面，每一个环节都具有不同的教育意义。正如不同的足球游戏，有的游戏教人团结一致，有的游戏教人互帮互助，有的游戏教人动脑思考，有的游戏教人做事勇敢，有的游戏教人敢于挑战自己、突破自己的极限。

（2）科学性

足球教学是在学校进行的有目的、有计划的系统的教学，所以和其他学科一样，具有很强的科学性。足球游戏训练法的科学性主要体现在：具有丰富的内涵、游戏编制与教学遵循科学规律与原则、更符合儿童身心的发展。

（3）系统性

足球游戏训练法的系统性体现在两方面：一方面是足球教学内容本身的系统性，即足球运动之间内在的规律使内容与内容之间、技术与技术之间有着某种相关的联系和制约因素，形成足球教学内容的内在机构。另一方面要根据教学目标、学校实际情况、该年龄段学生的生长发育特点，系统地、逻辑地安排上课内容，并处理好相互之间的关系。

（4）娱乐性

体育运动本身就是娱乐性项目，教学内容自然内含着运动的乐趣和娱乐性。加之人为设定，使之娱乐性更强。足球游戏训练法的娱乐性主要体现在游戏过程中队友之间的竞争、对抗、协同、想象、表现等心理过程中，还体现在游戏中的快乐体验以及学习的成就感。

（5）人际交流开放性

足球游戏训练法是以集体活动的形式进行学习的，并且在学习过程中位置在不停地发生变动。这样一来，队友与队友之间、队友与教练之间需要不断地进行言语、眼神上的交流，自然而然地增强了人际交流开放性。上课期间，位置的变动、角色的转换，让学生可以收获比其他学科更多的知识和感受。

（八）足球游戏训练法教案实例

一、训练主题：传球

1. 人数

20人。

2. 器材

足球10个、标志桶8个、标志杆5个、标志盘40个。

3. 时间

5 分钟。

4. 区域

半径 3 米的圆形。

5. 方法

所有学生站成一个圆圈，间隔一米，根据教师的节奏（拍手或哨子控制），进行高抬腿、后踢腿等动作的练习。教师举起左手时，学生立马左脚支撑。单腿支撑几秒后，再进行下一轮练习。

6. 要求

积极主动，反应迅速。

7. 变化

举左手，右脚支撑；手势→声音。

8. 要点

注意抬腿高度。

二、训练主题：穿裆得分

1. 时间

10 分钟。

2. 人数

两人一组。

3. 区域

标志物相距 1~2 米。

4. 方法

游戏进行前，教师讲解示范。两人一组，站于中间标志物上。一人两腿分开，另一人踢球尽力穿过。穿过一次，向前移动到下一个标志物，两人交替踢球。最后比较两人是否前进。

5. 要求

两腿尽力左右开立，球穿过之后，再将球捡回。

三、训练主题：传球练习

1. 时间

10 分钟。

2. 人数

四人一组。

3. 区域

4 m × 1.5 m。

4. 方法

四人一组，两人手持杆，另外两人站在杆两侧（相距 4 米）进行传接球，完成 20 次，交换。

5. 要求

严格按照规定距离传球。

6. 变化

接球传球；一脚传球；接球转身扣球再传球。

7. 要点

支撑脚站于足球侧面，踝关节紧张，脚内侧触球。

四、训练主题：传球闯关

1. 时间

一人传球至第 6 关后游戏结束，或者游戏时间不超过 10 分钟。

2. 区域

球门 2 米，每一关间距 1.5 米（根据对象能力，距离可适当调整）。

3. 方法

四人一组，每人一球，站于标志盘侧面，依次踢球。踢球者将球置于每一关水平线，脚内侧传球，将球踢过两桶之间，即可闯入下一关。若未能将球从两桶之间踢过，则返回上一关。

4. 要求

按顺序进行踢球；脚内侧踢球。

5. 变化

惯用脚闯关成功，弱侧脚从第一关重新开始。

6. 要点

直线助跑、踝关节固定。

第七章　体育教学田径运动技能的教学

随着田径运动的普及和全民健身运动的深入开展，应该准确、全面、深刻地理解田径运动的概念，充分发挥田径运动的作用，进而在增强体能、增进健康、培养学生意志力的过程中确保田径运动项目价值的最大化实现。因此，本章我们主要从跨栏运动技能、中长跑运动技能、短跑运动技能、跳远运动技能等方面入手进行论述，以逐步提高学生的田径运动技能。

第一节　跨栏运动技能——异步教学法

一、异步教学法的相关概述

（一）相关概念的界定

异步教学法是指以异步教育学原理为基础，以学情理论为依据，根据学生的身体素质及个性心理特征等具体情况进行分组，各组设立不同的教学目标、教学要求、手段及学生学习的侧重点进行教学，利用分组异步的练习形式以及全体、分类和个别教学的组织形式进行教学，将教师的五步指导法与学生的六因素学习法有效结合。分别对学生进行指导练习，实现学生学习的个体化和教师指导的异步化，全面培养和发展学生的科学思维能力、创新能力，以提高学生的身心健康及学习效率为目的的一种现代化的教学方法，它是教师异步指导和学生异步学习的有效统一。异步教学法中教师和学生常用的教学和学习方式有以下两种。

1. **五步指导法**

五步指导法是指教师在异步教学的过程中，以异步教育学原理为基础，合理地实施"提出问题—指示方法—明了学情—研讨学习—强化小结"的教学指导流程，从而达到提高学生学习效率的一种组合式的指导方法，教师的指导形式包括全体指导、分类指导和个别指导。

2. 六因素学习法

六因素学习法又叫六步学习法，它是针对学生的学情理论而提出的，学生在课内外的学习过程中，针对个人情况合理地利用"自学—启发—复习—作业—改错—小结"的六步学习过程指导自己的学，从而达到提高学习效果的一种组合式的学习方法，学生的学习形式包括独学、对学和群学。

（二）异步教学法的创立及发展

异步教学理论的发展经历了以下三个研究阶段和过程。

1. 学情理论的创立

1979年10月起至1981年1月，当时就职于武汉师范学院的黎世法教授及其团队对湖北武汉地区的300名优秀中学生和大学生的学习情况进行了调查研究。通过对调查所获得的数据和材料进行综合分析，分析其中的特性和共性的因素，找出促使学生获得学习进步和成功的主要影响因素，根据这些影响因素的内在规律和逻辑联系，最终发现了学生学习的基本规律，并根据学习规律建立了学情理论，学情理论的内容主要包括学生学习的认识过程、思维过程、生理过程、学习心理规律、学习原则以及学习的方法类型等，反映这一阶段研究成果的书有《中学生科学学习方法》《中学生的最优学习方法》《学生学习的科学方法》。

2. 最优化教学理论和异步教学理论

了解学生学习的规律后，接下来的任务则是针对学生的学习规律分析和研究相应的教学规律，建立有效的教学结构，目的要使教师的教和学生的学能够有效地结合起来，从而获得高效的、广泛的教学效益。探索教师的指导规律最重要的就是坚持以教为学服务的教学指导思想，将教与学结合起来研究，使教师的指导规律符合学生的学习规律。1981年的上半年到1984年的上半年期间，根据学生的学习规律，黎世法提出了最优化教学理论，通过大量的研究和实验，首先发现了教师的指导规律，即五步指导法，将教师的五步指导与学生的六因素学习综合起来研究，建立了六阶段的有效教学。反映这一阶段研究成果的书籍有《异步教学论》《异步课堂教学的理论和方法》等。

3. 异步教育学

从教学理论向教育学的发展，是教育科学研究的必然。黎世法教授通过进一步论述现代学生的学习过程和异步教学过程的教育实质，进一步论述现代教育目的和现代教育内容与现代学生的学习过程和异步教学过程之间的关系，进一步论述异步教育规律、异步教育原则、异步教育方法以及它们之间的关系，进一步充实异步教学理论的内容之后，从而提出了异步教育学。《异步教育学》一书的问世，是继续深化异步教学改革的必需，是现代学生的学情理论、异步教学理论和异步教学管理理论综合发展的必然结果，它将随着异步教育科学的研究和实践的逐步深入而不断地发展与完善。这一阶段的研究成果主要是《异步教育学》一书。

(三)异步教学法的理论依据

1. 心理学依据

(1) 学习心理学

学习心理学是教育心理学的一个组成部分,它是从学生学习的本质来进行论述的,即从学生的学习过程、思维方式、学习策略、学习类型、学习技巧、行为方式、认知理论、信息加工原理、记忆原理、学习迁移等领域进行的论述。著名学习心理学家桑代克认为,一切学习都是通过条件作用而形成的,在刺激和反应之间建立一种直接联结的过程。学习就是一种不断地刺激与反应的循环过程,作为教师就是要能根据个体对刺激的反应强度和大小,及时调整刺激源的刺激强度或改变刺激方法,便能取得良好的刺激效果,这种刺激源就是教师对学生所实施的教育,包括内容、方法手段等,而异步教学法就是针对这种差异提出来的,这种指导思想是符合学习心理学的规律的。

(2) 差异心理学

差异心理学认为,一个人的心理差异代表了一个人的独特个性,它是在先天素质的基础上,通过后天的实践经验逐渐形成起来的不同于他人的、相对稳定的个体心理特点,主要表现为认知差异、智力差异、能力倾向性差异和学习动机差异等,学生在认知上的差异主要体现在记忆、思维、知觉和注意方面。不同的学生对一个新事物的认知程度和认知方式是有所差异的,同时由于存在智能类型和智能表现早晚的差异,在认知深度上也会有所不同。而个性差异性对学生在学习过程的影响也是巨大的,外向型的学生敢于提出自己的看法和观点,敢于怀疑知识,遇到问题敢于请教教师和同学,这些都是有利于学习的性格特点。良好的学习动机也是取得良好的学习效果的重要前提,所以根据差异心理学的理论,教师必须做到因材施教,而异步教学就是因材施教、差异性教学的具体的理论指导和方法手段。

2. 哲学依据

(1) 矛盾存在的特殊性与普遍性

矛盾的特殊性和普遍性原理告诉我们,矛盾存在于事物发展的各个阶段,在事物发展的一个完整的过程中,往往又区分为不同的发展阶段,而不同的发展阶段中的矛盾也具有其差异性。同理,学生在学习过程中也会表现出各自的矛盾和差异,每一个学生在自己不同的学习阶段中所要解决的学习矛盾是不一样的,并且伴随着教学的进行,学习的矛盾也是在不断地变化和发展的。由于受到差异心理学的影响,更是导致了每个学生在解决学习问题时所面临的矛盾是不一样的,需要的解决方法和手段也是不一样的,这就需要教师利用异步教学法对每一类学生、每一个学生的学习矛盾进行分类击破、各个击破。

(2) 质变与量变

事物在发展变化过程中经历着量变和质变,量变和质变是可以相互转化的,学生获得知识的过程就是一个量变的过程，而人生观、价值观等观念的形成则是量变到质变的结果。质变和量变的观点体现在教学上，就是连续性和阶段性的统一。不同时期要学习不同的理论和实践知识，采用不同的教学方法和手段，体现出阶段性，同时整个学习的过程是连续性的，异步教学中的分类指导、个别指导、六步学习和五步指导就体现了阶段性和连续性的统一，在教学过程中教师既要了解部分学生发展的阶段性和连续性，也要掌握全体学生和个别学生发展的连续性和阶段性，从而更好地实施异步教学法，取得良好的教学效果。

（3）内因与外因

辩证唯物主义哲学认为，事物在其发展变化过程中，外因是变化的条件，内因是变化的根据，外因通过内因来起作用。在教学实践中，教师在课堂上通过使用相同的教学内容、教学方法手段和要求，以及试图达到同样的教学目标而对全体学生进行施教，结果是学生的成绩参差不齐，有优秀的、良好的，也有一般的和较差的，产生这种结果的原因就是外因和内因在学生发展的过程中所起到的作用是不一样的。教学的主要矛盾是学生已有的心理状态或已有的知识水平同教学大纲对学生提出的要求之间的矛盾。因此，教师在教学过程中要根据学生不同的内因施加不同的外因，不能千篇一律地使用一种外因条件，这就是异步教学法的长处所在。

（四）异步教学法的教学原则

1. 因材施教原则

因材施教原则要求教师在教学中要根据学生的具体情况，科学地进行区别对待和差异教学，力求使每个学生都能够获得最佳的发展。教师要能够根据学生的具体情况制定相应的教学目标，选择合适的教学内容，采用合理的教学方法和手段，使教学内容能够得以完成并达到各自的教学目标。只有切实做到区别对待原则，才能避免"一刀切"的教学模式的出现，要时刻根据学生的需要加以施教。异步教学法明确地体现了因材施教的原则，教师的五步指导以及学生的六步学习步骤就是建立在区别对待原则基础之上的，教师采用全体指导、分类指导和个别指导的形式避免了单一的全体指导形式，充分地考虑了学生的具体情况和学生之间的差异性。对于学生的学习情况，教师要进行全面系统的调查研究，具体掌握所教班每个学生的知识基础、学习特点、能力和智力的状况。对大多数学生与部分或个别学生进行的教学工作，教师既要加以区别，又要有机地结合在整个教学过程中进行。

2. 热爱学生原则

热爱学生原则是异步教学法所有原则的基础，要想成为一名合格的教师，就必须热爱自己的学生；要想取得理想的教学效果，就必须热爱学生；要想使异步教学法得以较好贯彻和实施，就必须热爱自己的学生。不热爱学生的教师是无法教育好学生的，也不可能做到及时地掌握每一个学生的学情，只有了解学生、认识学生、掌握了学生的基本情况后,才能真正地热爱学生。热爱学生与了解学生是相辅相成、辩证统一的过程。在异步教学中,教师必须及时了解学生的学情,根据具体的学情,制定相应的教学内容、教学方法和教学要求,若不热爱学生,有可能出现对学情的了解不够深入、不够具体细腻,容易造成决策上的失误和误判,不能很好地提高学生的学习效率。对学生来说,他们也不会喜欢没有爱心和热情的教师,长时间则会形成反感和厌学的不良情绪。因此,在教学中,教师要高度负起责任,满怀极大的热情和爱心去教学,力求培养学生浓厚的学习兴趣和求知欲望,要关心每一个学生的点滴进步,做到全面关心,不偏爱一类或是个别。每位学生都有自己的优缺点,教师要进行全面衡量。教师自己有误要敢于承认并及时地、坚决地改正,这样才能博得学生的尊敬,形成融洽的学习环境,促进教学效果的提高。

3. 系统控制原则

系统控制原则是要求教师在指导学生学习或是学生进行自学的过程中,要根据"六因素"的内在联系,充分发挥"六因素"的及时反馈和系统控制的作用,从整体上把握异步教学方法的原则,克服教学活动和学习活动中的无效劳动,不断提高学生的学习效率。"六因素"的教学过程不可以颠倒,它是知识学习的完整的认识系统。利用基本的教学形式进行直接的系统控制,即通过"自学—启发—复习—作业—改错—小结"六个因素进行直接反馈控制,并结合阶段反馈控制,从而能够及时地、准确地得到信息反馈,及时更正和修改教学过程中出现的问题,不断提高教学的效果。

4. 循序渐进原则

教学要按照学科的逻辑系统和学生认识发展的顺序进行,使学生系统地掌握基础知识、基本技能,形成严密的逻辑思维能力。人们对客观事物的认识,有一个由简到繁、由低级到高级、由直观到抽象的循"序"过程,人们对任何事物都不可能一步就达到对其本质的认识,同时,田径跨栏运动动作形成的阶段性变化,受人体生理机能的制约,受条件反射和分析、综合的逻辑思维规律的支配。掌握动作技术,也是一个由简单到复杂的渐进过程,异步教学法正是遵循了人们认识过程和动作学习过程的渐进性这一原则而实施的,其中学生学习的六个步骤和教师的五步指导无不透露出循序渐进的原则。

5. 个体性原则

个体性原则强调以学生的学习为主体、以教师的教为主导,每一个学生都是一个学习的个体,他们在学习中是一个独立于集体之外的个体,同时又是统一于集体的个体,每个人在学习时都是一个独立的过程,不能把一个学生学习的过程强加于另一个学生,每个人都有适合自己的独立于别人的学习步骤、学习方法、学习进度和学习习惯,要充分尊重学生学习的个体性,不能"一把抓"和"一刀切"。"六因素"的学习也是个体化的过程,教师的指导也要遵循个体化的原则,只有这样才能做到异步教学。

6. 微观决定原则

异步教育学的理论认为，学生学的"六因素"包括微观和宏观之说，在整个教学过程中，微观"六因素"决定宏观"六因素"，宏观下的"六因素"指出的是所有学生都必须遵循的学习方法和步骤，而微观"六因素"主要考虑的是学生之间的差异性，也是因差异性而提出的，即每个学生的学习条件、学习基础和学习能力等都不一样，所以学生在用"六因素"指导自己的学习时，所表现出来的学习进度以及学习效果并不一样。微观"六因素"是每个学生具体学情的反映；宏观的"六因素"是部分学生或全班学生一般学情的反映。微观"六因素"所要解决的问题是每个学生在学习过程中遇到的一系列具体的学习问题；宏观"六因素"所要解决的问题是全班或部分学生在运用微观"六因素"解决具体学习问题的过程中难以解决的共性问题。也就是说，宏观"六因素"所要解决的问题，是微观"六因素"中所存在的难以解决的问题的集中反映，微观"六因素"是宏观"六因素"的基础，它决定宏观"六因素"的内容，制约着教学活动的具体方式，是教师进行教学活动的依据。

（五）应用异步教学法应注意的问题

由异步教学法的理论所决定，在实施和应用异步教学法时，需要注意四个重要的问题：第一，异步教学法是建立在学情基础之上的，一切都是以学情为基础，没有学情就无从谈起异步教学。只有了解学生的基本情况，才有实施异步的可能性，才能对学生进行合理的分类，才能对学生施以"五步指导"和"六因素学习"，才能对各类学生施以相异的教学内容、教学方法和教学要求，采取不同步的教学进度。对于学情的调研并不能仅仅局限于异步教学的准备阶段，而是贯穿于异步教学的整个过程。第二，在组织形式上要注意各类学生之间的差异性，教师教学的组织形式要能适合不同学生的学习要求，同时要能够根据学生的具体情况和学习进度，因时因地地及时调整学习方法和教学要求，即要根据学生的发展而不断地发展变化。第三，教师在教学中要注意学生的心理变化和个性特征的发展，对于异步教学中的分类教学，要尽量保证教学分类的隐秘性，以防止学生产生自卑心理。培养学生的个性特征是教改的一大目标，教学中要注意学生个性的培养和发展。第四，在教学过程中，教师要首先明确自己的位置。异步教学法是以学生的学为主，以教师的教为辅，一切教学因素都是围绕学生的学而设立的，一切为了学生的学，因此教师的工作过程必须符合学生的学习过程。

二、异步教学法在跨栏跑教学中的应用

（一）跨栏跑异步教学法的教学目标

教师在跨栏教学中，可以根据学生的学习能力，将其分为提高组、巩固组和基础组。

对提高组、巩固组和基础组来说,每一个类别的教学目标和要求不一样,合理地制定并完成每个类别各自的教学目标是一节课成功的关键。那么,针对各类学生的身体素质的情况,各类的教学目标分别如下。

1. 提高组

由于提高组的学生在身体素质和个性心理特征等方面比较优秀,因此这类学生在跨栏跑教学中除了要完成大纲的要求之外,还要进一步细化和分解跨栏跑技术动作,精雕细琢,精益求精,反复练习,尽可能将跨栏跑技术发挥到个人理想水平。这一部分的学生是少数,对这一部分学生的总体要求是整个跨栏跑全程节奏感强,重心起伏差值小,后蹬要充分有力,摆动腿做到积极下压和起跨腿积极提拉到位并快速前摆上栏着地进入栏间跑。

2. 巩固组

该组在一个教学集体中属于人数比较多的一类,对于该部分学生总的目标要求是掌握教学大纲所要求的教学目标,在掌握基本知识和基本技能的基础上,重点培养学生的情感目标,并且要鼓励一部分人朝着提高组发展。

3. 基础组

基础组在跨栏跑教学中属于特殊群体,首先这部分学生的身体素质和技能较差,其次这部分学生在心理上对栏架也有一定的恐惧感,这就要求教师在课上要尽量去帮助他们克服心理上的胆怯,利用一切办法调动这部分学生学习的积极性,树立学习跨栏跑的自信心,提高克服困难的勇气。根据此类学生的具体情况,该类学生总的目标是力所能及地完成教学要求,对于大纲所规定的目标及要求可以适当降低,考核期间不能仅仅以达标成绩和技术评定来硬性地去衡量,要结合学生在课中的努力程度和学习态度综合地评价,这样才能鼓励他们不断地努力学习。

(二)跨栏跑异步教学法的备课形式

在跨栏跑的教学中,备课的内容包括了解学生、钻研跨栏跑教材和制订跨栏跑的教学计划。学生是跨栏跑学习的主体,那么教师备课的重点则在备学生,即深入地了解学生的基本情况,包括学生的年龄、心理、身体素质以及学生掌握跨栏跑技术的情况,针对该年龄段的心理和生理以及体能、技能特点,做到心中有数,制订相应的方案,在充分调研和了解学情的基础上,接下来的任务就是认真地研究跨栏跑课程教材,了解跨栏跑课程的内容目的及要求,根据跨栏跑技术动作的特点和学情的要求,合理地划分和制订跨栏跑单元教学计划以及教案。制订跨栏跑单元教学计划的要求有两个:第一,要根据跨栏跑技术动作的特点,合理地划分单元教学计划,进一步确定每一节课所要教授的内容。第二,教学计划制订的起点要保证大部分学生都能接受,起点不能太高也不能太低,以满足大部分学生学的要求。

根据各类学生的具体情况,进行有针对性的备课,即备课要有类别性、差异性和层次性，针对各类学生的具体情况，合理地提出不同的教学要求，设计不同的教学方法和手段，除了关注那些优秀的学生外，更重要的是关注那些心理、意志、品质较差，对栏架具有恐惧感以及身体素质较差的学生的学习。因此，教师在备课阶段就要做到心中有数，并要提出相应的对策和解决办法。异步教学备课的重点和对象是备学生，而传统教学备课的重点是备教师，目的是保证能够按部就班地完成教学。

（三）跨栏跑异步教学法的指导形式

异步教学的指导形式是微观分类指导和宏观集体指导相结合。微观分类指导是在跨栏跑的教学中针对不同类别的学生采取不同的指导方式，与一般的集体指导不同，深入各类学生中，在跨栏跑的练习内容上、对动作的要求难易程度上、在教学的侧重点上、在教学方法和手段上以及心理指导、心理暗示方面的方式方法上都有所区别，因此在教学中要注意以上几方面的侧重点。与微观分类指导相对的是宏观集体指导，在教学中发现共性问题时，教师应采用宏观集体指导的形式，这样可以节省教学资源，提高教学效率，所以在跨栏跑异步教学的指导上是微观分类指导与宏观集体指导的辩证统一，辩证于不同类别之上，统一于整个教学之中。

教师在进行分类指导时，对于不同类别的学生在指导方法上要有所区别，把握侧重点，适时调整不同类别的教学进度，做到因人而异、因类而异，具体的指导手段包括讲解示范、语言提示、提问法以及合理的情绪调节法等，总的目标是使各类学生都能顺利地完成各组所设的教学目标和要求。

（四）跨栏跑异步教学法的练习形式

学生在进行跨栏跑练习时，教师对不同类别学生的练习要求的侧重点不同，对于提高类的学生强调掌握跨栏动作的技术要领和技术细节，建立正确的技术动作表象，不断地巩固正确的跨栏技术动作，提高要求，适时调整跨栏跑教学的进度。对于巩固组的学生要合理安排跨栏跑技术教学和心理调节，做到两手都要抓、两手都要硬，在扎实推进技术动作正确的基础上，适当加大难度，并注意观察部分学生的进步状况，及时调整类别的变动，鼓励一部分学生进入提高组学习，注意保持良好的学习心理状态，戒骄戒躁，遇到困难与挫折时，及时调整好心理状态，以积极、勇敢的精神去面对，培养学生坚定的意志品质。巩固组主要以分组练习为主、以帮扶练习为辅，重点是单个跨栏技术动作的练习。而对基础组的学生来说，要注重心理方面的调节，根据笔者的教学经验得出，基础组大部分学生学不好跨栏的原因除了身体素质的因素外，更重要的是心理因素，从内心深处就抵触栏架、惧怕栏架，那么针对此种情况，该类学生的练习要适当降低练习的难度，如降低栏架的高度和栏架间的距离，或是用其他器具代替栏架以消除心理上的恐惧。除了降低练习难度外，还要结合合理的情绪调节法，并分析和认识人与栏架的辩证关系，多进行辅助和诱导练习。

（五）跨栏跑异步教学法的教学流程

一般跨栏跑教学的流程遵循"讲解—示范—学生练习—教师指导—学生改进—教师评价"，最好再进行总结这样一种流程，在此教学流程中，教师则以讲解和示范作为教学的重点手段，学生则在教师的指导下反复地练习和巩固技术动作，未能够充分发挥学生的主观能动性和学生学习的主体性与独立性。

在此教学法中，教师与学生通过异步教学方法很好地结合了起来，共同构成了跨栏跑异步教学的整个过程，教师根据学生的具体情况制订不同的教学计划，同时针对不同类别的学生设立不同的教学目标，各组学生在练习时合理地选择自己的目标并努力达到自己的目标，同时教师根据不同类别的学生设立不同的问题或是相同的问题，启发学生的思维能力。作为学生，要想很好地跟上教师的进度和思维以及更好地开发自己的思维能力，必须课前自学，做到心中有数，课前学习包括回忆以前的教学内容和动作技术等，教师根据学生对问题的解答予以纠正并向学生示范动作，学生根据教师问题的启发以及教师的示范动作，结合自己的思考合理地反复练习，在练习过程中，教师不断地指导、纠错和评价，并将评价的内容反馈给学生，而学生则要做出合理的调整与改变，最后教师布置作业并加以总结。总的教学思路是"学情了解—总体目标—合理分类—异步目标—异步教学—异步练习—异步指导—纠错改正—评价总结"，其中学情了解为重点。

（六）跨栏跑异步教学法的组织形式

异步教学法的教学模式决定了其独特的组织形式，通常教师所采用的组织形式包括以下四种形式。

1. 全体教学

对于学生出现的共性的问题，采取全体教学的形式，这样可以节约教学时间，提高教学效率。

2. 分类教学

在教学中将学生分成提高组、巩固组和基础组三大类，各类的目标、练习手段以及要求不同，必须采用分类练习的组织形式，这种组织式的练习针对性强，能够很好地做到区别对待、因材施教，充分认识到学生在技术和身体素质上的差异性，并进行针对性的教学和指导，才会取得很好的效果。

3. 个别教学

针对个别学生在技术或心理方面的问题，采取针对性极强的个别指导形式，做到一对一教学和辅导。这种个别指导的对象可以是来自提高组的学生，也可以是巩固组或基础组的学生，但大部分是基础组的学生，这是由其技术、身体素质以及心理因素所决定的。

4. 独学、对学和群学形式

对于学生的练习形式，通常包括独学、对学和群学。独学就是指自己所能解决的问题独自进行解决，或是自己独自思考和分析问题，这种学习形式能够很好地促进学生学习的个体化，提高学生独立思考和解决问题的能力。当自己无法解决时，这时可以采用两两学习即对学或是群学的学习形式，这种学习形式可以很好地培养学生的交流能力和互帮互助的团队精神，在共同交流问题的同时，可以很好地集思广益、发散学生的思维能力，能够从不同角度去分析问题、解决问题。同时，在跨栏跑的练习中，在结伴练习时，同学之间的相互鼓励和加油可以大大提升学生的勇气和胆量，能够很好地使学生克服恐惧心理，为顺利越过栏架奠定了心理基础。

（七）跨栏跑异步教学法的教学手段

体育教学方法是在体育教学的过程中，教师指导学生为达到一定的教学目标所采用的一系列的活动方式、手段和途径的综合。科学合理的教学方法可以促进学生快速掌握技术动作，同时也能减少和避免运动损伤的发生，提高学生学习的效果。根据异步教学的原理，跨栏跑异步教学法的主要教学手段有自学法、启发法、体验法、小团体互助法和组合教学法等，其中教师教法主要是五步指导法，学生的学法是六因素学习法。

1. 自学法

自学法也称自主学习法，是学生在跨栏跑教学中，通过教师的指导，以自主学习为主，培养学生的自主学习能力和习惯的一种教学方法，学生在课前、课中和课下通过利用自己已有的跨栏跑知识结构和运动技能，独立获取知识和练习跨栏跑技术动作，从而解决一定的问题。自学必须做到想学、会学、能学和坚持学四方面，并且要制订一定的计划，合理地安排学练时间；对学习内容提出问题，尝试解决问题；对学习过程和学习结果进行自我评价和检查；能够准确地找出自己跨栏跑技术动作的错误之处并能予以改正。

2. 启发法

在跨栏跑教学中，教师根据课的教学目标和教学内容，并且根据各个类别的学生的具体情况提出相应的问题，开发学生的思维，引导学生运用已有的知识框架和技术去分析和解决问题。学生在思考问题的同时，也是对技术动作的一种再现和再练习，建立清晰的神经动作脉络。通过学生的思考以及问题的回答，教师要及时予以纠正和肯定，并要说清问题的来龙去脉，知其然更要知其所以然，鼓励学生通过实践的方式去验证自己的结论，此方法能够很好地培养和发展学生的创造性思维能力。

3. 体验法

体验法教学是让学生在已经掌握的技术动作的前提下，不断地尝试和改进自己技术动作的不足之处，通过自己正误两种动作的体验后，更深刻地认识正确的动作和错误的动作，从中找出适合自身的动作方法并体验其中探索的乐趣的一种教学方法。例如，在跨栏跑教学中，对于学生的跳栏现象，教师可以先不说出原因，让学生自己去体验和摸索，从中发现适合自己的合理的起跨距离。这种体验式教学手段能够加深学生对技术动作的印象。

4. 小团体互助法

在异步教学的组织形式中，有群学和对学的学习形式，这种学习形式从某种意义上说也是一种教学手段，即小团体互助学习法，就是以群学的学习形式，同一类别的团体内部、不同类别的团体之间的一种互帮互助的学习手段，这种方法在跨栏跑教学中能够充分发挥其特点优势。跨栏跑项目本身就是一个复杂的项目，那么在学习中必须借助和发挥小团体互助的形式开展教学。例如，提高组的学生可以深入基础组的学生中去，帮助基础组的学生完成一定的教学任务，克服跨栏跑中遇到的困难和问题，指导基础组学生的技术动作，进行心理指导等，通过同伴的积极评价，能够鼓励和激发基础组学生的信心和斗志，同时能够很好地培养和发展学生间的交流与互动，使得基础组的学生能够在自己的能力范围内寻求进步，体会其中的乐趣，增进跨栏跑的学习兴趣。

5. 组合教学法

组合教学法是异步教学法独特的、核心的教学手段，即教师的五步指导法和学生学习的六因素学习法，具体的是指教师通过"提出问题—指示方法—明了学情—研讨学习—强化小结"五步骤来指导学生的学习，而学生则是通过"自学—启发—复习—作业—改错—小结"的学习方法来进行学习，这是一整套的教师指导的方法和学生学习的方法，是异步教学的系统的教学法，缺一不可。两者结合后便是"六段式"教学法，即"提出问题—指示方法—学生学习—明了学情—研讨学习—强化小结"。学生在跨栏跑的学习中遇到具体的问题和困难都可以利用此"六段式"教学法逐一解决。

（八）跨栏跑异步教学法的教学评价

教学评价是依据教学目标对教学过程及结果进行价值判断并为教学决策服务的活动，是对教学工作质量所做的测量、分析和评定。教学评价具有诊断、激励、调节和教学作用。在跨栏跑的异步教学中，诊断性评价、形成性评价和总结性评价三种类型并用。除了考虑学生的跨栏跑达标成绩、技评成绩和理论考试成绩外，更注重学生的过程性评价。

1. 诊断性评价

诊断性评价是在跨栏跑教学的开始阶段所进行的评价，包括学生的身体形态和素质的评价、兴趣、动机以及态度的评价等，目的是了解学生的具体情况，以便合理地对学生进行分类，根据各类学生的具体情况，确定相应的教学内容，制定相应的教学方法、手段和要求，切实做到因材施教。同时，在教学实验开始前的诊断性评价的另一个目的和作用是确保实验对象在身体素质、情感态度等方面不存在差异性，保证实验对象的统一性，排除干扰因素，降低实验误差。

2. 形成性评价

形成性评价又称为过程性评价，就是在教学的过程中不断收集各方面的信息和资料，尤其是学生的发展变化情况，及时地调整教学策略。也就是说，在教学中要协调好教师的方法、手段的选择运用与学生的具体情况以及学习需要之间的关系。作为教师，在教学中要不断地主动发现学生在学习中存在的问题和学习进展的情况，及时地改进教学策略并帮助学生解决所发现的问题。跨栏跑异步教学形成性评价的方式包括定性和定量评价。跨栏跑异步教学的目的就是促进学生学习的个体化，培养和发展学生学习的积极性，提高学生跨栏跑的技术水平和运动成绩。客观、准确、全面的教学评价克服了传统的单一的仅仅依靠考核成绩的评价方式，使得无论是巩固组还是基础组的学生，都能找到自己进步的标准，提高了学生学习的积极性。

在跨栏跑的教学中，教师通过收集和分析不同组的学生学习的具体情况，针对不同类型学生的具体情况提出不同的要求，调整相应的教学策略和行为手段，将问题反馈给学生，学生再结合教师的意见和建议不断地改进和发展。同时，学生的学习同样也来自自己的评价和同学的评价，或是同一类别的学生的评价或是不同类别的学生的评价，通过自我以及同学的评价再结合自己的情况选择改进或是强化学习，进一步反思总结，然后通过反思总结调整学习策略。总之，评价的目的都是为了更好地改进教学，适应学生学习的需要，更好地提高教学效果。

3. 终结性评价

终结性评价是对某个教学阶段的总结和评价，注重的是教学的结果，判定的是最终的学习成果，并做出成绩或技术评定。跨栏跑异步教学的终结性评价包括跨栏跑的达标和技术评价以及跨栏跑的理论考试成绩。跨栏跑异步教学法利用诊断性评价、形成性评价和总结性评价，以形成性评价为主。

三、异步教学法在跨栏跑教学中的应用效果

异步教学法中的六步学习法，其中自学阶段是学生对跨栏跑教材的深入学习和基础理论知识的认识和发展，增加学生学习的资本，提高学生的认知能力；通过课堂中问题教学的实施，启发学生的思维能力，解决自学阶段存在的疑问和难题；复习则是对自学和启发阶段的内容进行梳理和再认识，以达到一个新的高度；作业则是对技术动作的强化和巩固，形成正确的神经肌肉感觉和动作定型，反复练习达到动作熟练化和自动化；改错则是纠正跨栏跑的错误动作，强化学生的正确技术动作，弥补动作的

不足；最后对学生进行定性和定量的分析评价，为下一步教学提供依据。通过实施六步学习法，能够极大地培养和促进学生的个体化学习，保证了学习的独立性。所谓个体化学习，是指每个学生针对自己的学习情况和能力制定相对于自己的六步学习法，在自学的方法、内容、难易程度、启发的效果、认识程度、复习的范围和效果、练习的难易程度以及练习的效果、作业的针对性以及完成状况、对自己的总结评价等方面是与班级其他人不一样的，只有制定适合自己的六步学习法，才能取得良好的学习效果。任何人都不能去复制别人的过程，六步学习法造就了学生的个体化学习，同时在异步教学中的小组制教学，也强化了学生之间的合作学习，即任何学生的学习都不是一个人的学习，而是共同的学习与开发，相互学习、相互帮助、相互评价以达到共同进步。不同组别的学生之间的互动，能够增加学生的合作意识。

教学中除了教师的分类指导外，更重要的一点是要培养学生的团结、互助、合作的情感，发展学生相互协作、创新探索的精神。要增进学生之间的交流，提高组的学生可以在技术动作上去指导和帮助巩固组和基础组的学生，同时基础组的学生认真地观摩和学习提高组的学生的技术动作，不断地交流学习，发现问题、共同解决问题，解决不了的问题请教教师，这样能够使得整个课堂充满活力和积极向上的氛围，提高学生学习的个体化进程。

教师在异步教学中起到主导作用，通过全体指导、分类指导和个别指导形式，并利用提出五步指导法来指导和辅导学生的学习，通过提出问题来启发和发散学生的思维，能够促进学生积极思考的能力，带着问题学练，会增强大脑的记忆力和神经肌肉的运动痕迹效应，提高技术动作学习的速度和准确性；利用指示方法纠正学生对于问题的回答，强化正确概念，促进对技术动作的理解与学习；对于学生技术动作的掌握情况要做及时的了解，针对以上问题和概念以及技术动作的掌握情况进行分析总结，并且与学生进行研究和探讨，进一步激发学生的思考和学习；最后再通过进一步的强化效应，提高学生的认知和技术动作的定型。通过教师的指导，提高学生学习的积极性，强化学生学习的意识和主观能动性，增强学生学习的自信心和成功感。

异步教学法在跨栏跑的教学中可以很好地改进和提高学生跨栏跑的技术水平，这与异步教学法的目的和原理是相符的。异步教学法在教学中能够很好地因材施教，针对每个学生的具体情况，制定合理的、切实可行的方法手段，避免同步教学中容易忽略部分学生的缺陷，从不同方面对学生进行深入的辅导。不断地练习改进强化技术动作，每一个动作的学习都要经过学生的六步学习，每一个学生的六步学习的具体内容方法和手段与其他学生又是相异的，这就是微观六步学习，做到了学生学习的个体性和独立性，同时教师又是通过相异的五步指导法指导各类学生，以提高他们的技术水平。

第二节　中长跑运动技能——组合训练法

在田径项目中，中跑和长跑称为中长跑，属于周期性速度耐力项目。自中长跑产生以来，人们便不断探索适合中长跑的训练方法，回顾中长跑的发展历史，可以看出其训练方法的变革、更新是中长跑运动发展的基本动力。现代田径运动的发展，新纪录的不断涌现与训练方法是分不开的。尤其是当今世界上的竞技体育强国，在培养运动员和实施科学化训练的各方面条件日趋接近的情况下，田径训练在很大程度上取决于训练方法的优劣和运用的正确程度以及新的更有效的方法的开发。中长跑训练发展到今天，比赛对中长跑的训练提出了更高的要求，对运动员整体水平、竞技能力的要求越来越高。

目前需要什么样的训练方法？是单一使用某一种训练方法，单独发展一个供能系统，通过多次课的积累来发展运动员的整体水平，还是综合运用多种训练方法，多个供能系统同时发展？笔者认为是后者。随着中长跑运动员训练水平的提高和训练的发展，训练应该以各种训练方法合理地组合运用，即训练的综合化是当今训练的方向。有些专家提出，我国中长跑训练的综合化程度不高是阻碍我国中长跑运动成绩进一步提高的障碍。比较中国与外国优秀运动员的训练安排，中国运动员是专项运动能力重叠强化积累的训练方法，而世界优秀运动员采用在训练过程的整体中逐步展开来提高专项运动能力的方法。例如，中国运动员全年的专项训练单独进行，即"专项课"，其他素质的改善和提高也用这种办法，如速度训练、身体训练、一般耐力训练等。一次训练只强化一个因素，多次课形成多个因素的强化。而世界大部分的优秀运动员，依据不同因素与运动成绩的相关程度，把准备一次比赛作为一个整体来同步发展各因素，而不是将多种因素分开来训练。这对中国中长跑运动员有氧耐力、速度耐力和速度训练分开练习的方法，和重局部、轻整体的观念是一个巨大的冲击，也为我们提出"组合训练法"奠定了理论基础。

目前，运动竞赛对运动员的训练要求越来越高，在中长跑训练手段差别不大的情况下，如何提高训练效率，达到最佳化训练，成为一个摆在我们面前的课题。我国目前安排训练负荷的方法是否达到最佳化，通过我国与世界选手的成绩比较便一目了然，因此提出了"组合训练法"。把影响中长跑训练效果的各个因素都纳入训练过程，以整体实力改善和提高的综合效应来检验评价训练的效果。其特点是在训练中，依据运动员的训练阶段、竞技水平等因素，科学地运用训练学的原理，合理地选择和安排不同性质和比例的训练内容，以求获得最佳整体效应的训练方法。通过文献检索，笔者发现目前国内外对组合训练法的研究不多，因此将组合训练法通过理论分析和实践验证，对中长跑的训练提出自己的观点，供教师参考。

一、组合训练法的概述

组合训练法是一次课使用多种训练方法，在能量代谢的安排上，既有有氧训练（耐力训练）又有无氧训练（速度训练），将有机体看作一个整体，以专项能力的多层次结构和能量代谢机制理论为基础，将影响运动成绩的各个因素都纳入训练课中，贯穿了有氧代谢和无氧代谢同时发展的思想。一次课同时训练多个能量供应系统，这样对单个系统的刺激不如单一训练的强度大，但多个刺激系统的总和比单一训练的刺激总和大，持续训练时间较长，总体负荷较大。组合训练法的内容变化灵活，不易使学生产生疲劳，运动兴奋性较高，训练效率也比较高。

从另一方面来说，组合训练法是在一个或若干个训练单元中，依照运动员的训练阶段、水平、项目要求及个人特点等因素的差异，科学地运用训练学的原理，合理地选择和安排不同性质和比例的训练内容，以获取最佳整体效应的训练方法。因此，组合训练法不同于力量训练，更不同于持续训练法、间歇训练法、重复训练法等，它包含着这些训练方法的内容。组合训练法不是将各种单一训练方法简单地相加，而是以一定的间歇方式和交叉组合的方式，将各种单一训练方法有机地结合在一起，能灵活地调节运动负荷，有利于科学地安排负荷和间歇。组合训练法将几种训练方法的优点和功能集中在一起，起到放大效益的效果，是综合运用这些方法的功能的具体体现。在能量代谢的安排上，以有氧代谢和无氧代谢的均衡发展作为指导思想。在每次训练课中，既有有氧训练又有无氧训练，使有氧和无氧代谢能力同步提高。组合训练是以间歇训练作为基本体系，以全面发展的思想作为依据，多种手段互相结合，以达到最佳训练效果的训练方法。

二、中长跑训练的特点

第一，将中长跑定为速度耐力性项目，这样就把速度和耐力有机地结合起来，使中长跑训练重点重新定向。

第二，在训练负荷的安排上，以训练强度作为训练负荷的灵魂，超量恢复原理告诉我们，在适宜的可承受的生理范围内，负荷越大，刺激就越大，反应也越深刻，成绩提高也越明显。在目前的训练中，随着训练量的增大，训练强度逐渐增强，两者同时增大，同时达到最大值。

第三，围绕专项来选择训练内容，更加重视运动员专项素质的培养。"水桶模型"强调了一个运动员竞技能力的提高必须是体能、技能及心理能力等各方面的同步提高。现代科研已表明，中长跑运动员要达到高水平，必须具备扎实的专项身体素质。

第四，将比赛作为训练的重要成分，以赛带练，以赛促练。参赛能力，尤其是在重大比赛中发挥出自己水平的能力，是十分重要的，这种能力只有通过多参加比赛才能获得。

第五，高度重视运动员的恢复及心理训练，并与专项训练有机地融为一体。训练后的恢复是整个训练的重要部分，"没有恢复，就没有训练"。

第六，周期理论得到突破。以一次重要的赛事划分周期。现在在全年的每一个季节都有大型比赛，要求运动员全年都保持较高的竞技状态。在全年各时期的训练内容差别不大，以周为单位来安排训练，在全年的各个时期保持较高的训练水平。

总之，目前的训练特点可归结为"一快、二多、三大"，即全年训练的节奏变化快，训练次数多，训练天数多，每天训练的密度大、强度大，专项训练的比重大。对训练内容进行多周期的同步训练，以加强训练与比赛更紧密地衔接。通过以上分析可以得出以下结论：随着运动员运动水平的逐步提高和训练次数、竞赛次数的增多，使用单一训练法不可能获胜，而应对各种训练方法加以区别，利用其优点，组合移植、互相借鉴。结合运动员的特点，不断完善中长跑训练方法。中长跑项目运动成绩本身是一个多素质的综合表现，只有通过采用多种手段，优化组合，才能达到训练的最佳效果。

三、组合训练法的策略

（一）训练负荷的安排

无论是单一训练法还是组合训练法，训练负荷主要都是在发展区、经济区和次最大强度区。训练时，运动员心率在170次/分以上。训练负荷的安排有节奏，大中小结合，波浪式增加负荷，大负荷后间以中小负荷，以增加恢复时间，有利于负荷的再增大。在每次训练结束前，都要进行冲刺能力的训练，最后进行放松跑。专项组合训练强度要求最后一组采用突出强度，其他组均注重一般强度来发展耐力，有利于克服以往专项速度耐力训练对重复某一段落距离的间歇跑所造成的不利心理因素。

（二）以心率作为控制指标

测量运动员训练前的心率，可以观测运动员训练前的准备情况和能否完成训练任务。测量运动员训练后即刻的心率即最高心率，判断运动员的训练强度。通过测量，运动员的最高心率在30~34/10秒。测量运动员跑完后5分钟、10分钟、15分钟的心率，和放松后的即刻心率来判断运动员的恢复程度。在间歇训练时测量运动员的最高心率，运动员的心率恢复到117~120次/分，再进行下次训练，防止运动员过于疲劳。训练中不刻意追求最高强度，训练中的大强度一般控制在80%~95%，这样对机体有较深的刺激，又能反复多次训练，既有利于技术的改进与稳定，又能促进专项能力的提高。在大负荷后进行心率控制，看其疲劳及恢复情况。在训练刚开始，专项速度耐力的训练段落大多短于专项距离，强度较低，间歇时间较长，总量较大。这样做是考虑到这些段落组合既有专项速度耐力成分，又有中长跑运动员所需要的速度训练成分，加之组合总量较大，使运动员具备了所需要的有氧耐力成分。随着运动员对负荷的适应，逐渐增加一些专项速度耐力的训练手段，如上坡跑等。采用强化速度耐力的训练手段，并控制影响训练效果的各因素，如运动量、强度、间歇时间等，使专项训练手段更适合于专项训练。

（三）训练手段的选择

采用不同段落距离的专项组合训练手段是发展运动员专项速度耐力的主要方法。以同一段落距离或不同的段落距离组成组合训练手段。在训练中，手段选择的原则是专项速度耐力训练手段所产生的训练效果与运动专项的生理与生化特点相符合，其训练负荷与运动员的训练水平相适应。在手段的选择、设计和应用中，具体办法是在手段的段落距离上，一组组合训练的总距离或一次段落距离基本与专项距离相等或略长。采用的段落距离为：800 米运动员以 300~600 米为主；1500 米运动员以 600~1200 米为主；3000 米运动员以 1000~2000 米为主；5000 米运动员以 1000~4000 米为主；10000 米运动员以 1000~6000 米为主。

（四）组合训练的段落距离以短于专项距离的段落为主，以长于专项距离的段落为辅

在中跑运动员专项组合训练中，80% 的组合段落为 200~600 米，其余为 1000 米以上的段落。在长跑运动员的段落选择上，以 1000 米以上的段落为主，但每次长段落训练后都要进行 200 米到 600 米段落的冲刺练习，以提高运动员的冲刺能力。在训练实践中，这种专项组合训练手段具有两方面的优点：第一，在每次专项组合训练中，由于既安排了一般强度的组合，又有突出强度的组合，因此既保证了专项训练的数量，又保证了专项训练的质量。第二，由于一般强度训练的量较大，在较小程度疲劳的多次积累后，最终造成较深疲劳之后的突出强度的刺激，使整个专项训练的效果更明显。在整年训练安排上，运动量逐渐增加，强度逐渐增大，大小强度交替进行。

四、组合训练的分类

（一）超主项距离的组合训练

超主项距离的组合训练，即超过比赛距离而低于比赛速度的组合训练，主要在中跑训练中。

（二）间歇训练

1. 慢速间歇组合训练

用低于比赛速度和不完全恢复的短的休息间歇，重复一定的段落，休息的时间比跑这一段落短。

2. 快速间歇组合训练

它同慢速间歇组合训练的主要区别是间歇时间较长，恢复较好，段落跑的速度快。

3. 依次缩短间歇时间的组合训练

在采用此法时，预先规定好间歇的缩短方法。

4. 包干组合训练

规定一个总时间，包括完成练习的时间和间歇时间一起包干。

5. 不等距离的间歇组合训练

间歇训练跑的距离不相等，距离可以由短到长，也可由长到短。

6. 喇叭形间歇组合训练

又称"上坡"形组合训练。间歇的距离由短到长次第上升，如 300 米—400 米—500 米等。

7. 锥子形间歇组合训练

又称"下坡"形组合训练。间歇的距离由长到短次第下降，如 1600 米—500 米—400 米等。

8. 梭子形间歇组合训练

又称"上下坡"形组合训练。间歇距离由短到长，又由长到短。

9. 不等距离的间歇组合训练

可以提高运动员的训练兴奋性。跑的节奏不断变化，运动员无法形成固定的慢速的动力定型，有利于提高速度，对战术训练也有良好的影响。

（三）负分段间歇组合训练

采用这种方法，间歇时间不变，跑的距离固定，但速度要求一个比一个快，到最后达到本人速度的 100% 的强度。

五、中长跑训练法的应用

（一）中长跑成绩的构成

运动成绩可以分解为许多单一的能力及条件，或被理解为由它们所构成，这些单个的因素不能被孤立地看待，而是彼此紧密地结合在一起，其集合则是运动成绩本身。

中长跑需要运动员有较强的有氧和无氧能力，同时具备很好的力量素质、耐力素质、速度素质、灵敏协调素质等，其专项速度能力是以专项能力的多层结构训练方法和以能量代谢机制理论为基础。

（二）中长跑训练的生理基础

人体活动有三个能量供应系统：一是磷酸原系统，它是一切高功率运动的供能基础，此系统的能量在人体内含量较少，仅能维持7~8秒的时间。二是乳酸能系统，也称无氧糖酵解系统，是有机体处于氧供不足时的主要供能系统，是中长跑进行高速跑训练的重要的能量系统。此系统的能量合成率较有氧系统快，但产生乳酸等酸性物质，若不能很快消除，便在体内堆积，使机体产生疲劳，不能维持机体原来的运动状态。三是有氧氧化系统，是当运动中氧气供应能满足机体的需要时，运动所需的能量即由糖和脂肪的有氧氧化过程再合成，此系统是进行长时间耐力活动的主要供能系统。

（三）中长跑训练的原则

1. 中距离跑训练的原则

从其能量代谢"以混合代谢为主、以有氧代谢为辅"的特点，可以看出其训练是以发展无氧代谢能量为主，全面带动其他代谢系统的发展，训练方法的选择有助于发展混合代谢能力。为了能在高水平状态下培养出具有中距离跑能量的代谢特点的高水平运动员，应注意有氧能力和乳酸代谢能力的培养，无氧代谢水平的最终发展取决于有氧代谢能力的发展。有氧代谢水平高，在进行无氧训练时产生的乳酸就能很快消除。有氧代谢与乳酸代谢交替供能的能力越强，保证运动员以较快速度运动全程的可能性就越大。发展有氧代谢能力是中距离跑项目达到高水平状态的基础，也是发展高水平中距离运动员的混合代谢能力的一种手段。

2. 长距离跑训练的原则

长距离跑的代谢是"以有氧代谢为主、以混合代谢为辅"，因此长距离训练以发展有氧代谢为主，兼顾混合代谢和无氧代谢。长距离跑的有氧训练、混合训练和无氧训练无论在哪一个阶段都要训练。

（四）不同素质同时发展

不同性质的训练组合带来不同的训练效果。在中长跑训练中，注意均衡发展运动员的各种素质，通过维持耐力、速度和力量的均衡发展，就能加快提高身体素质的总体水平。在日常训练课中，把速度、力量、耐力训练共同发展。实践证明，不同的训练手段，作用方向不同。不同性质的训练手段的合理组合，其作用方向发生了变化，能够产生新的训练效果，促进训练水平的尽快提高。卡斯科特博士通过实验，建议运动员力量和耐力同时进行训练。在一次课完成练习的顺序问题上，即力量耐力训练谁在前谁在后练习，取决于项目特征。中长跑训练耐力应先于力量训练。耐力训练后，运动员的心血管机能提高并使肌肉充分活动开，为力量训练做好充分的准备。把训练因素结合成一个整体时，就会产生最佳训练效果，这是各种因素之间的协同作用。卡尔东博士在实验室用不同性质的定量负荷对动物进行实验性的训练，结果发现，肌肉的结构和机能部分会因提高耐力或力量的训练性质的不同而有选择地增加，证明训练耐力（采用持续长跑和间歇跑），那么肌肉的耐力将得到提高，而肌肉的力量将相对下降。机体的这种代偿性的适应会对中距离的速度产生不良影响。虽然单一进行短距离负荷的训练可以提高肌肉的力量和速度，却不利于耐力和有氧能力的提高。由此可以看出，运动员必须在训练课和训练日将几种不同的训练方法结合起来。换句话说，中长跑运动员要提高成绩，必须将机体的各种功能的训练与改善有氧和无氧能力的训练同时进行。这符合均衡发展的原则。

综合国内外优秀中长跑运动员的训练情况，其训练方法手段的安排是综合的。同时发展各种跑的能力和综合提高专项所需要的各种主要素质是可行的。我们知道，机体对连续刺激产生的反应表现出的适应过程对提高运动素质起着重要作用。运动员机体在适应一定的刺激和肌肉工作后，它就不会对该刺激做出进一步的反应。换句话说，跑步形式越千篇一律、越单调，机体对其适应也越快，运动机能提高的效果也越差。当运动员在一节训练课上，同时进行保持和提高有氧和无氧供能水平时，根据需要，有时进行有氧训练，有时进行无氧训练，这主要是看训练课是哪种训练负荷占主导，是有氧负荷还是无氧负荷。训练综合化是提高运动员整体竞技能力训练水平的要求所必需的。中长跑专家涅特的科学实验进一步为综合训练奠定了基础，其实质就是对各种训练手段和训练方法的合理组合运用。田径运动发展到今天，运动员身体的发展已不是任何一种单一的训练方法所能解决得了的，必须把它们综合地加以运用，才能培养出高级的运动选手。通过以上分析可以看出，组合训练法符合当今中长跑训练的趋势。

在综合训练法中可以同时发展的素质，主要包括以下三种。

1. **速度素质**

速度素质对中长跑运动员有着重要的作用，尤其是中距离跑运动员。中长跑是以速度耐力为主的项目，发展速度应该结合专项特征，才能取得良好的效果。中长跑运动员发展速度应与发展耐力结合起来，提高速度才具有专项训练的意义。速度和耐力是训练过程中两个相互制约的因素，训练的目的就是把运动员获得的速度最大限度地转化为专项速度耐力。中长跑运动员的速度与短跑运动的速度是有差别的，其主要区别在于供能方式的不同。短跑运动员的能量供应主要是磷酸能系统，中长跑运动员的速度训练的供能方式主要包括两种：第一，应以克服体重的速度力量和速度力量耐力为主的力量训练，以改善神经肌肉系统快速、长时间的收缩能力来发展速度。第二，速度耐力是中长跑运动项目突出的特征，所需要的速度是运动员有机体在乳酸积累的条件下表现出的速度，即乳酸能速度。因此，中长跑运动员速度训练应在有机体乳酸堆积的条件下发展速度。

中长跑运动员的速度训练方法为：首先，在准备活动后，大量的组合速度素质练习及跑的速度练习。其次，速度耐力练习后，待运动员机体内乳酸尚未完全恢复时，进行短距离跑的速度练习。再次，在耐力跑后，突出频率快跑，以改善神经系统的"速度功能"。最后，耐力和速度耐力后，紧接着做速度力量和速度力量耐力的组合练习。速度训练坚持全年进行。

2. 耐力素质

速度训练导致糖酵解供能，随后是有氧与无氧系统联合供能。从这一点出发，在速度训练时，不仅仅发展无氧能力，还要平衡发展无氧与有氧供能，同时强调两个基本供能系统的结合。速度训练后进行较长距离的持续跑，有助于消除乳酸堆积，加速机体恢复，赢得训练时间，互补训练能有效地弥补各自的不足，达到迅速提高成绩的目的。实验证明，在大强度训练后，进行30分钟慢跑，基本上能消除体内堆积的乳酸，运动员能及时恢复体力并保持大运动量训练。

3. 力量素质

力量性练习会使肌肉组织中的供血、供氧和肌肉组织自身的黏滞性、收缩舒张能力得到较好的变化，有助于恢复肌肉力量发展的平衡，能加速运动员力竭性耐力训练、逐步增量的速度训练和比赛后的恢复，因而是中长跑训练中不可忽视的环节。日本科研人员在进行生理指标测试时发现，腿部力量的不同是影响运动员成功与否的重要因素。运动员的主项距离越短，就越需要强壮的体魄，速度来自力量。具有按要求完成动作以及各肌肉群力量之间比例合理的力量水平，是个体运动能力的一个重要组成部分，力量较弱或发展不平衡会影响运动员成绩的提高。运动员在与比赛距离相当的多次重复动作周期中，仍需要投入较大量的速度力量。中长跑所需要的力量是动力性快速力量耐力，力量练习对发展局部肌肉的耐力能够起到良好的作用。在训练中，应立足于速度力量和速度力量耐力的改善和动作频率的提高，获得专项所需要的力量。在训练中采用中等重量的力量练习，强度不大、距离较长、持续时间较长的方法练习，发展运动员的力量耐力。在力量练习中，注意发展对速度提高有较大影响的肌肉群，如大腿后侧肌群、小腿肌群、踝关节和腹背肌群等。大量采用跳跃练习，如单腿跳、跨步跳、多级跳、台阶跳等。山坡跑是运动员采用的增加力量的训练手段，对下肢肌肉力量和踝关节的力量的增加有很好的效果。事实证明，采用山坡跑训练可以维持很高的有氧能力，保证心血管和呼吸系统的经济性。安排中长跑运动员力量训练的基本思想是将速度力量的训练效果与跑步训练结合起来，这样提高的力量才有助于中长跑专项速度的发展。我们在发展运动员的力量时采用循环训练，可以使运动员身体各部位接受不同的训练刺激，促进力量的全面发展。运动员在训练中保持较高的心率，交替使用不同的身体部位，可以延缓整个身体力竭的出现，这样训练课可以持续较长的时间，在进行力量训练的同时，获得最大限度的有氧训练效益。在力量训练中，应与专项技术结合，动作的结构、肌肉收缩的形式和用力顺序结合，这样有利于将获得的力量转化到技术动作上。

（五）不同性质负荷内容的组合训练

不同性质的组合训练，对运动员的机体结构变化和机能变化都产生着十分重要的影响。各种属性的练习对机体具有选择性的影响。超量恢复原理告诉我们，在一次大负荷后的超量恢复阶段，再次施予负荷，可以获得最为理想的训练效果。有关研究表明，在一次大负荷后的训练课后，负荷的主要方面要经过48~72小时之后才出现超量恢复，但在进行系统训练的中长跑运动员中，每天坚持2~3次课的训练刺激并取得优异成绩，主要取决于不同的训练内容及不同性质负荷后的交替安排的原理。由于各种训练内容对机体的生理和心理过程提出的要求不同，机体接受负荷后，生理系统和心理系统的反应也不相同，恢复的时间也就不同。这就为交替安排不同的训练内容提供了重要的理论基础。小周期训练计划中，交替安排不同的训练内容，既能使运动员所需要的各种竞技能力得到全面综合的发展，又可避免过于集中而引起疲劳。现代科研成果表明，一次单一性质的大负荷训练课，对运动员机体的刺激很大，但范围很小。例如，中长跑运动员提高速度能力的大负荷后，速度能力受到抑制，而有氧能力则经过6小时左右即可恢复到训练前的状态；无氧能力在24小时后恢复到训练开始前的状态；速度能力要到48小时后才能恢复到训练开始前的状态。提高无氧能力的训练课，有氧能力在6小时后恢复到开始状态；速度能力在24小时后恢复到训练的开始状态；无氧能力在48小时后才能恢复到训练前状态。提高有氧能力的训练课，速度能力在6小时，无氧能力在24小时，有氧能力在72小时后才能恢复到训练开始前的状态。据此，我们在安排中长跑运动员的训练计划时，要充分考虑到不同性质的负荷后，机体各个能量系统的超量恢复过程的不同。在减轻负荷总量的前提下，交替安排训练课次和训练内容。在单一目的的大负荷课后，采用同一目的（性质）的中小负荷训练，只会加深疲劳过程。若大负荷有氧训练课后，安排的训练内容主要由其他机能系统来承担，则大负荷有氧能力的恢复过程加快。例如，有氧训练后，进行速度训练和全面的身体训练，其训练性质发生了变化，恢复过程也就加快了。同样，提高速度能力和无氧训练课后，安排发展有氧能力的中、小负荷课就会加快恢复过程。小周期训练，每次课的训练内容要求不同，参与工作的肌肉群也不同。例如，各种距离的间歇跑、反复跑、节奏跑、越野跑等手段，主要由下肢肌群完成运动，而快挺、卧推、俯卧撑、引体向上、负重摆臂等练习手段，主要由上肢肌肉完成，所以我们在训练中，要依据上一次训练课负荷的性质及负荷的部位，交替安排下次课。

1. 力量和速度的组合训练

中长跑的专项素质——速度耐力水平发展的高低，取决于速度储备的大小。运动员最高速度超过平均速度水平越多，速度储备也就越雄厚，提高成绩的潜力就越大。这个差数越小，表明运动员利用速度的水平就越高，速度耐力就越好。训练实践表明，当运动员的耐力和速度耐力发展到一定水平时，若速度素质得不到相应的提高，专项所需要的速度耐力就会停留在一定的水平上，制约着运动成绩的进一步提高。速度和速度耐力的关系是运动水平越高越明显。速度是形成耐力的基础，即什么样的速度决定什么样的耐力。一个中长跑运动员所获得的速度是不能100%地转化为专项所需要的速度耐力的。

因此，长跑运动员必须重视发展速度。研究资料表明，速度储备不足是影响我国运动员进一步提高速度的障碍。我国优秀运动员与国外优秀运动员比较，其速度差距是明显的。其中，绝对速度的差距是根本原因。而且，良好的速度是影响运动员最后冲刺能力的关键。总之，中长跑运动员也需要绝对速度，并且绝对速度越好，其成绩提高的潜力就越大。实验已经证明，力量的发展与速度的发展相结合，是提高绝对速度和速度耐力很好的组合手段。

2. 速度和耐力的组合训练

速度和耐力是中长跑运动员很重要的两项素质。两者的结合，即速度耐力是中长跑运动员的专项素质，也是影响中长跑成绩的关键因素。

（1）速度和耐力能同时发展的原因

运动生化成果研究认为，发展一般耐力和速度的训练手段均可以导致其对应素质的生化因素一定程度的改变。耐力和速度训练不仅对本素质起主要作用的酶有作用，而且在某种程度上还刺激了对其他素质其主要作用的酶的活性。运动生理学认为，不论何种动作速度，都在一定程度上取决于中枢神经系统的某些生理活动，主要是动力定型理论的作用。动作速度具有专门性，这一专门性与大脑对动作的支配与组织有关，而不是不同类型运动单位有选择地被动员所造成的。运动实践告诉我们，一般耐力与速度同时发展，对于对应素质的发展有积极的作用。近年来，中长跑运动员出现的全能化就是证明。

（2）速度和耐力的结合

速度和耐力怎样结合才能很好地提高运动员运动成绩是我们比较关注的问题，也是目前世界研究的热门话题。笔者认为，首先要依据目前的训练任务，即首要的是发展哪种素质。若发展速度素质，则速度素质的训练放在训练课的开始，后进行耐力训练，即长距离的持续跑。速度训练的主要手段是短距离的快速冲刺、短距离的快速跑、重复跑，如60米、100米、200米等。若首要问题是发展乳酸耐力，则长距离的训练放在开始，速度训练放在耐力之后进行，这样的训练既能发展运动员的耐力，又能发展运动员的最后冲刺速度和冲刺能力。其理论基础是速度训练是无氧训练，耐力训练是有氧训练，有氧训练和无氧训练能够同时进行训练，这符合马俊仁提出的全面发展的思想。以短促长、以长补短的互补训练，即用较短距离跑训练来弥补糖酵解系统供能不足的缺点，用长跑训练来弥补中跑训练的缺陷，来发展中长跑运动员保持速度的能力。随着相关学科知识的渗入，长跑训练走出了过去的误区——长跑训练以发展运动员的呼吸系统、循环系统和提高有氧能力为主的训练为目的。而应该进行充分发展长跑运动员的糖酵解系统供能能力，提高乳酸速度能力的训练。在训练和比赛中，体内有大量的乳酸堆积，若体内乳酸得不到及时的缓冲和清除，就会使体内的酸性增强，降低磷酸果糖激酶的活性，减少能量生成，导致肌肉产生疲劳。长距离跑能提高体内血红蛋白的含量，血红蛋白在血液中对某些酸是缓冲剂，有利于肌细胞的酸性物质的消除，使肌细胞接近适宜的pH值，以保证磷酸果糖激酶的活性，有利于能量的生成和速度的保持，达到提高运动成绩的目的。在恢复与训练相提并论的今天，尽快消除体内的乳酸，使运动员得到及时的恢复，赢得宝贵的时间就显得更为重要。实验表明，在周期中，必须采用一体化训练（有氧无氧同时训练），同时要遵守一定的原则。例如，在准备活动后不能马上安排400米或600米等达到极限速度的段落跑，这种安排能导致运动员出现很大的氧债，因为接下来还要进行其他内容的训练，势必导致过度负荷。正确的做法是，把这种段落跑放在一体化训练的结束部分，这样一来，在无氧训练后，可以有更多的时间用于恢复。综上所述，速度和耐力相结合的训练能协调有氧氧化系统和无氧糖酵解系统的能力，达到中长跑中生成能量快、提高速度的目的。

3. 力量和柔韧性的组合训练

柔韧性对中长跑运动员发挥速度、速度耐力和速度力量水平至关重要，柔韧性会限制动作幅度，从而导致移动速度的下降，而且会使神经肌肉协调性减退。研究表明，增加关节部位的柔韧性，可增加其周围弹性和力量的能力，较高的肌肉弹性可以使力量增加，从而提高力量储备。肌肉伸展与收缩能力的提高能使肌肉速度力量增大。澳大利亚的专家对柔韧性进行实验，结论是柔韧练习不仅能提高关节周围的灵活性，而且能增加肌肉力量。由于肌肉弹性和张力的增加，使肌肉能更好地发挥速度力量的能力。中长跑运动员需要肌肉的速度力量，中长跑运动员的柔韧性需要动力性伸展。运动员的技术动作越有效，柔韧性越好，受伤的可能性越小。因此，运动员都要利用良好的跑步技术进行动力屈伸练习，提高速度力量，提高专项速度。力量和柔韧性的组合练习，可以在准备活动后或训练结束前进行，同时要进一步提高技术。合理地利用力量柔韧性的组合练习，有利于有效地解决综合性问题。

不同性质的负荷交替安排训练内容，与当今部分教练员在小周期中，用同一目的的大负荷给运动员有机体连续施加刺激并不矛盾。连续安排负荷必须具备严格的条件。例如，具有良好训练水平的高水平运动员需要提高某个较落后的运动素质，并尽可能地使其形成超量恢复；借助于现代科学仪器和测量手段，对运动员机能状态进行有效的控制和监督；掌握科学、独特的恢复手段和制定合理有效的恢复手段和措施。

（六）影响组合训练的因素

1. 不同性质练习的间歇时间

把不同性质的练习组合起来进行训练，各练习之间的间隔时间的长短将影响练习相互之间的联系程度，进而影响训练效果。第一天进行耐力练习，第二天进行专项速度练习，虽然每天都能进行大负荷训练，但是每天的训练都独立存在，两天的练习相互转化和利用的程度很低，存在脱节现象。运动员力量素质的提高能够通过技术表现出来，如果力量的利用率较低，说明训练的效果不好，无效劳动太多。在一次训练课中先练习耐力，紧接着练习速度，使训练的两部分衔接紧密，训练效果更好。因此，不同练习之间的间隔时间越短（在一定范围内），相互之间的联系越紧密，相互转化的程度越高。相反，不同练习的间隔时间越长，相互之间的联系和相互转化的程度越差。

2. 各练习之间的大小搭配

在采用组合训练时，各训练内容负荷的搭配要尽量合理。负荷不够，达不到好的效果；负荷过大，运动员过度疲劳，会影响后面的练习。组合训练强调的是训练的整体效果，从整体角度出发来安排各部分训练负荷的大小，才有可能使训练负荷搭配合理。若过分强调局部训练效果，组合训练中的负荷就容易出现不合理的现象，影响到整体的训练效果。

各练习安排的顺序不同会产生不同的训练效果，组合训练就是在一个训练单元（训练课）中将几种不同的训练内容，按照不同的顺序来进行训练。在一堂课中，若采用不同的段落，则它的安排顺序具有特别重要的意义。顺序不同，效果亦不同。在一节课中，当运用各种不同距离的分段跑时，分段的安排顺序有着重要的作用。在选用短于专项距离的分段跑，如在选择100米到800米的距离时，先跑较短的距离，后跑较长的距离，会使运动员血液中的乳酸含量不断增加。相反，先跑较长距离，后跑较短距离，在前2~3个分段跑的影响下，乳酸浓度就会达到最高。而后随着跑步距离的缩短，乳酸浓度逐渐下降。为了尽快动员运动员机体糖酵解潜力的能力，应首先适当安排较长的距离跑，后安排较短距离的分段跑。为了提高机体长时间保持糖酵解高度活性的能力，分段距离应以相反的方向安排。

综上所述，组合训练具有多样性的特点，有利于提高运动员的兴奋性，促进运动员内在潜力的充分发挥，确保运动员身体素质全面而又有所侧重地发展，有利于培养出"多面手"运动员。

在实际教学中，教师应对组合训练法及其在中长跑中的应用进行深入的分析和研究，使其依据不同对象，应用得更合理、更科学，以此取得良好的教学效果。

第三节　短跑运动技能——短跑运动员大腿后群肌肉的力量训练

短跑运动是最古老的运动项目之一，在公元前776年，第一届古代奥运会就有了短跑比赛。短跑运动是最能体现运动员体能的速度性项目，比赛过程极短，争夺极为激烈，并且比赛结果又最难以预测。短跑运动可谓田径所有比赛项目中最刺激、最激烈、最精彩、最具观赏价值的竞技运动项目，历来都被看作世界田径大赛的重头戏。随着竞技体育的发展，世界短跑水平也在不断提高，每一次的提高可谓对短跑运动员的又一次极限的挑战。最具代表性的百米——作为短跑项目之一，它在竞技场上的水平最能反映一个国家短跑项目的发展水平。百米世界纪录的频频打破，让人们重新思考世界短跑水平的极限及训练方法和手段的创新。纵观世界短跑的发展历程，世界的短跑水平日益提高，但是我国短跑运动水平在此大环境下却没有相应的进步。世界田径竞技场上百米运动员的表现极其具有代表性，世界短跑水平在提高，我国短跑水平出现下滑，这个现象促使我们思考影响我国短跑运动竞技水平提高的因素。

竞技体育运动的实践告诉我们，运动训练中任何竞技项目的专项训练都是为了更好地挖掘和提高专项运动员的竞技能力。运动员的竞技能力主要包括体能、技能、智能和心理能力四方面。世界短跑水平的飞速发展，依靠的是体育科技的进步，特别是现代科学体能训练方法的创新与发展。短跑运动，属于典型的体能类速度——力量型竞技项目，运动员体能水平的高低是比赛能否获胜的重要决定因素。力量素质是体能中的重要组成部分。力量能力是一切人类生命活动和目标行为的动力基础，更是人们达到休闲健身和高水平竞技运动目标的首要载体。许多运动项目涉入了人体力量、速度、耐力、柔韧、灵敏和协调等多种基础性综合运动能力，而不同的运动项目又对专项训练提出了许多个性化的特殊要求，因此当今各级水平的运动员的力量训练体现高度的综合性和专门性的和谐统一。科学系统的力量训练是竞技体育发展的基石。因此，在现代的短跑训练中，教练员要非常重视运动员的力量训练，尤其要加强运动损伤发生频率较高的肌肉群的力量训练。

一、力量训练的发展动向与趋势

力量是人体运动的动力源泉，力量训练是提高竞技体育运动成绩的关键因素，是现代竞技运动训练中教练员最关注的问题。全面系统地理解和掌握短跑运动力量训练的理论和方法，了解各种力量练习手段的优缺点，以及力量训练效果的诊断和评定方法，是竞技体育运动训练的基础，是力量训练有效性和针对性的保证，是运动训练创新和突破的前提。然而，就目前而言，我国的力量训练状况不容乐观，主要表现为：力量训练理论和应用的研究比较匮乏，力量训练发展的动向趋势缺乏深入了解，此外受传统力量训练理念和方法的影响，使得力量训练的质量和效果大打折扣。因此，了解力量训练的发展动向和趋势对科学运动训练的实施尤为重要。

（一）专项力量训练是核心

在竞技体育领域，具备良好的专项力量素质是运动员取得专项优异成绩的关键因素之一。力量训练备受关注，尤其是专项力量训练。发展专项力量是世界力量训练的主要发展趋势之一。所谓专项力量，是指运动员完成专项技术时神经肌肉系统表现出的力量。不同项目所需发展的专项力量不同，一方面体现在对某一种力量素质或能力需求的"优先性"，如快速力量或力量耐力等。另一方面更多地体现在参与运动的肌肉和肌群用力的"协调性"，根据专项技术的用力特点和顺序，参与运动的各肌肉和肌群在运动中枢的支配下形成特定的工作"程式"，也就是说，专项力量的发展必须是紧密结合专项技术而进行的力量训练，只有这样才能达到力量训练的目的——即使那些参与专项运动的肌肉和肌群的力量有效发展的同时，在工作上也要符合专项技术的特点，从而形成以专项为核心的完整的力量素质系统。

从运动生理学的角度分析，要想打造出良好的专项力量素质，我们必须做到以下三方面，满足或尽可能接近"专项"：首先，"募集肌肉"，也就是力量训练所采用的方法和手段必须能积极调动参与专项运动的肌肉，只有这样肌肉才能得到训练。其次，肌肉的工作方式（离心工作或向心工作）和其收缩的速度必须与专项技术一致，只有这样才能使肌肉的力量专项化。最后，参与运动的肌肉或肌群之间的配合必须与专项技术特点相一致，只有这样才能全面整合机体各环节的肌力，形成符合项目技术动作特征的正确的"用力顺序"。从训练的"适应"原理而言，肌肉力量主要通过负重抗阻训练得到提高，但是我们必须认识到，专项力量的训练并不是在负重情况下对专项技术的简单模仿。一方面，负重的专项技术练习不能在运动速度、肌肉的协调用力等方面真正达到专项技术的动作要求，仅仅是在练习形式上和专项一致。另一方面，为保证正确技术动作的形成，负重的专项技术练习在负荷重量或阻力上因受练习特点的限制，而不能给运动员施加大的负重重量，这会影响肌肉横断面的发展，进而影响到肌肉"最大力量"乃至"快速力量"的提高。但目前我国力量训练多采用的是"杠铃房"负重抗阻训练，这些传统的力量练习方法和手段对运动员神经肌肉系统的刺激程度大，训练效果也相对较好，但是"杠铃房"的力量训练缺乏与专项技术动作的结合，不能形成各专项技术所需要的力量体系。因此，在运动训练中，教练员和运动员必须很好地把握运动训练的专项化动向和趋势，权衡参与运动的各肌肉群练习手段的多样化趋势和力量素质的均衡化趋势。不能完全否定传统的力量训练方法和手段，过分地强调和盲目追求薄弱环节的练习负荷及强度，寻找各肌肉群训练量和强度的平衡点极为重要。

（二）专项力量、专项速度与专项技术的辩证关系

运动训练的专项化趋势，要求我们必须了解并掌握各项目专项素质在决定运动成绩中的地位。在影响短跑运动成绩的相关因素中，速度是决定运动成绩的直接相关因素，专项速度是短跑的关键所在，但是专项速度的发展必须以专项力量为基础，专项速度与专项力量的发展必须以专项技术为链接。短跑的专项速度主要包括专项反应速度、专项动作速度和专项位移速度。快速力量是短跑专项力量的核心，主要包括起动力量、反应力量和爆发力。短跑的成绩是由短跑各阶段的成绩决定的，各阶段速度加快了，成绩也就相应提高了。力量是速度的基础，所以短跑的专项素质中，起动力量的大小决定了短跑起跑的专项反应速度；肌肉的爆发力和反应力量决定了短跑的专项动作速度；肌肉的快速力量耐力决定了短跑的专项位移速度。由此可见短跑的专项力量的发展尤为重要，快速力量发展了，短跑的专项速度也就提高了，结合短跑完整的专项技术，短跑成绩也将得到提高。

二、短跑项目的相关概述

短跑是一项体能主导类快速力量性的周期性项目，主要特点是距离短、速度快、强度大。在短跑运动员机体中，快肌纤维所占比例较高，有资料表明，高水平运动员快肌与慢肌的比例是 70%~90% 和 30%~10%，快肌纤维的功能在短跑运动中表现为大强度工作时肌肉的最大收缩力量、最快收缩速度和快速力量耐力。在竞技体育中，任何一个项目的供能过程都是一个动态变化的综合供能过程，短跑运动的能量供应特点是依靠 ATP-CP 和糖酵解供能，但是短跑项目中距离和运动时间不同，主要的供能系统也就不同：100 米是以 ATP-CP 供能为主、以糖酵解供能为辅的项目；而 200 米和 400 米则是以糖酵解供能为主、以 ATP-CP 供能为辅的项目，因此教练员在制订训练计划时，要在了解项目主要供能特点的基础上，选择有利于发展该项目主要供能系统的力量训练方法和手段。

三、现代短跑运动技能的技术特点

在竞技体育领域，技术的不断完善和发展是成绩得以提高的关键。从 2008 年至今，尤塞恩·博尔特一直是短跑世界纪录的保持者，在 2009 年柏林世界田径锦标赛上，这位牙买加飞人将世界纪录定位在 9 秒 58，远远超过了专家预测的 9 秒 70 的人类极限。纵观短跑技术的发展历程，结合专家对现代短跑技术的研究成果，我国学者总结分析出现代短跑技术呈现四大特点，发展趋势呈现规范化、个体化及最优化。

（一）快速摆动型技术

对短跑技术的研究一直是体育领域的焦点之一。对短跑技术中快速摆动的作用，张文耀早在 1978 年的全国短跑教练员训练班上就曾提出注意摆蹬结合、以摆促蹬的技术概念。有研究表明，优秀短跑运动员一侧腿的支撑时间仅占一个复步的时间的 22.1%，而摆动时间则占 77.9%，两者之比为 1∶3.5，很明显证明了摆动技术在短跑技术中的重要性。经过近几十年各位专家和学者对世界优秀短跑运动员技术动作的分析发现，现代短跑技术由传统的后蹬型技术向快速摆动型技术发展，快速摆动技术受到重视，同时更加注重蹬摆动作的协调配合。手臂与腿的摆动速度越快、幅度越大，运动员跑地向前性就越好，最高速度就越快。

研究表明，快速摆动技术是短跑技术中不可忽视的一个重要环节，是短跑的关键技术之一，是短跑运动员提高短跑成绩的重要因素。竞技体育训练中尤为讲究动作的经济性和实效性，把握好体育动作的经济性和实效性的度，对提高运动成绩非常重要，尤其是田径中跑的项目。短跑中的快速摆动型技术强调手臂和腿的充分折叠、快速摆动，主要是为了缩小摆动半径、提高摆动速度，更有利于步频的提高；强调蹬摆结合、以摆带蹬的摆动动作，是在加大支撑腿对地面的压力的基础上，获得较大的摆动反作用力，从而提高后蹬的效果，最终达到提高跑的经济性效果；强调以摆带动髋部的大幅度前摆，利用缩小后蹬角度、增大步幅，从而减少身体重心的起伏，提高跑的水平速度，最终达到提高跑的实效性目的。

（二）屈蹬式技术

所谓屈蹬式，是指在跑的后蹬阶段，支撑腿髋、膝、踝三关节（特别是膝关节）不充分伸展的后蹬技术。屈蹬式技术是随着竞技体育场的变化和运动员素质的变化等因素而出现的，与传统的后蹬式技术相比，它更能体现出竞技体育的经济性和实效性特点。世界优秀运动员均采用屈蹬式后蹬技术，对比我国短跑选手与美国短跑选手膝关节的角度变化可知，美国运动员在短跑各个时相的膝关节平均角度都较小，从着地缓冲时膝关节变化的角度看，美国减小幅度为 10.2°，中国仅为 3.2°；从缓冲到后蹬膝关节变化的角度看，美国增加幅度为 17.3°，中国仅为 11.8°。我们知道在跑的支撑阶段人体运动的实质是以支撑点为支点的由后向前的转动，高水平短跑运动员正是通过膝关节角度的变化，有效地降低了运动员跑动过程中的身体重心，减少绕支点的人体转动惯量，从而加快身体重心前移的速度。我国运动员正是因为膝关节角度变化较小，致使跑动中身体重心高，转动惯量大，不利于身体重心的前移，所以速度就慢。屈蹬式技术的经济性和实效性表现为：支撑腿后蹬时膝角变化小，支撑后蹬时间短，有利于提高步频；小腿倾角及后蹬角小，有利于增大向前水平速度，减小重心波动差，增大步幅，提高跑的实效性；蹬摆动作转换自然、连贯、迅速，有利于提高蹬伸动作速度。

（三）放松跑技术

美国著名短跑教练温特说过，教会任何一个田径运动员掌握放松，会取得好的甚至惊人的效果，特别是对短跑运动员的成绩起很大的作用。[①] 放松技术是运动员综合能力的体现，是运动员各项身体素质和心理共同作用的结果。运动员具备良好的放松能力是掌握正确技术动作的前提和基础。短跑作为一项极限强度的运动，运动员在生理和心理上都承受极大的刺激和负荷，因此要在高速跑中高效完成技术动作并取得优异成绩，必须使肌肉的收缩和舒张协调进行，既包括了不同肌肉在完成同一阶段动作时的工作状态，也包括不同阶段同一肌肉的工作状态。

（四）短跑全程跑有序的节奏

在体育运动项目中，各个项目的比赛节奏各不相同，控制、统治、左右比赛节奏是运动员比赛能力强弱的主要标志之一。控制了全程比赛节奏，就等于把握了比赛的主导权。所谓全程跑有序的节奏，是指运动员百米跑全程各段速度变化有明显的节奏和规律。其目的是使运动员在全程跑中能以最少的能量消耗，最佳的步频、步幅配合，最短的时间，获得最佳的运动效果即获得全程整体最佳化。在短跑比赛中往往因对短跑项目认识的偏差，简单地认为短跑距离短，只要拼命加速就能取得优异成绩，也就是没有认识到短跑项目的速度节奏，导致前程的过分加速丧失多半的体力和能量消耗。因此，认识掌握整个项目有序的节奏是取得成功的基础和保障。世界优秀的短跑运动员全程速度变化呈现有序的节奏和规律，整个过程中加速跑节奏极为明显，最高速度出现在60~80米处，出现的时间和距离相对传统的节奏而言都较晚些。现代短跑有序的节奏有利于运动员节省体力，降低能量消耗，在最短的时间内获得步频、步幅的最佳配合，使得短跑全程跑最优化，最终达到提高短跑最高速度的目的。

四、短跑力量训练的原则

（一）全身各环节肌肉力量发展的相对均衡性和关键部位肌肉力量提高的根本性

全身肌肉力量发展的相对均衡是运动员动作稳定的基础。人类在不断进化及适应自然的过程中，全身各个环节肌肉的绝对力量本质上就存在着差距，为使人体在运动中各个环节运动速度达到同步化及身体动作达到平稳化，必须全面同步发展人体全身各个环节的肌肉力量，只有这样才能使身体各个环节的肌肉力量达到相对均衡、同步发展的最佳状态。在短跑项目中，运动员要合理快速地完成技术动作，必须在上下肢原本相对平衡的基础上，同步发展它们的力量素质。对比国内外短跑优秀运动员全身

[①] 肖星明.体育：初中第6册[M].桂林：广西师范大学出版社，1997.

肌肉形态的均衡性状况，最为明显的差距就是上肢的肌肉形态，这是导致短跑运动中动作不稳定的原因之一。身体各环节肌肉均衡发展是以关键部位肌肉力量提高为前提的。所谓身体的关键部位肌肉力量，是指对人体运动能直接产生动力效应的肌肉收缩力量。在短跑运动中，人体运动的主要动力源泉是支撑腿、摆动腿和骨盆转动等各个关节肌肉的快速收缩产生的力，作用于地面进而使人体获得支撑反作用力。人体其他部位肌肉的快速收缩对关键部位肌肉的快速收缩起协同和强化作用，二者缺一不可，这些都旨在保证人体运动中支撑腿的用力方向的合理性，同时保证人体运动中动作的稳定性，进而使人体运动能力达到最佳发挥状态，这种效果将远远大于二者效果相加之和。

（二）前后群肌肉力量提高的同步性

人类在由爬行到直立行走的自然进化过程中，全身的前后群肌肉力量大小就存在着差距。在竞技体育的运动训练过程中，我们传统习惯采取的力量训练的方法和手段都是易于收缩力量本身就相对较强的肌群，需要采取特殊力量训练方法和手段进行训练的，收缩力量本身就相对较小的肌肉群却被忽视。在短跑技术中，其关键细小环节技术往往是那些收缩力量相对较小的肌肉群发挥着重要的作用。

运动员实际运动能力的停滞不前，是由于在运动技术的发展过程中，采取的训练方法过于发展大环节技术，关键细小环节技术因训练手段匮乏进而更加相对滞后，这些多为受传统的常规力量训练方法和手段的影响。当强的肌肉群更加强大，弱的肌肉群也相对更弱时，前后肌肉群在协同工作时，弱的一方受伤的频率就更高。局部的肌肉力量的过分提高，身体前后肌肉群做克制性收缩时应有的平衡点就会遭到破坏，运动损伤也就随之发生。因此，在短跑力量训练中，我们要在增强股四头肌等肌肉力量的同时，同步发展大腿后群肌肉的力量，使之永远达到运动所需的平衡点。这就要求我们在传统力量训练方法和手段的基础上，针对前后群力量的差异性以及训练的难易程度，采用创新的力量训练方法和手段。

（三）按比例协调发展，做退让与克制性收缩的肌肉力量

所谓肌肉的退让和克制性工作，是肌肉动力性工作的两种形式，即离心工作和向心工作。肌肉收缩克服阻力，肌力大于阻力，使运动环节朝肌肉拉力方向运动的工作叫作向心工作，这时肌肉做克制性收缩；肌肉在阻力的作用下逐渐被拉长，阻力大于肌力，使运动环节朝肌肉拉力相反方向运动的工作叫作离心工作，这时肌肉做退让性收缩。肌肉做退让性收缩时，因肌肉收缩的阻力臂增大，需要肌肉的加速拉长产生由小到大的肌肉，保证肌肉收缩产生的动力矩能克服阻力矩；肌肉做克制性收缩时，因肌肉收缩的阻力臂减小，肌力的加速缩短自然产生由大到小的肌肉，所产生动力矩能克服阻力矩。在力量训练中，我们必须协调发展做克制性收缩和做退让性收缩的肌肉

力量，这样才使得技术动作发展合理化。

在短跑途中跑的支撑和后蹬阶段，大腿后群肌肉主要是配合股四头肌等完成伸膝动作，配合臀大肌完成伸髋动作。在此阶段中，大腿后群肌首先由退让性工作瞬间转入克制性工作，并始终参与髋关节和膝关节的伸展活动，它所承受的负荷也明显增大，存在着原动肌的功能性不足。在此过程中，大腿后群肌和臀大肌共同收缩，促使身体重心迅速前移和髋关节骨盆后倾送髋；同时，大腿后群肌和股四头肌在膝关节的伸膝过程中共同收缩完成膝关节的伸膝动作。研究表明，提高肌肉做退让与克制性收缩时产生的肌拉力，是增长肌肉做退让与克制性收缩时的长度的前提，在此基础上进而增大短跑运动员支撑腿的膝关节和踝关节运动幅度，尤其是肌肉收缩高速转换（也就是肌肉由退让性转为克制收缩时）时产生的肌拉力。

短跑运动员支撑时合理的落地缓冲与后蹬动作幅度比例的形成，要求在发展短跑力量训练中，按短跑项目肌肉运动的特点，结合生物力学基础，同步发展和提高肌肉做退让与克制性收缩时的力量。现阶段对肌肉做退让与克制性收缩力量的合理比例研究结果为1.4：1，我们在训练中必须对力量练习的负荷量及练习频率进行很好的把握，只有这样才能避免肌肉速度力量发展的不均衡状态，最终达到技术动作的最优化状态。

在短跑中，膝关节肌肉是加强退让与克制性收缩力量训练的主要肌肉。支撑腿的膝关节肌肉做退让收缩结束时的力量，以及肌肉转为克制快速收缩开始的力量大小，是决定支撑时支撑腿着地缓冲与后蹬动作幅度大小及比例、支撑与腾空时间比例的关键因素。所以在短跑力量训练中，必须遵循按比例协调发展做退让与克制性收缩的肌肉力量的原则，在此原则上进行的力量训练是运动员形成合理技术动作的必要条件。

（四）限制局部肌肉最大力量的超前发展

力量是人体运动的动力源泉，短跑运动员的力量训练是提高短跑运动成绩的关键因素之一。随着技术水平的提高，短跑力量训练的方法和手段也在不断增多，并且更加趋于科学化水平。任何运动项目的力量训练都应避免局部肌肉的最大力量的超前发展，即不能盲目地不根据动作特点及用力动态所需一味地追求局部肌肉的最大力量，从而导致人体整体肌肉群的力量比例越来越不平衡，强的更强，弱的更弱，这种片面的力量训练方法和手段是运动员在竞技体育中造成运动损伤的重要原因之一。

受传统力量训练方法和手段的影响，以及最大力量是发展快速力量的基础理论的影响，短跑运动实践着重采用的是负重训练来发展肌肉最大力量，也就是多采用深蹲杠铃训练法。这种力量训练方法使运动员负荷杠铃的能力日益提高，并且在很大程度上对短跑起跑后的加速跑起到很大的促进作用，但从肌肉用力的方向上分析，对比短跑运动员途中跑步态的动态特点以及动态力量所需，我们就可以知道深蹲负荷杠铃力量训练方法和手段，对提高途中跑最快的运动能力所起的作用很不明显，甚至使快速运动能力的提高停滞不前或使运动损伤的频率大大提高。主要原因是传统的深蹲杠铃负荷练习仅仅是固定在一个练习走向和速度方面进行局部肌肉最大力量的发展。所以采用深蹲杠铃力量训练方法，在很大程度上发展的是大腿前群肌肉和小腿后群肌肉的最大收缩力量，大腿后群肌肉及小腿前群肌肉处于停滞状态，这就使在进行短跑专项力量训练时，处于停滞状态的大腿后群肌肉和小腿前群肌肉力量相对薄弱，不能很好地适应相对超前发展的大腿前群肌肉和小腿后群肌肉，这就造成肌肉力量不协调，不能很好地发展专项技术动作，甚至极易造成薄弱肌肉的运动损伤。因此，在力量训练中，我们必须在深刻理解和明白不同姿势力量训练负荷的方法手段和功效的基础上，力求均衡发展各个肌肉的最大收缩力量，才能保证运动员的专项技术在动态过程中与所需肌肉收缩力量相匹配、协调进行，最终达到发展最大力量促进动态过程中的快速力量发展的目的。

（五）力量训练效果向专项能力转化

力量训练的专项化趋势决定了任何项目的力量训练都必须是结合专项技术特征的力量训练，只有将力量训练的方法和手段与专项技术相结合，才能使训练的效果很好地转化到专项能力中。在短跑运动中，当人体各个环节肌肉进行克制性收缩时，不仅仅是对肌肉收缩的初长度为最长和肌肉收缩阻力矩为最大，同时对肌肉收缩的初速度要求要快，并且收缩时的速度要在初速度的基础上继续加快。对比我国短跑运动员和美国运动员的技术动作，二者不仅在运动速度上存在差距，而且我国短跑运动员在支撑时髋关节、膝关节角度增大的初始角和变化角度上都分别比美国运动员的同类情况小，从某种程度上说明我国短跑运动员在肌肉关键部位进行克制性收缩时的收缩速度和肌力都相对美国运动员而言表现得较慢和小。所以在力量训练中，根据肌肉收缩的力学规律，对参与运动的各环节肌肉进行不同负荷的抗阻力量练习，使肌肉在这些不同负荷的练习方法和手段中的收缩速度和力量同步得到提高，达到将力量训练效果转化到专项能力中去的目的，使肌肉在充分被拉长的状态下能克服肌肉快速收缩时产生的阻力，避免过分追求某一固定动作的大负荷力量训练，忽视肌肉不同收缩速度条件下的力量训练，致使肌肉最快收缩速度停滞不前。

我们知道，运动员在某一训练水平阶段，肌肉收缩的速度和力量的变化始终是按照肌肉收缩的特定力学规律进行变化的，表现为大负荷的速度与力量同小负荷的速度与力量、小负荷的速度与力量同跑速中的速度与力量存在着速度与力量的绝对值的差距。肌肉缩短的速度下降的张力同肌肉长度变化速度之间存在着反比关系，在退让状态下，肌肉的张力也以速度为转移，如果肌肉伸长的速度较大，它所发挥的力在激发程度相同的情况下也比较大。

五、大腿后群肌肉在短跑途中跑技术动作中的用力特点及功能

大腿后群肌肉从解剖学的角度分析，由股二头肌、半腱肌和半膜肌三部分构成，大腿后群肌肉是双功能肌肉，具有屈膝和伸髋的作用。在大腿后群肌肉组成中，股二头肌和半膜肌主要对髋关节起作用，是髋关节的有力伸肌，相对而言对膝关节的作用较小；半腱肌对髋关节和膝关节的作用同等重要。我们知道，跑是由一连串的破坏平衡、维持平衡的动作构成的。从力学的角度分析，人之所以能跑，是由于人体各环节肌肉的收缩，并把这种力量的收缩加之于地面，破坏了平衡而形成的。跑是一项不断重复的周期性的运动，每条腿都是依次交替经过前摆、下地、前蹬、后蹬的反复运动，进而使身体前进。由于短跑项目是一项高速度的极限强度的运动，在短跑比赛的整个跑的过程中，大腿后群肌肉的爆发力量力度极强。在短跑途中跑技术动作的周期性运动中，大腿后群肌肉在支撑、后蹬、摆动和着地整个过程中，其大部分时间处于收缩做功的状态，它在短跑中的收缩形式和工作性质比较复杂。深入了解大腿后群肌肉在短跑途中跑技术动作中的用力特点及功能，是进行短跑专项力量训练的前提，是减少运动损伤以及提高短跑运动成绩的关键所在。

（一）支撑与后蹬阶段：大腿后群肌肉向心收缩伸髋的功能

短跑运动的后蹬阶段起于支撑腿的膝关节角度为最小的支撑时相，止于脚离地时相。在该阶段骨盆的转动特点是以支撑腿的髋关节为轴，在盆带肌收缩产生肌拉力矩的作用下，协同摆动腿的摆动使围绕髋关节转动。在短跑运动技术动作中，我们特别强调"送髋"技术，其本质实际上是指后蹬阶段骨盆的转动幅度的大小，其"送髋"技术的好与差，就是指脚离地时相骨盆转动幅度的大与小，骨盆转动幅度的大小直接影响到步长，骨盆转动幅度与步长成正比，即骨盆转动幅度大，步长相对就较长，相反，骨盆转动幅度小，步长就相对较短。所以，在运动训练中要加强影响骨盆转动幅度的肌肉群的力量训练。

在短跑途中跑的支撑与后蹬阶段，大腿后群肌主要是配合股四头肌、腓肠肌等继续充分伸膝，与臀大肌等配合继续充分伸髋，良好的"送髋"技术对跑中步幅的增大至关重要。有关研究指出，两个关节在同时完成伸直运动时，相关肌肉会受到极大拉伸，此时所产生的张力可达到最大，从而导致与其同时收缩的弱方肌肉撕裂。大腿后群肌和股四头肌在做整个后蹬送髋动作的过程中，均以双关节肌收缩做功。因此，假如大腿后群肌肌力较股四头肌肌力差距过大，就易造成肌肉拉伤现象，同时导致跑的过程中送髋不积极和伸髋用力速度慢等，影响跑速。

（二）前摆动作阶段：大腿后群肌肉向心收缩，折叠小腿加快摆速的功能

在短跑途中跑的前摆动作阶段，大小腿折叠前摆，当大腿摆到极限时，大小腿夹

角最大。在此过程中，主要是股直肌、髂腰肌收缩以高抬大腿和充分屈髋，大腿后群肌在髋膝两个关节处被拉长，存在对抗肌功能性的不足。此时大腿后群肌肉的作用是快速、急剧收缩使小腿折叠，因此大腿后群肌肉力量的大小，直接影响小腿的折叠效果。根据运动力学原理，球体半径越小，运动速度越快，在短跑技术动作中，摆动腿的前摆动作半径大小直接影响到摆动速度的快慢。我们要想提高摆动的速度，就需要缩小运动员向前摆动作的半径。根据肌肉工作特点，只有大腿后群肌肉的屈收力量增大了，大小腿的折叠才能越充分，进而使得摆动腿前摆过程中的摆动半径缩短，这样就有利于屈髋肌群的快速收缩和摆动腿的快速摆动，使身体重心快速前移并加快后蹬速度，最终达到加快跑速的目的。

（三）摆动与着地缓冲阶段：大腿后群肌肉离心收缩，加快"扒地"的功能

短跑技术动作的着地缓冲阶段，起于着地时相，止于支撑腿的膝关节角度为最小的支撑时相。由于着地缓冲阶段支撑腿的膝关节肌肉是进行退让收缩，人体重心与支撑面的方位有前方、上方、后方等位置的变化，所以着地缓冲阶段的支撑腿的支撑特点包括体前支撑、支撑面的脚上方支撑以及着地缓冲阶段的体后支撑（从人体重心在着地点的垂直上方时相起，至膝关节角度为最小支撑时相止）。

在短跑途中跑的摆动与着地缓冲阶段，前摆到极限的大腿积极下压，膝关节放松，小腿依惯性向前方摆出，紧接着向后下方做快速回摆动作，也就是通常所说的"扒地"动作。在此过程中，大腿后群肌肉随着股四头肌的收缩伸膝动作，使得在髋关节处被动拉长，其同时与臀大肌共同收缩，促使大腿在髋关节处伸，小腿在膝关节处快速后屈。在极限速度的短跑运动中，如果运动员的大腿后群肌肉力量强大，就能很好地配合大腿前群肌肉有效完成正确的技术动作。在某种程度上说，前后群肌肉力量的按比例协调发展也降低了运动中薄弱肌肉损伤的概率。大腿后群肌肉在摆动与着地缓冲阶段的工作特点是首先做退让性工作，然后在"扒地"时配合臀大肌等展髋，配合腓肠肌共同协助股四头肌等伸膝，从而防止膝、髋关节缓冲时过分屈曲。大腿后群肌肉在着地瞬间受力加大，主要是由于受重力矩和股四头肌收缩拉力的作用，以及摆动腿在下压伸膝过程中，大腿后群肌被拉长做离心收缩的作用。如果在短跑运动员的力量训练中忽视了大腿后群肌肉的力量训练，此时大腿后群肌肉力量相对较差，也就很容易被拉伤。就短跑技术的角度而言，大腿后群肌在摆动腿积极下压及着地时的"扒地"的力量和速度直接影响到跑的速度，换言之，大腿后群肌肉力量在"扒地"这个技术动作中起关键性的作用。

六、短跑运动员大腿后群肌肉力量训练方法设计的原则

（一）依据肌肉结构特点的设计原则

肌肉生理特点和解剖特点是进行力量训练方法设计的重要原则之一。我们根据肌肉跨过关节数目将肌肉分为单关节肌和多关节肌。多关节肌由于跨过的关节多，工作时会出现多关节肌"主动不足"和多关节肌"被动不足"。多关节肌作为原动肌工作时，其肌力充分作用于一个关节后，就不能再充分作用于其他关节的现象，这种现象叫作多关节肌"主动不足"（其实质是肌力不足）。在体育运动中应注意发展该群肌肉的力量。多关节肌作为对抗肌出现时，已在一个关节处被拉长后，在其他的关节处不能再被拉长的现象，叫多关节肌"被动不足"（其实质是肌肉的伸展不足）。在体育运动中针对容易出现的多关节肌"被动不足"，注重发展其伸展性，这对提高成绩和预防运动损伤的发生有着重要的意义。

大腿后群肌肉是双关节肌，在短跑运动中该肌群与其他协同肌一起辅助屈髋、伸膝。双关节肌在体育运动中容易出现"主动不足"和"被动不足"。从解剖结构特点看，大腿后群肌肉与股四头肌相比，一方面大腿后群肌肉体积小，肌力弱；另一方面其腱性部分长，肌腱由致密的胶原纤维束构成，强韧而无收缩功能，所以大腿后群肌肉的伸展性相对较差，肌力不平衡使得肌力弱的肌肉在大强度运动中容易损伤。因此，在短跑运动中，为了克服大腿后群肌肉"主动不足"和"被动不足"，避免运动损伤，我们必须加强大腿后群肌肉的肌力和伸展性。

（二）依据运动中肌肉收缩特点的设计原则

肌肉在各项目技术动作中的工作形式不同，肌肉的收缩特点也就不同，力量训练的方法和手段也就不同，所以依据运动中肌肉的收缩特点进行力量训练方法的设计非常重要，这也正是力量训练专项化、多样化的体现。肌肉的工作性质有动力性工作和静力性工作。动力性工作分为向心工作（克制工作）和离心工作（退让工作）。静力性工作分为支持工作、加固工作和固定工作。在肌肉的力量训练过程中，我们依据肌肉工作性质及其功能，设计形式多样的训练方法和手段。方法上我们主要"以静为主，动静结合"，手段上采用"远固定"或"近固定"等方式训练。在短跑技术动作的不同阶段，大腿后群肌肉的收缩形式和工作性质是：在支撑后蹬阶段，大腿后群肌肉为向心收缩伸髋功能，做克制工作；在前摆动作阶段，大腿后群肌肉为向心收缩，折叠小腿加快摆速的功能，做克制工作；在摆动与着地缓冲阶段，大腿后群肌肉为离心收缩，加快"扒地"功能，做退让工作。因此，在进行力量训练时，我们必须依据肌肉收缩的特点进行力量训练方法和手段的设计。

（三）依据项目技术特点的设计原则

在竞技体育中，各个项目的技术动作的创新和发展是成绩提高的关键，所以在运动训练中，我们所进行的力量训练必须是符合当前最新技术动作特点的方法和手段。世界短跑纪录刷新预示着教练员以后的任务更艰巨，责任更重，对力量训练的要求更严格。当前短跑的技术特点主要包括快速摆动型技术、屈蹬式技术、放松跑技术和全程跑有序的节奏。快速摆动型技术强调手臂和腿的充分折叠、快速摆动，主要是为了缩小摆动半径，提高摆动速度，强调蹬摆结合，强调以摆带动髋部的大幅度前摆，使得跑的动作更具经济性和实效性。屈蹬式技术使得支撑腿后蹬时膝关节的角度变化小，支撑后蹬时间就会缩短，有利于提高步频，小腿倾角及后蹬角小，有利于增大向前水平速度，减小中心起伏，进而增大步幅。放松跑技术被称为"当代短跑技术发展之精华"，此外必须注重全程跑的节奏。只有很好地把握了短跑项目的技术特点，我们才能使得力量训练的效果达到最优化状态。

七、发展短跑运动员大腿后群肌肉力量的策略

随着竞技体育的发展，结合运动项目特征进行力量训练的研究越来越多。众所周知，在体能的各要素中，力量是速度、耐力、柔韧、灵敏的基础。在竞技体育中，拥有良好的力量能力是运动员掌握和运用好技术，从而完成教练员布置战术的保证。力量训练是体能训练的重要内容。在传统地发展短跑运动员大腿前群肌肉力量能力的同时，重视短跑运动员大腿后群肌肉力量能力的发展，是短跑运动员力量水平整体化协调发展的重要举措。

（一）发展大腿后群肌肉协同伸髋力量的策略

以下这些力量练习的方法和手段所达到的训练效果主要是发展大腿后群肌肉的伸髋力量，同时对提高短跑运动员在跑的过程中的送髋能力有很好的效果。

1. **动作1：体后屈伸（俯卧背起）**

（1）练习方法

身体俯卧在垫子上或凳子上，髋部支撑，双脚固定，两臂前举或者交叉置于背后，上体快速向后上抬起成背弓姿势，然后慢慢放下成原俯卧状态，快速连续做。

（2）练习要求

上体向后上方屈时要尽可能抬高，屈动作要快，伸相对较慢。主要发展伸髋肌的力量，同时对脊柱伸肌的力量提高也有作用。练习的难度可以根据运动员的具体情况安排，随着训练阶段水平的变化，可以变化方式进行练习，具体包括三种：一是俯卧，两腿伸直，两臂屈肘抱于头后，连续做体后屈动作；二是俯卧在跳箱上，两手抱于头后，两脚由同伴扶着，连续做大幅度的体后屈伸动作；三是俯卧在木马上，两臂伸直，

两脚钩住肋木，连续做大幅度的体后屈伸动作等。随着力量能力的增强，可以使身体负重（如穿沙背心）做以上动作。

2. 动作2：俯卧背腿

（1）练习方法

练习者俯卧在垫子上，两腿并拢伸直，髋部支撑，两臂自然伸直置于体侧，连续做两腿向后上振动动作。

（2）练习要求

两腿尽量向上振起，这些练习是发展髋关节伸肌力量的有效手段，同时也发展脊柱伸肌力量。若增加练习难度和效果，可变换练习方式进行，如俯卧在山羊上，两臂伸直，手扶肋木固定上体，连续做两腿向上振起动作。教练员可以根据运动员现有的力量素质以及所处训练阶段改变练习的负荷，随着能力的增强可以在腿上负重进行练习，支撑物可以由固定的变换为不稳定的（如瑞士球），很好地发展运动员的平衡能力。

3. 动作3：单脚支撑送髋蹬伸练习

（1）练习方法

练习者单脚支撑（屈膝角度约130°），双手扶住两侧支撑架，确保摆动腿在无阻挡条件下做前后的自由摆动。摆动腿做屈膝向前送摆的动作，同时支撑腿做同步蹬伸送髋的协同用力动作，在充分送髋和蹬伸动作后还原。两腿可交替练习。

（2）练习要求

摆动腿屈膝向前送摆的动作要快，支撑腿蹬伸有力。若要增加难度，可用橡皮胶带系在腰间增加练习阻力，或者在摆动腿上负重进行练习。

4. 动作4：单腿高支撑仰卧挺、送髋练习

（1）练习方法

练习者仰卧在垫子上，单腿屈膝支撑在40厘米的支撑物上，摆动腿屈膝上提进而带动支撑腿顺势协同用力蹬伸，使得髋部充分向前上方挺送。

（2）练习要求

向上挺、送髋速度要快。若要增加难度，可以在练习者的腹部增加负重物以加大阻力进行练习。也可以变换为双腿屈膝仰卧于垫子上，做挺髋动作，要求同单脚支撑一样。

（二）发展大腿后群肌肉屈收力量的策略

以下列举的力量练习的方法和手段侧重点在于加强大腿后群肌肉的屈收能力，通过屈收力量训练进而有效地发展大腿后群肌肉的最大力量。

动作1：杠铃提拉

（1）练习方法

练习者站立于杠铃前，两腿自然开立。两膝稍弯曲，上体前屈，两手正握杠铃，握距约同肩宽，两臂伸直，调整好呼吸后，吸气用力慢慢提拉杠铃，此时头部及背部

须保持平直，至直立再行放下，连续 6~10 次为一组，做 3 组。

（2）练习要求

头、背保持平直，杠铃重量应逐渐增加。

动作 2：抗阻力收小腿

（1）练习方法

练习者俯卧于垫子上，小腿弯曲（约 120°），同伴双手握住练习者踝关节，用力往下按压，使得小腿尽可能固定住，练习者对抗发力尽量屈收小腿，使得大腿后群肌肉始终处于最大用力状态。

（2）练习要求

练习者要尽可能用最大力对抗同伴压力屈收。

动作 3：阻力快收

（1）练习方法

练习者俯卧于垫子上，双脚各套一个橡皮胶带，橡皮胶带的另外一端固定，练习者小腿做快速交换用力屈收动作，尽可能使脚跟触到臀部。

（2）练习要求

练习者屈收小腿的速度要快，屈收幅度尽可能大。若想增加练习的难度，可以使小腿负重，或者增加橡皮胶带拉力等进行练习。

动作 4：原地站立负重后踢小腿

（1）练习方法

练习者站立跑道上，小腿负沙袋，上体保持直立，做原地快速后踢腿跑的动作，也可以双手扶着肋木做该练习。

（2）练习要求

后踢的速度要快，并且上体始终保持直立状态。

（三）发展大腿后群肌肉在做前摆动作时的快速收缩力量的策略

下面所列举的力量训练的方法和手段主要是提高大腿后群肌肉在跑的前摆下压着地（"扒地"）过程的快速收缩力量，此种力量训练所达到的效果使得着地时前支撑阻力减小，进而加快身体重心的前移，加快跑的频率。

动作 1：单脚支撑阻力"鞭打"

练习者双手扶两侧的支撑物，同时保证摆动腿能不受限制地做伸腿动作。在练习者摆动腿小腿上套上橡皮胶带，并将橡皮胶带的另一端固定在正前方水平的固定物上，连续快速地做屈膝抬腿和伸膝"鞭打"动作。

动作 2：垫步支撑"鞭打"

练习者双手扶两侧的支撑物，上体稍向前倾，一只脚屈膝抬脚，另一只脚支撑。动作过程是前抬腿做伸膝"鞭打"，支撑腿后撤垫步，"鞭打"腿着地，支撑腿做后折叠，双脚依次交替连续做"鞭打"与垫步动作。为增加练习难度，可采用腿部负重进行练习，所加重量要循序渐进。

动作 3：高姿抬腿弓步走

练习者肩膀负重（沙袋或杠铃，负重量约为体重的三分之一），上体保持正直，支撑腿伸直提踵，同时摆动腿屈膝高抬，踝关节背屈，做向前迈步弓步走，摆动腿落地时脚跟先着地，顺势打开膝关节，每组走 30~60 米即可。为增加难度，可以使练习者处于悬空状态，摆动腿悬拉橡皮胶带，做屈膝高抬，勾脚尖向前迈，脚跟用力踩放置在前上方的海绵垫，落地时膝关节顺势用力打开，连续做高抬踩垫的弓步迈腿动作。

动作 4：负重体前屈抬上体

练习者肩负杠铃直立，上体向前屈成 90° 后迅速抬上体并挺髋提踵。注意动作衔接的连续性。

动作 5：仰卧阻力车轮摆

练习者仰卧在 40 cm 高的跳箱上，支撑腿后伸触地支撑，摆动腿的踝关节处套上橡皮胶带，橡皮胶带的另一端固定在摆动腿上方的固定物上，将摆动腿屈膝悬吊充分上抬位置。摆动腿用力做向前、向下、向后伸膝打腿动作，然后做屈膝抬腿的车轮摆动作。

总而言之，在力量训练中，教练员要避免单一地进行专门的某肌肉群的力量训练，注意控制训练过程。过多地进行牵拉或收缩大腿后群肌肉，极容易导致局部肌肉过度疲劳，从而使局部肌肉不容易恢复，大大地降低了力量训练的效果。进行薄弱肌肉群力量训练的同时穿插些其他部位肌肉力量的训练，注意训练的量与强度安排的合理性，在每组练习之后注意适度地间歇和放松练习，这样既有利于肌肉的快速恢复，更能提高训练的效果。可以适度地降低动作速度，降低运动量和强度，运动员一旦感觉大腿后群肌肉在训练过程中的不适或者有很明显且较为严重的酸痛感时，教练员要根据实际情况进行调整。

第四节　跳远运动技能——挺身式跳远与三级跳远

跳远作为田径的主要项目之一，绵延至今已有数百年历史，目前仍作为运动会的主要项目，说明其能突出人类的潜能。从古希腊奥运会到现在，跳远形式已发展为多种多样的形式，如挺身式、走步式等，在现代体育的教学中，我们摆脱最古老的跳远方式，开始教授较为先进且易学的跳远方式。跳远是在高速助跑中起跳、腾空、落地，其空中动作尤为不好掌握，涉及各方面的先天素质。在现代体育教学中，挺身式跳远不断推广并得以发展。

一、挺身式跳远

（一）跳远技术分析

跳远技术由助跑、起跳、腾空、落地四个技术环节构成，而起跳前又分为助跑、踏板技术、缓冲技术以及蹬伸摆动腿动作四方面，可以说是一个整体连贯的、环环相扣的动作，一方面出现失误，那么对起跳效果都会产生不同的影响。从起始分析，助跑速度较慢时，比较容易起跳，对于跳远的后续动作有更多的准备时间，而助跑速度较快时，对起跳的技术和能力要求较高：正确的起跳动作是起跳腿积极下压踏板，尽量减少因为起跳而引起对速度的制动，同时摆动腿积极、大幅度地快速前摆，带动身体向前上方移动，在带动髋移动时控制好身体重心，为空中动作做好准备。跳远学生不光要具备快速助跑和快速起跳的能力，还要有良好的踏板技术。影响跳远的主要因素不仅是助跑速度，还有腾起角度，踏板技术的好坏直接影响腾起角度，腾起角度过大会导致对水平速度的制动较大，影响水平向前的速度，不利于身体向前移动，可能还会导致身体后倾；腾起角度过小虽然能使身体高速向前移动，但影响身体在空中的滞留时间，时间过短影响跳远成绩，而且可能使身体前倾，无法做出空中挺身动作，适当的腾起角度可以把速度的利用率和腾空时间发挥到最大。缓冲技术是在助跑踏板后助跑速度和身体重量对起跳腿造成压力，迫使起跳腿各关节快速弯曲来减少对地面的冲力，髋关节先增大后减小。学生在学习起跳时，在积极踏板后急于做出挺身动作，往往缓冲不充分，起跳后不能很好地控制身体，缓冲阶段是为完成爆发性蹬伸起跳腿动作做准备，摆动技术主要是"蹬""摆"的协调结合。

起跳离地后，人体向空中腾空，由于起跳后使身体产生向前的旋转，不仅与起跳脚着地的制动力大小有关，还因为起跳腾空后不同的空中动作而有差异。起跳腾空后，摆动腿的大腿积极下放，小腿随之向下、向后方摆动，留在体后的起跳腿与向前的摆动腿靠拢。当达到腾空最高点时，身体充分前伸形成"挺胸展髋"姿势，两臂上举或后摆。然后收腹举腿，双腿前伸，完成落地动作。

挺身式跳远能充分拉长肌群，有利于完成收腹举腿和落地时前伸双腿的动作。在腾空后，旋转力矩也较大，易于保持身体的平衡。空中动作的形成与助跑起跳动作的衔接也是不可分开的，所以说跳远的四个环节是密不可分的。

（二）挺身式跳远教学设计

一、第1次课

1.教学内容

简要介绍跳远技术及发展史；初步学习跳远起跳技术；课堂常规教育；初步学习跳远腾空步放腿练习。

2. 教学重点

明确完整跳远技术动作概念；跳远起跳动作的正确技术；助跑腾空步的正确动作；起跳后保持身体正直。

二、第 2 次课

1. 教学内容

进一步学习跳远起跳技术；学习短程助跑起跳技术。

2. 教学重点

腾空起跳后的下放并腿练习。

3. 教学难点

助跑后积极起跳；起跳腾空后自然下放并腿。

三、第 3 次课

1. 教学内容

复习短程助跑起跳技术；初步学习挺身式跳远技术；初步培养学生观察、分析技术的能力。

2. 教学重点

踏板起跳后，摆动腿前摆下放。

3. 教学难点

助跑后，积极踏板起跳，保持身体上部正直，做出前摆下放腿练习。

四、第 4 次课

1. 教学内容

学习中程助跑与起跳技术；进一步学习挺身式跳远技术动作；进一步培养学生观察、分析技术的能力。

2. 教学重点

踏板起跳后，摆动腿前摆下放，空中上体保持正直，形成挺身动作。

3. 教学难点

踏板起跳后，摆动腿积极下放，做到空中上体正直。

五、第 5 次课

1. 教学内容

初步学习全程助跑技术；复习巩固挺身式跳远技术动作；完善空中挺身动作。

2. 教学重点

踏板起跳后，摆动腿积极下放，上体保持正直，形成挺身动作。

3. 教学难点

踏板起跳后，摆动腿积极下放并做出空中挺身动作。

六、第 6 次课

1. 教学内容

进一步学习全程助跑技术；初步学习全程助跑挺身式跳远技术；提高学生观察和

分析技术的能力。

2. 教学重点

在助跑距离确定后做到正确助跑并与起跳的结合。

3. 教学难点

学生能够做到正确助跑。

七、第 7 次课

1. 教学内容

复习全程助跑起跳技术；学习全程助跑起跳成空中挺身动作，形成正确的挺身式跳远技术；按个人特点区别对待，有针对性地进行指导；通过教学比赛提高学生跳远技术的完整和适应比赛、考试的能力。

2. 教学重点

学生能够做到正确助跑；在助跑距离确定后做到正确助跑并顺利做出挺身式跳远。

3. 教学难点

学生做到正确助跑与起跳的结合，在空中形成"挺身式"。

八、第 8 次课

1. 教学内容

技术评定与达标考试，巩固跳远的完整技术；由两名专家对学生进行考核，通过考试进一步强化完整挺身式跳远技术；按个人特点区别对待，有针对性地进行指导。

2. 教学重点

调整学生的心态，发挥最佳运动水平。

3. 教学难点

考试的组织。

（三）挺身式跳远正确动作要领及错误动作分析

挺身式跳远动作技术要领是助跑后单腿起跳进入腾空步后，摆动腿的膝关节伸展，小腿自然由前、向下到向后方而成弧形摆动，此时留在体后的起跳腿与后摆腿靠拢，挺胸展髋，成展体姿势。快落地时，双脚、双手向身体前方合拢落地。

在跳远技术教学中，笔者通过调查发现，学生在学习跳远技术动作的过程中容易出现错误动作，具体包括以下四方面。

1. 在助跑中出现的主要错误

第一，助跑步点不准，节奏性差，其中出现此现象的学生占总人数的 83%。

第二，助跑断续，加速前期加速到最高速度，中间开始减速，最后继续加速，出现此现象的学生占总人数的 33%。

第三，为准备起跳而在助跑过程中人为调整，拉大步或搞小步，助跑节奏错误现象较为突出，出现此现象的学生占总人数的 67%。

第四，助跑最后几步开始减速，积极加速的冲击力差，出现此现象的学生占总人数的 50%。

2. 在起跳过程中出现的主要错误

第一，踏板不积极，用力不集中，出现此现象的学生占总人数的 83%。

第二，盲目追求过高的腾空高度，出现此现象的学生占总人数的 20%。

第三，缓冲不积极，蹬伸不充分，出现此现象的学生占总人数的 90%。

3. 在助跑与起跳结合过程中出现的主要错误

第一，起跳腿前伸，采用制动式起跳，出现此现象的学生占总人数的 67%。

第二，助跑和起跳的衔接有脱节，出现此现象的学生占总人数的 50%。

第三，蹬摆结合不协调，出现此现象的学生占总人数的 34%。

4. 在空中动作中出现的主要错误

第一，起跳后身体前旋失去平衡，出现此现象的学生占总人数的 83%。

第二，身体前倾，无法做出挺身式跳远，出现此现象的学生占总人数的 34%。

第三，急于做落地动作，空中未充分下放摆动腿就准备收腿落地，出现此现象的学生占总人数的 90%。

第四，挺腹式代替挺身式，出现此现象的学生占总人数的 60%。

（四）跳远教学中常出现的错误动作的纠正方法和纠错手段

1. 助跑步点不准，节奏性差

（1）纠正方法

固定助跑的起动方式，正确使用助跑标志；固定加速方式，确定和掌握助跑节奏；反复进行起跳练习，着重改进和掌握起跳时的攻板放脚练习；使用多种练习手段，培养学生适应能力，提高助跑的稳定性。

（2）纠错手段

做助跑标志练习，距离由 4 步逐渐增大到 12 步，多次练习可改善助跑节奏并做到准确踏板；固定起动方式，调整标志物；反复跑步点，在高速助跑中固定步长和加速方式；反复做 30 米加速跑，起动方式和加速方式一旦确定下来就不容易改变，形成一种动力定型；在学生进行直线助跑时通过击掌的方式调节助跑节奏，多次练习来固定助跑步长和加速方式；学生进行前 10 米大步幅的高抬腿跑，后 10 米逐渐加速进行高频率的助跑节奏练习。

2. 助跑最后几步开始减速，积极加速的冲击力差

（1）纠正方法

应进行多次助跑练习，助跑起跳要果断；体力不佳可缩短助跑距离或平稳加速，保证加速上板能力；可进行短距离的助跑起跳，让学生体会加速踏板的感觉。

（2）纠错手段

加宽起跳板，让学生易于做到快速助跑起跳并准确踏板，逐渐减少起跳宽度，直到准确踏上标准板；做助跑标志练习，距离由第6步开始，每次增长，逐渐增大到助跑距离，多次练习做到积极踏板起跳；连续做不同步数的助跑起跳；遮住起跳板，反复进行30米加速跑，提高短距离助跑速度和攻板意识；反复在跑道上进行三步助跑起跳；在跑道上进行100米跨步跑练习，改善临近起跳板时身体重心降低而降低助跑速度；起跳腿前伸，采用制动式起跳。

3. 助跑和起跳的衔接有脱节

（1）改正方法

强调助跑起跳的连续性；多做连续的助跑起跳或连续起跳练习。

（2）纠错手段

取4个40厘米栏架，间距为4米，做三步助跑连续跳栏架；做往返20米跨步跑练习；3~4步助跑起跳自然登上80~90厘米的跳箱；在沙坑中放入约40厘米的栏架，做助跑起跳；多次做12步助跑起跳，身体放松跳入沙坑；30厘米距离行走中连续完成起跳模仿练习，可以做连续步起跳的练习。

4. 踏板不积极，用力不集中

（1）纠正方法

强调快速上栏起跳；多练习攻板技术。

（2）纠错手段

在坡度为5°的向下斜坡上进行助跑起跳；增加起跳板，减小踏板时间；多次练习三步助跑踏板起跳进坑；30厘米距离行走中连续完成起跳模仿练习，可以做连续三步起跳的练习；加入起跳板，去掉弹簧，进行三步助跑踏起跳板练习，提高摆动腿前摆速度，有助于积极踏板。

5. 缓冲不积极，踏伸不充分

（1）纠正方法

强调助跑最后几步提高身体重心的起跳练习；强调起跳着地瞬间保持上体正直；做跳跃练习，改进动作的协调性和腿部力量。

（2）纠错手段

连续多次在跑道做行进间三步助跑腾空步练习，保持上体正直；多次做20米的单腿跳练习；做12步助跑起跳摸标志物的练习；从高约80厘米处往下跳，双腿落地，再进行单脚跳；学生做原地模仿起跳动作练习；增加起跳板，加快起跳脚着地，进行充分蹬伸起跳。

6. 起跳后身体前倾失去平衡

（1）纠正方法

反复进行起跳腾空步的练习；加大空中动作幅度以加长旋转半径；注意起跳时头

和上体的姿势。

（2）纠错手段

多次练习行进间三步助跑腾空步练习；做原地空中放腿模仿练习；在跑道上放两个距离 30 厘米的标志物，进行三步助跑起跳，探第一个标志物，尽量落到第二个标志物上；学生观看教学视频，了解错误动作与正确动作的区别，强化动作意识；减小摆动腿幅度，做三步助跑起跳进沙坑并腿练习。

7. 挺腹式代替挺身动作

（1）纠正方法

行进间三步助跑腾空步空中并腿练习，要求上体正直；多进行原地模仿练习。

（2）纠错手段

做助跑单腿起跳腾空摸高练习；从跳箱上往下跳，做出完整的挺身动作；加起跳板，增加起跳高度；双臂支撑单杠，做挺身式模仿动作练习；在起跳点正上方悬垂标志物，助跑起跳后头部接触标志物做空中动作练习。

二、三级跳远

（一）三级跳远项目概述

三级跳远是学生经过助跑，沿直线连续进行由单足跳、跨步跳和跳跃三次水平跳跃的田径项目。三级跳远的成绩也是取决于助跑时所获得的水平速度和起跳产生的垂直速度，同时还与每一个动作完成的质量、维持身体平衡的能力和三跳的比例有关。

20 世纪 30 年代，日本运动员第一个跳到了 16 米，其技术特点是第一跳跳得高而远，起跳有力，动作灵巧，但第二跳起跳迟缓，远度较短，第三跳的节奏不均匀。巴西的一名运动员在 1955 年跳出了 16.56 米的新纪录。20 世纪 50 年代中期，苏联运动员改进了"单脚跳"的技术，其特点是腾空抛物线高，交换腿的时间晚，用高摆腿的落地方式使成绩又有了新的提高。20 世纪 60 年代初，波兰的跳远技术特点是助跑速度快，腾空抛物线低，身体的向前性好，第三跳跳得远。人们在不断的运动实践中加深了对三级跳的认识。近些年来，三级跳远的技术和成绩发展较快，世界各国的优秀运动员不断总结经验，改进了落地起跳的技术，使三跳远度的比例更加合理，目前男子三级跳远的世界纪录是英国运动员爱德华兹的 18.29 米。

（二）三级跳远项目的技术结构

1. 助跑

助跑的目的是获得最大的向前水平速度，并顺利为提高起跳效果和三跳水平速度创造条件。三级跳远的助跑一般采用 16 步至 22 步助跑，助跑距离和技术近似于短跑 50 米启动跑的技术，跑动时身体重心高而平稳，上体适当前倾，后蹬充分有力，前摆积极抬腿，两臂协调配合大幅度摆动。助跑的整个过程应有明显的加速性和较强的节奏感，尤其是最后6步逐渐加快，最后上板两步最快。

2. 踏跳和摆臂

由于从助跑中获得的水平速度在三跳的过程中不断降低，所以如何减少水平速度的损失而又能获得合理的垂直速度，是三级跳远技术中要解决的主要问题。踏跳的目的在于使助跑最大的水平速度迅速转变为水平向前上运动的速度，使身体能充分地向前上方腾起，并为落地和后两次跳跃做好准备。起跳动作可分为起跳腿的着地、缓冲和蹬伸三个阶段及摆动腿与双臂摆动的配合。起跳腿的着地、缓冲和蹬伸技术为加快起跳的速度，起跳腿应大幅度蹬伸和屈膝前摆，快速地下压，平稳地以脚前掌滚动式着地，身体重心并迅速从后向前移动。这时由于迈步踏跳放脚时髋关节的积极快速前送和迅速的助跑，而形成了身体向前的姿势。在起跳的缓冲阶段，为了提高起跳的速度，还应减小屈膝的幅度，以利于保持水平速度。迅速有力地充分向前蹬直起跳腿的踝、膝、髋三个关节，躯干在离地前瞬间基本垂直地立于起跳脚之上。这时起跳腿的蹬伸方向应在身体重心的后侧，从而产生了向前所必需的冲力。起跳时摆动腿与手臂的协调摆动配合技术，有单臂摆动和双臂摆动两种，学生可根据自身的情况选择适合自己的手臂摆动技术，笔者建议用单臂摆动技术，能够最大限度地利用助跑速度。

3. 支撑和起跳

三级跳远有三次落地支撑与起跳，支撑起跳动作主要由起跳腿落地、缓冲与蹬伸和摆动腿摆动组成，而起跳腿的支撑力量和再次起跳的动作速度是影响三级跳远成绩的因素之一，其中垂直速度更是在起跳过程中起跳腿支撑、缓冲与再次起跳蹬伸以及摆动腿互相配合下完成的。三级跳远的三个跳跃阶段都是经由下肢腿部动作来完成落地与起跳动作的，支撑和起跳阶段过程中由下肢踝、膝、髋三个关节完成强烈的肌肉收缩，而摆动腿动作和摆动腿速度将是有助于减少助跑水平速度的损失和获得较大的垂直速度的关键。

（三）三级跳远项目中50米跑的方式概念

50米跑是一种非常有效地提高速度素质能力的训练手段。50米跑分为50米起动跑、行进间50米跑以及斜坡（上下坡）加速跑和50米计时跑。

1. 50米起动跑

50米起动跑，由原地站立姿势进入行进间跑动状态。主要提高学生的反应速度及移动速度能力。

2. 行进间50米跑

行进间50米跑，由站立姿势进入行进间跑动状态，根据学生的个人能力情况，由30~50米的由慢到快的预跑，在50米起点处站有另外一名学生进行起始手势的操作，此时跑动学生全力冲刺 50 米的距离。

3. 斜坡（上下坡）加速跑

斜坡跑道由站立姿势进入行进间跑动状态，根据学生的个人能力情况，由 30~50 米的由下往上、由慢到快的有节奏的加速跑，体会专项助跑时途中跑和最后六步踏跳加速的感觉。

4. 50 米计时跑

50 米计时跑包括起动 50 米计时跑、行进间 50 米计时跑，由教师进行选择性、针对性的计时。

（四）三级跳远项目中全程助跑速度的训练方式概念

全程助跑速度是决定三级跳远取得什么样的成绩的重要因素，全程助跑计时是指让学生体会从启动的（加速跑）到途中的（放松加速跑）再到最后 4~6 步的上板起跳（冲刺加速跑），让学生体会把从 50 米启动跑中的"启动加速—途中放松加速—最后冲刺加速"转换为在全程助跑技术中的"启动加速—途中放松加速—最后上板起跳加速"的感觉。技术方式具体包括以下三方面。

1. 起动方式

助跑起动有两种方式，即定点式助跑和走动式助跑。走动式助跑的特点是加速自然，助跑的节奏感较强，而且自我放松感好；定点式助跑的特点是加速有力，能在较短的时间里获得较快的速度，并且步长变化不大，比较稳定，踏板的准确度高。笔者认为，青少年学生稳定性相对较差，在训练中应多采用原地定点式起动的方式。

2. 助跑加速的方法

助跑加速的方法有两种，即全程加速和逐渐加速。采用全程加速跑，其步频和步长的增长较为稳定，最后几步以及攻板是靠惯性向前跑进的，所以上板的准确性较高。但因比赛强度大，学生每次试跳时体能损失多，这种方法只适合有较高身体素质训练水平的学生，对一般青少年学生来说，采用逐渐加速的方法，更容易控制好最后几步的稳定性和踏板的准确性。

3. 助跑的距离

对学生来说，助跑的距离根据每名学生体能的情况来定，学生助跑的距离一般在 10~16 步。随着训练能力的不断提高，助跑的距离可逐渐增加，直到最佳距离为止。速度发挥快的学生，助跑距离和步数可相应减少；反之，应适当增加。

（五）三级跳远项目中负重单腿支撑力量的训练方式概念

负重单腿支撑跳跃是非常有效地提高单腿支撑力量和腿部爆发力、弹跳能力的训练手段，它要求下肢与髋部肌肉协调并快速发力，此外还要与上肢的摆动相互配合，因此它需要一定的协调性和灵巧性。可以说单腿的支撑力量与三级跳远成绩是紧密相关、密不可分的。因此，我们在日常的训练中应加大对单腿支撑力量的训练，只有这样紧扣三级跳远项目的特点进行训练，才能事半功倍，早出成绩，出好成绩。

在发展学生的腿部快速支撑力量的跳跃能力时，应注意四方面的问题：第一，在进行快速跳跃方面的练习时，一般应采用5~6步助跑，随着学生训练水平的逐步提高，可以适当增加助跑步数以及助跑速度。第二，在训练的开始阶段，应先在松软的地面上练习，有条件的话最好在沙滩上进行锻炼，经过一段时间的适应性练习之后，逐步过渡到跑道上进行练习。第三，训练时要按照循序渐进的原则，负重量要由小到大，在进行各种负重跳跃练习时，都要先注重练习的数量，也就是练习的重复次数，然后强调练习的强度。第四，在进行任何一种跳跃练习时，都要先强调动作的幅度，当学生能够大幅度且能正确地完成各个动作时，就应该相应地要求动作速度等。

（六）三级跳远项目中立定三级跳远的训练方式概念

立定三级跳远是指不用助跑，从立定姿势开始的连续三次双单腿连续跳跃。起跳时学生双脚站立的位置不限定。在进行立定三级跳远时，只能离地三次，如双脚离地后，后面的起跳都是单腿支撑和起跳，落下后再起跳，即为连续离地两次落地支撑和起跳，在田径训练中经常采用这种练习。

1. 立定三级跳远的技术结构

立定三级跳远跳时两腿稍分与肩同宽，膝微屈，身体前倾，然后两臂自然后摆两次，两腿随之屈伸，当两臂从后向前上方做有力摆动时，两脚用前脚掌迅速蹬地，膝关节充分蹬直，同时展髋向前跳起，身体尽量前送，身体在空中成一斜线，过最高点后屈膝、收腹、小腿前伸，两臂自上向下向后摆，腾空，第二次落地时单腿支撑接单腿跨步跳，接第二次落地单腿支撑和第三次跳跃和落地，落地时脚跟由后向前带全脚掌着地，落地后屈膝缓冲，上体前倾。要提高立定三级跳远的成绩，腿部支撑力量和爆发力量的发展是基础，特别要提高腰、膝、踝、髋四个关节的协调用力及爆发用力的能力。

2. 立定三级跳远的特点与训练作用

立定三级跳远是发展下肢爆发力与弹跳力的运动项目。它要求下肢与髋部肌肉协调快速用力，并与上肢的摆动相配合，强有力的蹬摆腿和摆臂及蹬摆的有机结合都可以促进立定三级跳远的成绩。所以它需要一定的灵巧性。

立定三级跳远的训练作用主要表现在四方面：第一，可以提高小肌肉群的力量，特别是对下肢肌群的爆发用力能力，而且对踝关节的力量提出了较高的要求。立定三级跳远的最后用力点是在前脚掌，甚至是脚尖，经常练习可以使踝关节的弯曲用力有相当大的提高。第二，可以提高学生的协调性，让学生在练习的同时，提高身体各部位的配合协调能力。第三，可以练习臂的带动能力，立定三级跳远是直臂摆动，摆幅越大，带、领、提拉动作越强。这一点恰在三级跳远运动中适用。第四，可以提高学生能量的转换能力，从站立状态到下缚状态，势能转化为动能，每次落地支撑和每一次跳跃，都和三级跳远技术中的三次跳跃极为相似，从而可以更有效地提高初速度，增加立定三级跳远的远度。

（七）我国三级跳远专项能力训练的研究现状

1. 助跑的研究

从 20 世纪 70 年代到 90 年代，许多教练员、研究人员和一些专家学者对三级跳远的助跑进行了大量深入的研究，在这些研究中，助跑速度和助跑节奏占了很大部分，并且把重点放在了助跑后六步的研究上，助跑距离和助跑节奏等方面的研究也取得了很大的成绩。

相对来说，较有代表性的研究如下：湖南老将邹四新在对平跳型和速度型三级跳远助跑技术的研究中，把研究重点放在如何解决助跑速度、助跑节奏与起跳相结合的技术上，助跑技术直接影响着起跳技术和三级跳远的成绩，正确、完美的助跑技术和助跑节奏应该保持一个良好的、稳定的且与上体自然正直相协调的身体姿势、与起跳技术相符合的速度和逐渐加快的节奏。世界纪录保持者爱德华兹的整个助跑过程用了 20 步完成，体现出平跳型、速度型的助跑距离趋于加长以获得更大的速度的发展趋势。为了获得更好的水平位移效果，获得最大的水平速度，在其助跑中应突出高步频，贯穿"蹬摆"和积极"扒地"的落地跑法为主线等。

2. 助跑和起跳结合的研究

在我国三级跳远技术的分析中，大部分的研究主要集中在助跑的倒数四步至六步和起跳技术上，几乎达到了 80%，这是三级跳远助跑技术研究中的重点。速度是田径运动的核心，而在各项田径技术中，速度是关键因素，特别是在跳跃运动里。在影响三级跳远成绩的各种因素中，专家的一致观点是，助跑速度所起到的作用大约占到 70%。因此，多数专家和学者都把助跑和起跳一起来研究，大部分研究主要通过学生日常训练或比赛时的高速影像拍摄，从三级跳远技术的运动学角度来分析和研究。在整个助跑距离、节奏等方面都进行了深入的研究：助跑最后四步至六步的速度、节奏以及身体重心的水平高度变化，最后一步的上板起跳动作，蹬、摆动腿的方向、离地时的身体重心向前移动时角度的变化规律，最后一步的步长和身体重心向前移动等问题的讨论都很多，起跳前以及起跳开始阶段的水平速度，起跳过程中支撑腿的踝关节、膝关节和髋关节这三个关节支撑、蹬伸是否充分的问题；蹬伸距离、蹬伸角度、蹬伸幅度、摆动腿角度和速度；起跳阶段支撑腿踝关节的平均角速度，起跳时身体重心前移的角度等问题的讨论也非常激烈。代表研究有：罗陵等学者运用生物力学的原理分析了我国优秀男子三级跳远运动员李延熙三级跳远时的助跑、起跳技术，得出李延熙助跑倒数第六步至起跳腿着地时这一区间的水平速度损失较小，在起跳前和起跳开始阶段的水平速度损失较低，起跳过程中支撑腿的髋、膝和踝关节蹬伸较充分。罗陵在我国优秀男子三级跳远运动员起跳技术的研究中，提出起跳时的垂直速度较低是影响我国优秀男子三级跳远运动员运动成绩的主要因素，在起跳的一瞬间身体重心的垂直速度较低，起跳腿的膝、髋和踝三个关节的蹬伸不充分，摆动腿的摆动速度较小，高度较低，助跑水平速度没有合理有效地转化成起跳时的水平向前速度。

3. *支撑、起跳、蹬、摆动腿方面的研究*

在起跳缓冲阶段时，学生应尽力加大摆动速度，在最大缓冲瞬间加速度值应达到最大值，这也符合运动生物力学原理以及人体肌肉收缩力学性质。关于蹬伸腿的膝、髋和踝三个关节是否充分，摆动腿的摆动方向、摆速和摆幅，摆动腿是自然摆腿还是屈腿摆，平跳型三级跳远学生为什么要采用自然屈腿摆动等问题进行了分析。

美国著名运动学专家波列特提出，60%的踏跳力量是来自摆动腿，20%才是起跳腿本身所具有的力量，而助跑最后一步两大腿之间的夹角、在起跳阶段摆动腿膝关节的角度以及手臂的摆动都是影响摆动效果的因素。苏斌等人通过训练实验法、运动生物力学研究法，分析了三级跳远运动助跑起跳过程中的身体重心和水平速度的变化，得出了"起跳时的水平速度是在摆动腿和起跳腿支撑下的'双动力'起跳中获得的"的结论。

第八章　体育教学民族传统体育项目的教学

第一节　散打运动技能

一、散打项目的特征

散打是两人运用踢、打、摔等基本技法，按照规定的场地、时间、条件进行的一项较技、斗智的激烈对抗的体育项目，具有一对一竞技，按体重分级别比赛，以绝对胜利或得分取胜等特点。散打是一项对抗性非常强的运动项目，要求运动员不仅要具有良好的体能，而且要有过硬的技术和稳定的心理素质。运动员的智力水平和临场战术的合理安排，对比赛胜负都能产生很大的影响。散打不同于跆拳道、空手道、泰拳、拳击等对抗形式的体育运动，它突出了武术的"远踢、近打、贴身摔"的技术原则，且具有武术踢、打、摔技术全面应用的特色。

二、散打运动技能训练法

散打运动技能可分为进攻型技能和防守型技能。

三、进攻型技能训练法

进攻型技能训练要点：

强调动作的快速性。力量在散打进攻技术中非常重要。力量由速度和质量两个因素组成，重量大、速度快，击打的力量就大。但是重量和速度常常是成反比的，大个子队员往往速度慢，小个子队员往往速度快。如果一个队员个子既高，体重又重，速度又快，那么这一队员在对打时就会有很大的优势。

动作快速具有较大的优势。速度越快，对方的反应时就要求越短。进攻队员每做一个动作，防守队员都要对刺激进行认知，选择有效抵挡进攻的方式，然后将信息传到肌肉，这都需要时间。如果进攻队员动作速度很快，防守队员就没有足够的反应时对进攻队员进行反应。

要提高动作的快速性可通过计时训练的方式。如在 1 分钟或半分钟时间内，记录队员击打的次数，而且要保持击打的质量。

强调动作的准确性。动作的准确性就是要求进攻队员尽可能攻击对方的要害部位。练习准确性时，首先要保证快速性。但是动作快了，准确性就会降低。速度和准确性是一对矛盾，所以要通过训练提高动作的准确性。例如，一开始可以用假人把具体部位标记出来，通过计时的方法，在某一时间段内记录击中部位的次数。随着队员技能水平的提高，将假人换作移动的物体进行击打。

强调动作的多样性。根据运动技能原理，如果一个进攻队员有许多种不同的进攻方式，那么防守队员就需要较长的反应时进行应对。也就是说，每一种进攻方式都要有一种防守方法来应对。例如，李小龙在实战中击打能力强的原因是他可以用身体的许多部位击打对方，用不同的器械击打对方，而且速度很快，这样对方的反应时就会延长。训练中，教练要尽量让队员掌握更多的进攻手段。

强调动作的新颖性。训练时，教练要想办法帮队员创造出新的击打方式，这样防守队员就很难应对新的进攻方法，从而使进攻队员在比赛中获利。

强调动作的简洁性。根据运动技能原理，最好的运动技能是以最快速和最简洁的动作击打对方。有人对李小龙的各种击打技能进行过仔细的研究，发现其进攻动作简单、快速而有力，总是用最简单的方法攻击对方或抵挡对方的进攻，从不摆空架子，但是非常有效。

强调动作的出其不意。如果比赛中队员的进攻方式只是用固定的套路，那么防守队员就很容易抵挡，因为防守队员已了解进攻队员的进攻套路，并懂得如何应对。

这样，进攻队员进攻手段的实效性在比赛中就会大大降低。如果队员在比赛中每一次击打都没有固定套路，那么这种出其不意的打法就很难让对手提前猜测到该队员会如何进攻。

四、防守型技能训练方法

防守动作是一项被动的动作方法，故防守队员的反应时训练显得非常重要。

防守型技能的训练要点如下。

详细了解进攻队员的打法。主要应详细了解对方的优点和弱点，这样才能克彼之长，攻其之短。

用最快的方法抵挡进攻队员的击打。防守中，防守队员稍慢一点就容易被击倒，故要提高防守队员的预测能力。练习时，可挑选进攻速度快的队员进行对打，这样可有效缩短防守队员的反应时。

在不同的情境下，与不同的对手进行模拟对打训练。与不同的对手（如个子高的队员、个子矮的队员、左撇子队员、赤手空拳的队员、持器械的队员等）进行对打，可提高队员面对不同对手的应对能力。不同的对手，其进攻时的优劣势是不一样的，训练中，防守队员应熟悉每一类队员的进攻方式。在不同的天气状况下进行训练也非常重要，如在天黑和下雨的情况下进行训练。此外，队员还要了解用哪个身体部位和用哪种方式抵挡对手的进攻最不易受伤，防守时保持多大的距离对自己而言是安全区域，这些都是在训练中要特别注意的问题。

散打只是中国武术中的一种格斗方式，不同的国家，根据他们各自的传统和特点，发展出许多不同的对打方式，如空手道、拳击、笼斗、泰拳等。这些不同的格斗方式虽然名称不同、规则不同，但从运动技能学角度来分析，在运动技能训练时，只要抓住这些项目的技能特征，设置科学的训练方法，就能在比赛中取得好的成绩。

第二节 健身气功八段锦运动技能

一、八段锦介绍

八段锦是一项很好的传统康复锻炼运动，它虽然很简单，但具有较好的治疗效果。从它的命名就不难看出这种运动是优雅、柔软的，就像"锦缎"一样。整个练习共有八段，称为"八段锦"。其功法特点是柔和缓慢，圆活连贯，松紧结合，动静相兼，神与形合，气寓其中。其作用是有利于促进气血循环。

二、八段锦的作用

（一）消除疲劳

八段锦第一式"两手托天理三焦"，从动作上看是四肢和躯干的伸展运动，和伸懒腰很相似，可以加强四肢和躯干的伸展活动，影响胸腹腔血流的再分配，有利于肺部的扩张，使呼吸加深，吸进更多的氧气，对消除疲劳有一定的作用。

（二）矫正肩背

八段锦的"两手托天理三焦"动作是全身的伸展活动，又伴随深呼吸，可以调理内脏各部，对腰背肌肉骨骼有良好的作用，有助于矫正肩内收和圆背等不良姿势，所以经常伏案学习和工作的年轻人也可以练一练八段锦。

（三）加强身体血液循环

八段锦第二式"左右开弓似射雕"，这一动作的重点在胸部，用中医术语来说就是重点在上焦。这节动作影响所及，包括两手、两臂和胸腔内的心肺，通过扩胸伸臂可以增强胸肋部和肩臂部肌肉，加强身体血液循环，有助于进一步纠正姿势不正确所造成的病态。

（四）调理脾胃、防治肠胃病

八段锦第三式"调理脾胃须单举"，这段动作是一手上举，一手下按，上下用力对拉，使两侧内脏器官和肌肉进一步受到牵引，特别是使肝、胆、脾、胃受到牵拉，使胃肠蠕动和消化功能得到增强，久练有助于防治胃肠病。

（五）增强头部血液循环

八段锦第四式"五劳七伤往后瞧"，这段动作是头部反复向左、向右转动，眼球尽量往后看，显然是一种头部运动。头部运动对活跃头部血液循环、增强颈部肌肉活动有较明显的作用，有助于预防和治疗颈椎病，保持颈部肌肉正常的运动功能，改善高血压和动脉硬化患者的平衡功能，减少眩晕感觉。而且对消除大脑和中枢神经系统的疲劳和一些生理功能障碍等也有促进作用。

（六）增强体质

八段锦第五式"摇头摆尾去心火"，这段动作是全身性动作，对整个身体都有良好作用。摇头摆尾，旋转身体，可放松精神，提高全身各器官、各系统的功能，能够增强体质。

（七）锻炼腰肌

八段锦第六式"两手攀足固肾腰"，这段动作既有前俯，又有后仰，可充分伸展腰背肌肉，同时两臂也尽量向下伸展，坚持练两手攀足可使腰肌延伸而受到锻炼，使腰部各组织、各器官，特别是肾脏、肾上腺等得到增强，既有助于防治常见的腰肌劳损等病，又能增强全身机能。

（八）增强眼肌、防治近视

八段锦中的第四式"五劳七伤往后瞧"和第七式"攒拳怒目增气力"，分别有加大眼球活动范围和瞪眼怒目的动作，可增强眼肌，防治近视。

（九）疏通经络

八段锦第八式"背后七颠百病消"，这段动作简单，颠足而立，拔伸脊柱，下落振身，可以放松身体、疏通经络、按摩五脏六腑，十分舒服。

三、动作名称

预备势
第一式　两手托天理三焦　　第二式　左右开弓似射雕
第三式　调理脾胃须单举　　第四式　五劳七伤往后瞧
第五式　摇头摆尾去心火　　第六式　两手攀足固肾腰
第七式　攒拳怒目增气力　　第八式　背后七颠百病消
收势

四、动作说明

1. 拳

大拇指抵掐无名指根节内侧，其余四指屈拢收于掌心即握固。

2. 掌

（掌一）：五指微屈，稍分开，掌心微含。

（掌二）：大拇指与食指竖直分开成八字状，其余三指第一、二指节屈收，掌心微含。

3. 爪

五指并拢，大拇指第一指节，其余四指第一、二指节屈收扣紧，手腕伸直。

4. 马步

开步站立，两脚间距是本人脚长的 2~3 倍，屈膝半蹲，大腿略高于水平。

五、动作图解

（一）预备势

①两脚并步站立；两臂自然垂于体侧；身体中正；目视前方。

②随着松腰沉髋，身体重心移至右腿；左脚向左侧开步，脚尖朝前，约与肩同宽；目视前方。

③两臂内旋，两掌分别向两侧摆起，约与腕同高，掌心向后；目视前方。

④上动不停。两腿膝关节稍屈；同时，两臂外旋，向前合抱于腹前呈圆弧形，与脐高，掌心向内，两掌指间距约10厘米；目视前方。

动作要点：

①头向上顶，下颏微收，舌抵上腭，双唇轻闭；沉肩坠肘，腋下虚掩；胸部宽舒，腹部松沉；收髋敛臀，上体中正。

②呼吸徐缓，气沉丹田，调息6~9次。

易犯错误：

①抱球时，大拇指上翘，其余四指斜向地面。

②塌腰，跪腿，八字脚。

纠正方法：

①沉肩，垂肘，指尖相对，大拇指放平。

②收髋敛臀，命门穴放松；膝关节不超越脚尖，两脚平行站立。

功理与作用：宁静心神，调整呼吸，内安五脏，端正身形，从精神与肢体上做好练功前准备。

（二）第一式：两手托天理三焦（图8-1）

①接上式。两臂外旋微下落，两掌五指分开在腹前交叉，掌心向上；目视前方。

②上动不停，两腿徐缓挺膝伸直；同时，两掌上托至胸前，随之两臂内旋向上托起，掌心向上；抬头，目视两掌。

③上动不停。两臂继续上托，肘关节伸直；同时，下颏内收，动作略停；目视前方。

④身体重心缓缓下降；两腿膝关节微屈；同时，十指慢慢分开，两臂分别向身体两侧下落，两掌捧于腹前，掌心向上；目视前方。

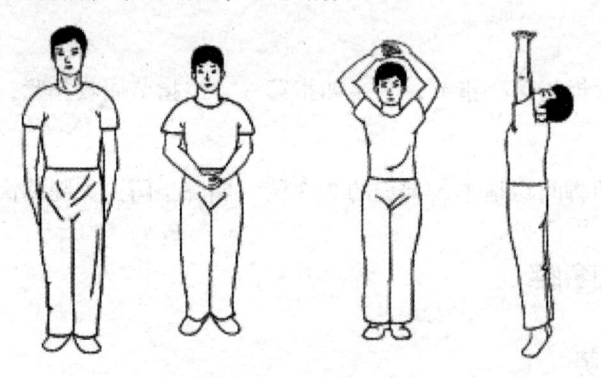

图8-1 两手托天理三焦[①]

动作要点：

①两掌上托要舒胸展体，略有停顿，保持伸拉。

②两掌下落，松腰沉髋，沉肩坠肘，松腕舒指，上体中正。

---

① 左茜颖.八段锦［M］.北京：北京体育大学出版社，2013.

易犯错误：两掌上托时，抬头不够，继续上举时松懈断劲。

纠正方法：两掌上托，舒胸展体，缓慢用力，颏先向上助力，再内收配合两掌上撑，力在掌根。

功理与作用：

①通过两手交叉上托，缓慢用力，保持伸拉，可使"三焦"通畅、气血调和。

②通过拉长躯干与上肢各关节周围的肌肉、韧带及关节软组织，对防治肩部疾患、预防颈椎病等具有良好的作用。

（三）第二式：左右开弓似射雕

图8-2　左右开弓似射雕[①]

①接上式。身体重心右移；左脚向左侧开步站立，两腿膝关节自然伸直；同时，两掌向上交叉于胸前，左掌在外，两掌心向内；目视前方。

②上动不停。两腿徐缓屈膝半蹲成马步；同时，右掌屈指成"爪"，向右拉至肩前；左掌成八字掌，左臂内旋，向左侧推出，与肩同高，坐腕，掌心向左，犹如拉弓射箭之势；动作略停；目视左掌方向。

③身体重心右移；同时，右手五指伸开成掌，向上、向右划弧，与肩同高，指尖朝上，掌心斜向前；左手指伸开成掌，掌心斜向后；目视右掌。

④上体不停。重心继续右移；左脚回收成并步站立；同时，两掌分别由两侧下落，捧于腹前，指尖相对，掌心向上；目视前方。动作5至8同动作1至4，唯左右相反。

本式一左一右为1遍，共做3遍。

第3遍最后动作1时，身体重心继续左移；右脚回收成开步站立，与肩同宽，膝关节微屈；同时，两掌分别由两侧下落，捧于腹前，指尖相对，掌心向上；目视前方。

动作要点：

①侧拉之手五指并拢屈紧，肩臂放平。

②八字掌侧撑需沉肩坠肘，屈腕，竖指，掌心含空。

③年老或体弱者可自行调整马步高度。

易犯错误：端肩，弓腰，八字脚。

[①] 左茜颖. 八段锦［M］. 北京：北京体育大学出版社，2013.

纠正方法：沉肩坠肘，上体直立，双脚跟外撑。

功理与作用：

①展肩扩胸，可刺激督脉和背部俞穴；同时刺激手三阴三阳经等，可调节手太阴肺经等经脉之气。

②可有效发展下肢肌肉力量，提高平衡和协调能力；同时，增加前臂和手部肌肉力量，提高手腕关节及指关节的灵活性。

③有利于矫正不良姿势，如驼背及肩内收，能很好地预防肩、颈疾病等。

（四）第三式：调理脾胃须单举（图8-3）

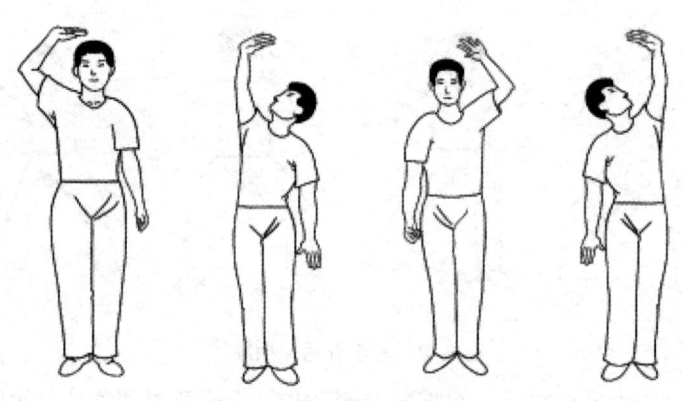

图8-3 调理脾胃须单举①

①接上式。两腿徐缓挺膝伸直；同时，左掌上托，左臂外旋，经面前上穿，随之臂内旋上举至头左上方，肘关节微屈，力达掌根，掌心向上，掌指向右；同时，右掌微上托，随之臂内旋下按至右髋旁，肘关节微屈，力达掌根，掌心向下，掌指向前，动作略停；目视前方。

②松腰沉髋，身体重心缓缓下降；两腿膝关节微屈；同时，左臂屈肘外旋，左掌经面前下落于腹前，掌心向上；右臂外旋，右掌向上捧于腹前，两掌指尖相对，相距约10厘米，掌心向上；目视前方。

动作3和动作4同动作1和动作2，唯左右相反。

本式一左一右为1遍，共做3遍。

第3遍最后一动时，两腿膝关节微屈；同时，右臂屈肘，右掌下按于右髋旁，掌心向下，掌指向前；目视前方。

动作要点：力在掌根，上撑下按，舒胸展体，拔长腰脊。

易犯错误：掌指方向不正，肘关节没有弯曲度，上体不够舒展。

纠正方法：两掌放平，力在掌根，肘关节稍屈，对拉拔长。

功理与作用：

①通过左右上肢一松一紧的上下对拉（静力牵张），可以牵拉腹腔，对脾胃中焦

---

① 左茜颖.八段锦［M］.北京：北京体育大学出版社，2013.

肝胆起按摩作用；同时可以刺激位于腹、胸胁部的相关经络以及背部俞穴等，起到调理脾胃（肝胆）和脏腑经络的作用。

②可使脊柱内各椎骨间的小关节及小肌肉得到锻炼，从而增强脊柱的灵活性与稳定性，有利于预防和治疗肩、颈疾病。

（五）第四式：五劳七伤往后瞧（图8-4）

①接上式。两腿徐缓挺膝伸直；同时，两臂伸直，掌心向后，指尖向下，目视前方。然后上动不停。两臂充分外旋，掌心向外；头向左后转，动作略停；目视左斜后方。

②松腰沉髋，身体重心缓缓下降；两腿膝关节微屈；同时，两臂内旋按于髋旁，掌心向下，指尖向前；目视前方。

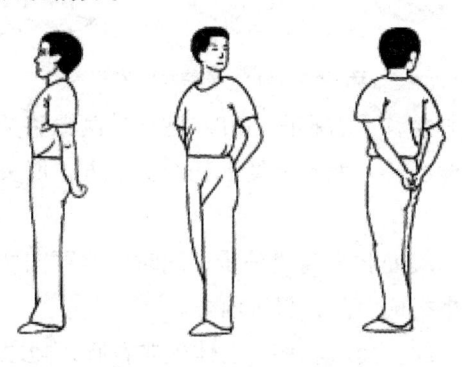

图8-4 五劳七伤往后瞧[①]

③同动作1，唯左右相反。
④同动作2。

本式一左一右为1遍，共做3遍。第3遍最后一动时，两腿膝关节微屈；同时，两掌捧于腹前，指尖相对，掌心向上；目视前方。

动作要点：
①头向上顶，肩向下沉。
②转头不转体，旋臂，两肩后张。

易犯错误：上体后仰，转头与旋臂不充分或转头速度过快。
纠正方法：下颏内收，转头与旋臂幅度宜大，速度均匀。

功理与作用：

①"五劳"指心、肝、脾、肺、肾五脏劳损；"七伤"指喜、怒、悲、忧、恐、惊、思七情伤害。本式动作通过上肢伸直外旋扭转的静力牵张作用，可以扩张牵拉胸腔、腹腔内的脏腑。

②本式动作中往后瞧的转头动作，可刺激颈部大椎穴，达到防治"五劳七伤"的目的。

③可增加颈部及肩关节周围参与运动肌群的收缩力，增加颈部运动幅度。活动眼

[①] 左茜颖．八段锦［M］．北京：北京体育大学出版社，2013．

肌，预防眼肌疲劳以及肩、颈与背部等疾患，同时，改善颈部及脑部血液循环，有助于解除中枢神经系统疲劳。

（六）第五式：摇头摆尾去心火（图8-5）

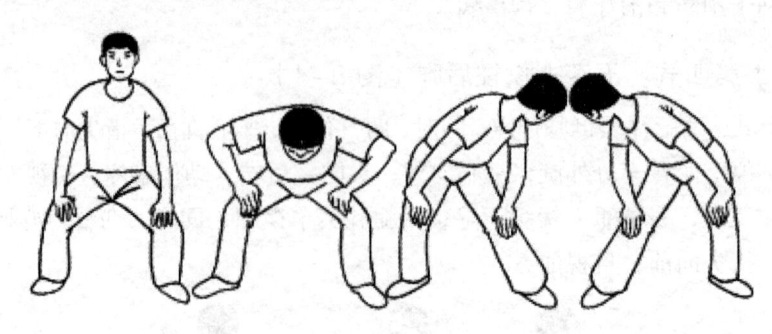

图8-5　摇头摆尾去心火[①]

①接上式。身体重心左移；右脚向右开步站立，两腿膝关节自然伸直；同时，两掌上托与胸同高时，两臂内旋，两掌继续上托至头上方，肘关节微屈，掌心向上，指尖相对目视前方。

②上动不停。两腿徐缓屈膝半蹲成马步；同时，两臂向两侧下落，两掌扶于膝关节上方，肘关节微屈，小指侧向前；目视前方。

③身体重心向上稍升起，而后右移；上体先向右倾，随之俯身；目视右脚。

④上动不停。身体重心左移；同时，上体由右向前、向左旋转；目视右脚。

⑤身体重心右移，成马步；同时，头向后摇，上体立起，随之下颏微收；目视前方。

动作5至8同动作3至5，唯左右相反，本式一左一右为1遍，共做3遍。

做完3遍后，身体重心向左移，右脚回收成开步站立，与肩同宽；同时，两掌向外经两侧上举，掌心相对；目视前方，随后松腰沉髋，身体重心缓缓下降，两腿膝关节微屈；同时屈肘，两掌经面前下按至腹前，掌心向下，指尖相对，目视前方。

动作要点：

①马步下蹲要收髋敛臀，上体中正。

②摇转时，颈部与尾闾对拉伸长，好似两个轴在相对运转，速度应柔和缓慢，动作圆活连贯。

③年老或体弱者要注意动作幅度，不可强求。

易犯错误：

①摇转时颈部僵直，尾闾摇动不圆活，幅度太小。

②前倾过大，使整个上身随之摆动。

纠正方法：

①上体侧倾与向下俯身时，下颏不要有意内收或上仰，颈椎部肌肉尽量放松伸长。

②加大尾闾摆动幅度，应上体左倾尾闾右摆，上体前俯尾闾向后画圆，头不低于

---
① 左茜颖. 八段锦 [M]. 北京：北京体育大学出版社，2013.

水平，使尾闾与颈部对拉拔长，加大旋转幅度。

功理与作用：

①心火，即心热火旺的病症，属阳热内盛的病机。通过两腿下蹲，摆动尾闾，可刺激脊柱、督脉等；通过摇头，可刺激大椎穴，从而起到疏经泄热的作用，有助于祛除心火。

②在摇头摆尾过程中，脊柱腰段、颈段大幅度侧屈、环转及回旋，可使整个脊柱的头颈段、腰腹及臀、股部肌群参与收缩，既增加了颈、腰、髋的关节灵活性，也增强了这些部位的肌力。

（七）第六式：两手攀足固肾腰（图8-6）

图8-6 两手攀足固肾腰[①]

①接上式。两腿挺膝伸直站立；同时，两掌指尖向前，两臂向前、向上举起，肘关节伸直，掌心向前，目视前方。

②两臂外旋至掌心相对，屈肘，两掌下按于胸前，掌心向下，指尖相对；目视前方。

③上动不停。两臂外旋，两掌心向上，随之两掌掌指顺腋下向后插；目视前方。

④两掌心向内沿脊柱两侧向下摩运至臀部；随之上体前俯，两掌继续沿腿后向下摩运，经脚两侧置于脚面；抬头，动作略停；目视前下方。本式一上一下为1遍，共做6遍。

做完6遍后，上体立起，同时，两臂向前、向上举起，肘关节伸直，掌心向前；目视前方。随后松腰沉髋，身体重心缓缓下降；两腿膝关节微屈；同时，两掌向前下按至腹前，掌心向下，指尖向前；目视前方。

动作要点：

①反穿摩运要适当用力，至足背时松腰沉肩，两膝挺直，向上起身时手臂主动上举，

---

① 左茜颖. 八段锦［M］. 北京：北京体育大学出版社，2013.

带动上体立起。

②年老或体弱者可根据身体状况自行调整动作幅度，不可强求。

易犯错误：

①两手向下摩运时低头，膝关节弯曲。

②向上起身时，起身在前，举臂在后。

纠正方法：

①两手向下摩运要抬头，膝关节伸直。

②向上起身时要以臂带身。

功理与作用：

①通过前屈后伸可刺激脊柱、督脉以及命门、阳关、委中等穴，有助于防治生殖泌尿系统方面的慢性病，起到固肾壮腰的作用。

②通过脊柱大幅度前屈后伸，可有效发展躯干前、后伸屈脊柱肌群的力量与伸展性，同时对腰部的肾、肾上腺、输尿管等器官有良好的牵拉、按摩作用，可以改善其功能，刺激其活动。

（八）第七式：攒拳怒目增气力（图8-7）

①接上式，身体重心右移，左脚向左开步；两腿徐缓屈膝半蹲成马步；同时，两掌握固，抱于腰侧，拳眼朝上；目视前方。

②左拳缓慢用力向前冲出，与肩同高，拳眼朝上；瞪目，视左拳冲出方向。左臂内旋，左拳变掌，虎口朝下；目视左掌。左臂外旋，肘关节微屈；同时，左掌向左缠绕，变掌心向上后握固；目视左拳屈肘，回收左拳至腰侧，拳眼朝上；目视前方。

图8-7 攒拳怒目增气力[①]

动作4至6同动作1至3，唯左右相反，本式一左一右为1遍，共做3遍。

做完3遍后，身体重心右移，左脚回收成并步站立；同时，两拳变掌，自然垂于体侧；目视前方。

动作要点：

①马步的高低可根据自己的腿部力量灵活掌握。

---

① 左茜颖.八段锦［M］.北京：北京体育大学出版社，2013.

②冲拳时要怒目瞪眼，注视冲出之拳，同时脚趾抓地，拧腰顺肩，力达拳面；拳回收时要旋腕，五指用力抓握。

易犯错误：

①冲拳时上体前俯，端肩，掀肘。

②拳回收时旋腕不明显，抓握无力。

纠正方法：

①冲拳时头向上顶，上体立直，肩部松沉，肘关节微屈，前臂贴肋前送，力达拳面。

②拳回收时，先五指伸直充分旋腕，再屈指用力抓握。

功理与作用：

①中医认为，"肝主筋，开窍于目"，本式中的"怒目瞪眼"可刺激肝经，使肝血充盈，肝气疏泻，有强健筋骨的作用。

②两腿下蹲十趾抓地、双手攒拳、旋腕、手指逐节强力抓握等动作，可刺激手、足三阴三阳十二经脉的俞穴和督脉等；同时，使全身肌肉、经脉受到静力牵张刺激，长期锻炼可使全身筋肉结实，气力增加。

（九）第八式：背后七颠百病消（图8-8）

①接上式。两脚跟提起；头上顶，动作略停；目视前方。

②两脚跟下落，轻震地面；目视前方。本式一起一落为1遍，共做7遍。

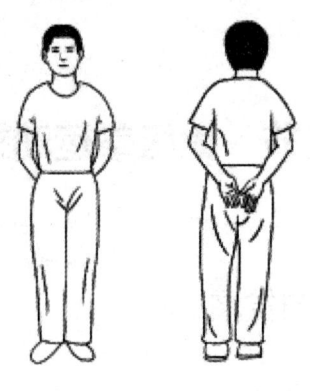

图8-8　背后七颠百病消[①]

动作要点：

①上提时脚趾要抓地，脚跟尽力抬起，两腿并拢，百会穴上顶，略有停顿，要掌握好平衡。

②脚跟下落时，咬牙，轻震地面，动作不要过急。

③沉肩舒臂，全身放松。

易犯错误：上提时，端肩，身体重心不稳。

纠正方法：五趾抓住地面，两腿并拢，提肛收腹，肩向下沉，百会穴上顶。

---

① 左茜颖.八段锦［M］.北京：北京体育大学出版社，2013.

功理与作用：

①脚趾为三阴、足三阳经交会之处，脚十趾抓地，可刺激足部有关经脉，调节相应脏腑的功能；同时，颠足可刺激脊柱与督脉，使全身脏腑经络气血通畅，阴阳平衡。

②颠足而立可发展小腿后部肌群力量，拉长足底肌肉、韧带，提高人体的平衡能力。

③落地震动可轻度刺激下肢及脊柱各关节内外结构，并使全身肌肉得到放松复位，有助于解除肌肉紧张。

（十）收势

①接上式。两臂内旋，向两侧摆起，与腰同高，掌心向后；目视前方。
②两臂屈肘，两掌相叠置于丹田处（男性左手在内，女性右手在内）；目视前方。
③两臂自然下落，两掌轻贴于腿外侧；目视前方。

动作要领：体态安详，周身放松，呼吸自然，气沉丹田。

易犯错误：收功随意，动作结束后或心浮气躁，或急于走动。

纠正方法：

①收功时要心平气和，举止稳重。收功后可适当做一些整理活动，如搓手浴面和肢体放松等。

②气息归元，放松肢体肌肉，愉悦心情，进一步巩固练功效果，逐渐恢复到练功前安静时的状态。

第三节　太极拳运动技能

一、太极拳的起源与发展

（一）陈氏太极拳的创始人

陈氏始祖陈卜全家定居清风岭上的常阳村后，勤劳耕作，兴家立业，为了保卫桑梓不受地方匪盗危害，精通拳械的陈卜在村中设立武学社，传授子孙乡民习拳练武。

陈卜及其后代六世同堂，有二世陈刚、三世陈琳、四世陈景元、五世陈堂、六世陈宗儒（独子思贵）等人。到七世开始分家立业。其中一支为七世陈思贵、八世陈抚民、九世陈王廷和陈王前兄弟。陈王廷（1600—1680），又名陈奏庭，系明末文庠生、清初武庠生，文武双全，曾只身闯玉带山，劝阻登封武举李际遇叛乱，为清廷在山东平定盗匪立过战功，在河南、山东负有盛名却不被清廷重用。陈王廷报国无门，收心隐退，在耕作之余，依据自己祖传之一百单八式长拳，博采众家精华，结合易学上有关的阴阳五行之理，并参考传统中医学中有关经络学说及导引、吐纳之术，发明创造出了一套具有阴阳相合、刚柔相济的新型拳术，包括太极拳五路、炮捶一路、双人推手及刀、枪、棍、剑、锏、双人粘枪等器械套路。在刺枪术和八杆四杆术对练套路中还运用太极拳术的缠丝劲，开辟了长兵器阴阳变换、刚柔相济的先河。

太极拳自陈王廷创立之后，就在陈家沟陈氏家族中世代传承，绵延数百年而不绝。随着陈氏家族的人丁兴旺，家族中也涌现出了申如、恂如、敬伯、继夏、秉奇、秉壬、秉旺、公兆等很多高手，用现在已知最早记载太极拳历史文献《太极拳小序》中李亦畲的话来说就是："神而明者，代不数人。"在此之后数百年间，历经陈氏子孙及其门徒的不断丰富和发展，太极拳已经成为我国传统的优秀拳种之一，并衍生发展出了杨、吴、武、孙、和五大流派。

（二）太极拳的发展

陈氏第十四世陈长兴（1771—1853），字云亭，著《太极拳十大要论》《太极拳用武要言》《太极拳战斗篇》等。他打破门规局限，将陈家累代家传之秘——陈氏太极拳传于河北永年县的杨福魁（露禅），至此太极拳史上开始了第一次大发展大普及时期。当今太极拳能有如此大范围的传播与陈长兴当年破除家传绝艺不传外姓的习俗有着直接关系，其功永不可没。

陈氏第十四世陈有本（1780—1858），字道生，受业其父，太极拳功炉火纯青。他除了完整保留并传下了祖传拳架外（后人称小架或小圈），且不受其限，多有创新。当时精于太极拳者多出其门，著名的有陈仲甡、陈季甡、陈清萍等，陈长兴六子陈耕耘亦曾师之。

陈氏第十五世陈清萍（1795—1868），居于温县陈家2.5千米处赵堡镇，他在祖传太极拳（小架）套路的基础上又进行了修改，形成了一套小巧紧凑，逐步加圈，由简到繁，不断提高拳艺技巧的练习套路。当地人称其所传太极拳为赵堡街架。

陈氏第十六世陈鑫（1849—1929），字品三，幼承父命，文武兼习。他晚年时深感陈氏太极拳虽经历代口传亲授，然文字著作较少，不利广泛传播。为阐发祖传太极拳学说，遂闭门著述，费时12年，完成《陈氏太极拳图画讲义》四卷、《陈氏太极拳易象数》六卷，全面整理陈氏世代积累的练拳经验。其著以易理说拳理，掺以阴阳、经络学说，确立缠丝劲为核心，较为全面地阐述了陈氏太极拳的理论体系，为陈氏太极拳理论宝库中树立了一座引人注目的丰碑。他的作品还有《陈氏家乘》《三三六拳谱》等。

陈氏第十七世陈发科（1887—1957），字福生，是近代陈氏太极拳的代表人物，对发展和传播陈氏太极拳做出了杰出贡献。在北京授拳期间（1929—1957），陈发科以其高尚的武德、非凡的功力以及实战技击的精妙而著称于世，深受世人的广泛敬仰，在武林中威信颇高。陈发科教授徒弟很多，有顾留馨、洪均生、田秀臣、雷慕尼、冯志强、李经梧、肖庆林，以及其子照旭、照奎，女豫霞等。

陈氏第十八世陈照丕（1893—1972），字绩甫。1928年秋，应北平同仁堂东家乐佑申和乐善同兄弟二人之邀，在北平授拳。有同乡李敬庄（字庆林）在《北平晚报》（1928年10月）刊发文章宣扬其拳艺。并设立擂台7天，未有匹者，获全胜。后应南京市市长之邀在南京授拳，拳踪广布。著有《陈氏太极拳汇宗》《太极拳入门》《陈氏太极拳图解》《陈氏太极拳理论十三篇》等。所授弟子中王西安、朱天才、陈小旺、陈正雷功夫超群，被海内外赞誉为陈氏太极拳"四大金刚"。照丕先生恩泽后人、诲人不倦、武德高尚，是陈氏太极承前启后、继往开来的一代宗师。

陈家沟现在传习的拳械套路有：老架一、二路（炮捶）；新架一、二路（炮捶）；小架一、二路以及五种推手法、太极单刀、双刀、单剑、双剑、双锏、梨花枪、白猿棍、春秋大刀、四杆、八杆、十三杆等。

（三）太极拳的流派

目前，太极拳除陈氏太极拳外，主要有五大门派：河北广府（今永年县）杨福魁（露禅）跟陈长兴学习太极拳后，教拳于北京，将师传太极拳中的高难度动作逐步修改，后经其后代定型，成为杨氏太极拳。满族人全佑跟杨福魁之子杨班侯学得杨氏小架太极拳后，传与其子鉴泉，将师承太极拳修改定型成另一家，因鉴泉后从汉姓吴，人称吴氏太极拳。武禹襄跟陈清萍学拳后，将陈氏、杨氏太极拳融合演变成武氏太极拳，因传拳于弟子郝为真，也称郝氏太极拳。孙禄堂跟郝为真学拳后，自成一派而成孙氏太极拳。另外，还有温县的和兆元创编的和氏太极拳和李景炎创编的太极忽雷架。

二、二十四式简化太极拳

二十四式简化太极拳的架势比较平衡舒展，动作柔和。1956年国家体委组织部分专家在传统太极拳的基础上，按由简入繁、循序渐进、易学易记的原则，去其繁难和重复动作，选取了二十四式，编成《简化太极拳》，也称"二十四式太极拳"或"三段太极拳"，是初段位中最高一段的考评内容之一。太极始于无极，分两仪。由两仪分三才，由三才显四象，演变八卦。依据"易经"阴阳之理、中医经络学、道家导引、吐纳综合地创造了一套有阴阳性质、符合人体结构、大自然运转规律的一种拳术，古人称为"太极"。太极拳在技击上别具一格，特点鲜明。它要求避实就虚，借力发力，以静制动，以柔克刚，以静待动，以圆化直，以小胜大，以弱胜强，主张一切从客观出发，随人则活，由己则滞。为此，太极拳特别讲究"听劲"，即要准确地感觉判断对方来势，以做出反应。当对方未发动前，自己不要冒进，可先以招法诱发对方，试其虚实，术语称为"引手"。一旦对方发动，自己要迅速抢在前面，"彼未动，已先动""后发先至"，将对手引进，使其失重落空，或者分散转移对方力量，乘虚而入，全力还击。太极拳的这种技击原则，体现在推手训练太极拳和套路动作要领中，不仅可以训练人的反应能力、力量和速度等身体素质，而且在攻防格斗训练中也有十分重要的意义。

太极拳技击法皆遵循阴阳之理，以"引化合发"为主要技击过程。技击中，由听劲感知对方来力大小及方向，"顺其势而改其路"，将来力引化掉，再借力发力。太极拳理论，直接源于道教思想，道教继承和发展老庄道家思想，在重生贵生、尊道贵德宗旨指导下，有一系列养生修身炼己、以求长生久视的锻炼功法，集中且精当地体现在太极拳功法拳理上。在太极拳中，借力打力，四两拨千斤，以柔克刚、以静制动，柔弱胜刚强，都源于老庄哲学，故太极拳被称为"国粹"。

（一）太极拳二十四式基本功特点

太极拳的运动特点：中正安舒、轻灵圆活、松柔慢匀、开合有序、刚柔相济，动如"行云流水，连绵不断"，这种运动既自然又高雅，可亲身体会到音乐的韵律，哲学的内涵，美的造型，诗的意境。在高级的享受中，使疾病消失，使身心健康。

1. 轻松柔和，意动身随

二十四式简化太极拳的架势比较平衡舒展，动作柔和，没有大幅度忽起忽落明显、变化和激烈的跳跃动作。在练拳时，要求用意识（指想象力）引导动作，把自己的意念、气息、用力点等融入动作之中，真正体会到太极的韵味。

2. 动作连贯，分清虚实

太极拳的整套动作中，从"起势"到"收势"，每一个位置和方向的改变处处都贯穿着步法的变换和转移重心的活动，不论动作的虚实变化还是姿势的过渡转换都衔接紧密，并要求身法和手法的运用，由虚到实或由实到虚，既要分明，又要连贯一气，速度均匀，一气呵成，好像行云流水，绵绵不断。

3. 动作协调，上下相随

太极拳的动作不论是整个套路，还是单个动作姿势，要求上下相随，内（意含，呼吸）外（躯干，四肢动作）一体，身体各部分密切配合，习拳时必须以腰为轴，手、脚的许多动作都由躯干来带动，并互相响应，即全身"一动无有不动""由脚而腿而腰，总须完成一气"。

4. 圆弧均匀，呼吸自然

太极拳的动作中要求上肢动作处处带有弧形，这与人体各关节自然弯曲状态相吻合，通过这种弧形活动的锻炼，使动作圆活自然。练习者的呼吸也应按自己的习惯和当时的需要进行，动作和呼吸不要互相约束，可根据个人锻炼的体会程度毫不勉强地随着速度的快慢和动作幅度的大小进行。按照起吸呼落、开吸合呼的要求，使呼吸与动作自然配合。

（二）简化太极拳练习要点

1. 心静体松

所谓"心静"，就是在练习太极拳时，思想上应排除一切杂念，不受外界干扰；所谓"体松"，可不是全身松懈疲沓，而是指练拳时在保持身体姿势正确的基础上，有意识地让全身关节、肌肉以及内脏等达到最大限度的放松状态。

2. 圆活连贯

"心静体松"是对太极拳练习的基本要求，而是否做到"圆活连贯"才是衡量一个人功夫深浅的主要依据。太极拳练习所要求的"连贯"是指多方面的。其一是指肢体的连贯，即所谓的"节节贯穿"。肢体的连贯是以腰为枢纽的。在动作转换过程中，则要求：对下肢，是以腰带胯，以胯带膝，以膝带足；对上肢，是以腰带背，以背带肩，以肩带肘，以肘带手。其二是动作与动作之间的衔接，即"势势相连"——前一动作的结束就是下一动作的开始，势势之间没有间断和停顿。而"圆活"是在连贯基础上的进一步要求，意指活顺、自然。

3. 虚实分明

要做到"运动如抽丝，迈步似猫行"，首先要注意虚实变换要适当，是肢体各部在运动中没有丝毫不稳定的现象。若不能维持平衡稳定，就根本谈不上什么"迈步如猫行"了。一般来说，下肢以主要支撑体重的腿为实，辅助支撑或移动换步的腿为虚；上肢以体现动作主要内容的手臂为实，辅助配合的手臂为虚。总之虚实不但要互相渗透，还需在意识指导下变化灵活。

4. 呼吸自然

太极拳练习的呼吸方法有自然呼吸、腹式顺呼吸、腹式逆呼吸和拳势呼吸。以上几种呼吸方法，不论采用哪一种，都应自然、匀细，徐徐吞吐，要与动作自然配合。初学者宜采用自然呼吸。

（三）二十四式简化太极拳动作名称

预备动作	1. 起势		
第一段	2. 左右野马分鬃	3. 白鹤亮翅	4. 左右搂膝拗步
	5. 手挥琵琶	6. 左右倒卷肱	
第二段	7. 左揽雀尾	8. 右揽雀尾	9. 单鞭
	10. 云手	11. 单鞭	
第三段	12. 高探马	13. 右蹬脚	14. 双峰贯耳
	15. 转身左蹬脚	16. 左下势独立	17. 右下势独立

续表

第四段	18. 左右穿梭	19. 海底针	20. 闪通臂
	21. 转身搬拦捶	22. 如封似闭	23. 十字手
结束动作	24. 收势		

（四）二十四式简化太极拳动作图解说明

简化太极拳是国家体育运动委员会对已在群众中流行的太极拳进行改编、整理出来的。集中了原套路的主要结构和技术内容，共分8个组，24个姿势动作。练习者可连贯演练，也可选择单式或分组练习。

预备势：身体自然站立，两脚并拢，两手垂于大腿外侧；头项正直，口闭齿扣，胸腹放松；眼平视前方。

1. **起势**（图8-9）

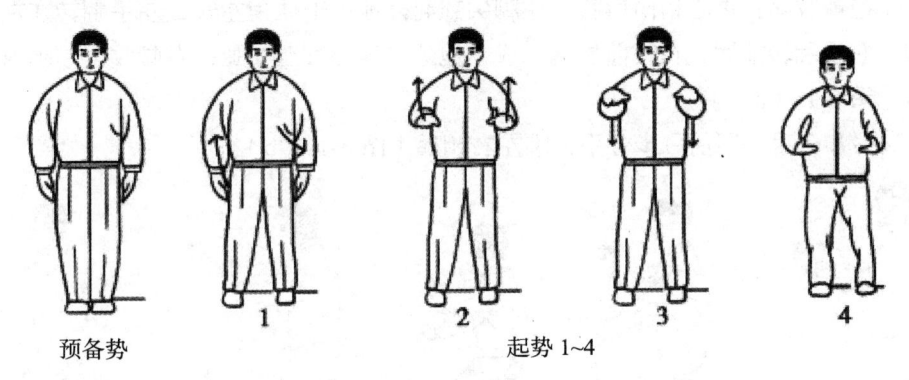

图8-9 起势[①]

（1）左脚开立：左脚向左分开，两脚平行同肩宽。

（2）两臂前举：两臂慢慢向前举，自然伸直，两手心向下。

（3）屈腿按掌：两腿慢慢屈膝半蹲，同时两掌轻轻下按至腹前。

学练要点：起脚时先提脚跟，高不过足踝，落脚时前脚掌先着地，要做到点起点落、轻起轻落。上举两臂时，不可耸肩，不要出现指尖朝下的"折腕"。屈膝时松腰敛臀，上体保持正直，两掌下按时沉肩垂肘。

2. **左右野马分鬃**

（1）左野马分鬃

①抱球收脚：上体稍右转，右臂屈抱于右胸前，左臂屈抱于腹前，成右抱球；左脚收至右脚内侧成丁步［图8-10（a）］。

②弓步分手：上体左转，左脚向左前方迈出一步，成左弓步；同时两掌前后分开，左手心斜向上，右手按至右胯旁，两臂微屈［图8-10（b）］。

---

① 施维，才颖，黄缨. 太极颐养图解［M］. 上海：上海科学技术文献出版社，2020.

(a) 抱球收脚　　　　　(b) 弓步分手

图 8-10　左野马分鬃[1]

（2）右野马分鬃

①抱球收脚：重心稍向后移，左脚尖翘起外撇；上体稍左转，左手翻转在左胸前屈抱，右手翻转前摆，在腹前屈抱，成左抱球；重心移至左腿，右脚收至左脚内侧成丁步［图8-11（a）］。

②弓步分手：同前弓步分手，唯左右相反［图8-11（b）］。

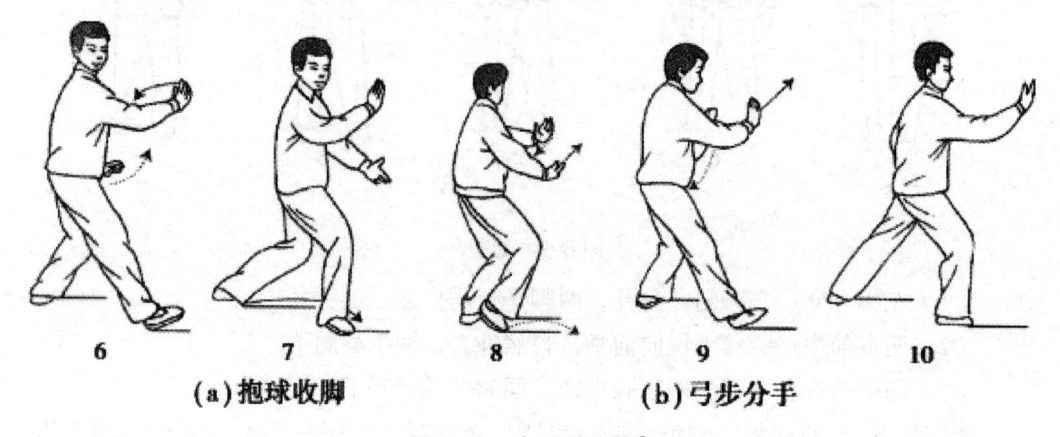

(a) 抱球收脚　　　　　(b) 弓步分手

图 8-11　右野马分鬃[2]

（3）左野马分鬃

左野马分鬃同前左野马分鬃（图8-12）。

---

[1] 施维，才颖，黄缨.太极颐养图解［M］.上海：上海科学技术文献出版社，2020.
[2] 施维，才颖，黄缨.太极颐养图解［M］.上海：上海科学技术文献出版社，2020.

11　　　　　　12　　　　　　13　　　　　　14　　　　　　15
　　　　　　抱球收脚　　　　　　　　　　　弓步分手

图 8-12　左野马分鬃①

学练要点：弓步时，不可将重心过早前移，造成脚掌沉猛落地，后脚应有蹬碾动作。分手与弓步要协调同步。转体蹩脚时，先屈后腿，腰后坐，同时两臂自旋。

3. 白鹤亮翅

（1）跟步抱球

上体稍左转，右脚向前跟步，落于左脚后；同时两手在胸前屈臂抱球[图 8-13(a)]。

（2）虚步分手

上体后坐并向右转体，左脚稍向前移动，成左脚虚步；同时右手分至右额前，掌心向内，左手按至左腿旁，上体转正；眼平视前方[图 8-13（b）]。

1　　　　　　　　　2　　　　　　　　　3
(a) 跟步抱球　　　　　　(b) 虚步分手

图 8-13　白鹤亮翅②

学练要点：抱球与跟步要同时，转身时身体侧转不超过 45°，左脚前移与分手同时完成。

4. 左右搂膝拗步

（1）左搂膝拗步（图 8-14）

---

① 施维，才颖，黄缨. 太极颐养图解[M]. 上海：上海科学技术文献出版社，2020.
② 施维，才颖，黄缨. 太极颐养图解[M]. 上海：上海科学技术文献出版社，2020.

1　　　　　　　2　　　　　　　3　　　　　　　4　　　　　　　5

收脚托掌　　　　　　　　　　　　　　　弓步搂推

图 8-14　左搂膝拗步[1]

①收脚托掌：上体右转，右手至头前下落，经右胯侧向后方上举，与头同高，手心向上，左手上摆，向右划弧落至右肩前；左脚收至右脚内侧成丁步；眼视右手。

②弓步搂推：上体左转，左脚向左前方迈出一步成左弓步；左手经膝前上方搂过，停在左腿外侧，掌心向下，指尖向前，右手经肩上，向前推出，右臂自然伸直。

（2）右搂膝拗步

①收脚托掌：重心稍后移，左脚尖翘起外撇，上体左转，右脚收至左脚内侧成丁步；右手经头前划弧摆至左前肩，掌心向下，左手向左上方划弧上举，与头同高，掌心向上；眼视左手［图 8-15（a）］。

②弓步搂推：同前弓步搂推，唯左右相反［图 8-15（b）］。

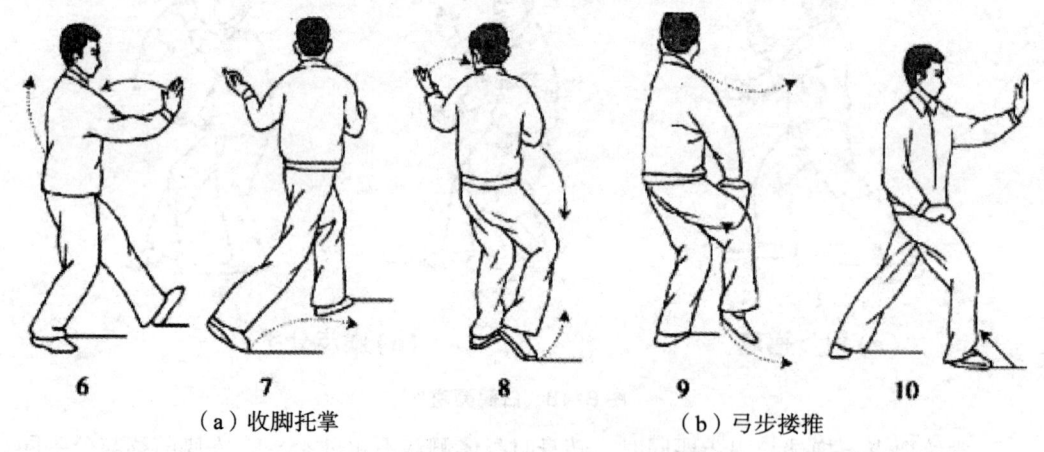

6　　　　　　　7　　　　　　　8　　　　　　　9　　　　　　　10

（a）收脚托掌　　　　　　　　　　　　　（b）弓步搂推

图 8-15　右搂膝拗步[2]

（3）左搂膝拗步

动作与前左搂膝拗步相同，唯左右相反（图 8-16）。

---

[1]　施维，才颖，黄缨.太极颐养图解［M］.上海：上海科学技术文献出版社，2020.
[2]　施维，才颖，黄缨.太极颐养图解［M］.上海：上海科学技术文献出版社，2020.

11　　　　　　　12　　　　　　　13　　　　　　　14　　　　　　　15
　　　　　　收脚托掌　　　　　　　　　　　　弓步搂推

图 8-16　左搂膝拗步①

学练要点：两手划弧时要以腰带动；推掌时要沉肩垂肘，坐腕舒掌。搂推协调，转身蹬地推掌。

5.**手挥琵琶**

（1）跟步展臂

右脚向前收拢半步落于左脚后，右臂稍向前伸展［图 8-17（a）］。

（2）虚步合手

上体稍向左回转，左脚稍前移，脚跟着地，成左虚步；两臂屈肘合抱，右手与左肘相对，掌心向左［图 8-17（b）］。

1　　　　　　　　　　　2　　　　　　　　　　　3

（a）跟步展臂　　　　　　　（b）虚步合手

图 8-17　手挥琵琶②

学练要点：两手摆掌时有上挑并向里合之意。合臂时腰下沉，两臂前伸，腋下虚空。

6.**左右倒卷肱**

（1）右倒卷肱

①退步卷肱：上体稍右转，两手翻转向上，右手随转体向后上方划弧上举至肩上

---
① 施维，才颖，黄缨.太极颐养图解［M］.上海：上海科学技术文献出版社，2020.
② 施维，才颖，黄缨.太极颐养图解［M］.上海：上海科学技术文献出版社，2020.

耳侧，左手停于体前；上体稍左转；左脚提起向后退一步，脚前掌轻轻落地；眼视左手［图8-18（a）］。

②虚步推掌：上体继续左转，重心后移，成右虚步；右手推至体前，左手向后、向下划弧，收至左腰侧，手心向上；眼视右手［图8-18（b）］。

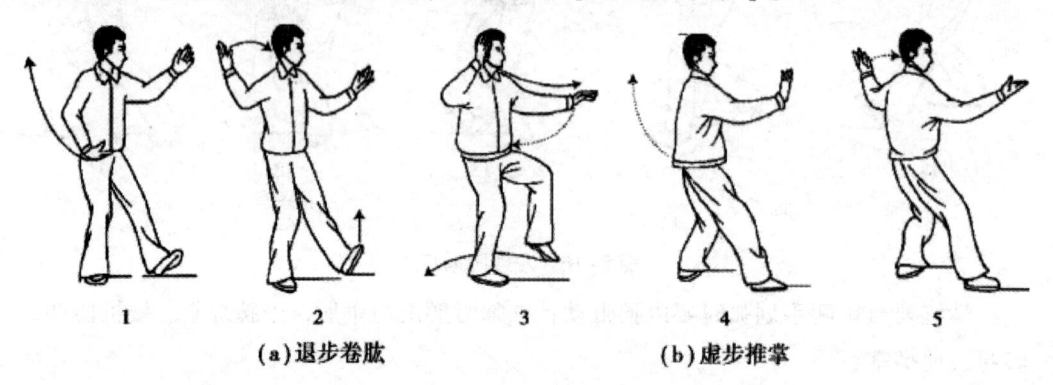

(a) 退步卷肱　　(b) 虚步推掌

图8-18　右倒卷肱[①]

（2）左倒卷肱

①退步卷肱：同前退步卷肱，唯左右相反（图18-19）。

②虚步推掌：同前虚步推掌，唯左右相反（图18-20）。

退步卷肱

图8-19　左倒卷肱[②]

[①] 施维，才颖，黄缨. 太极颐养图解［M］. 上海：上海科学技术文献出版社，2020.
[②] 施维，才颖，黄缨. 太极颐养图解［M］. 上海：上海科学技术文献出版社，2020.

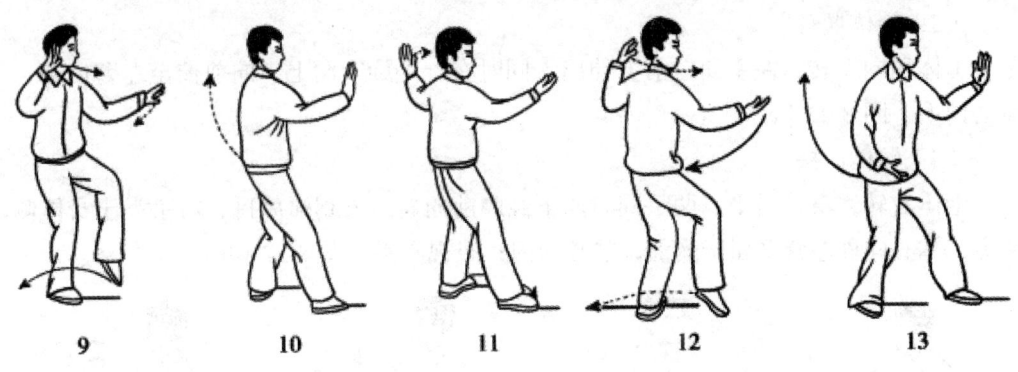

图 8-20　虚步推掌①

（3）右倒卷肱

同前右倒卷肱。

（4）左倒卷肱

同前左倒卷肱。

学练要点：转身时用腰带手后撤，走斜弧形路线。提膝屈肘和左掌翻手都要同步完成。推掌走弧形且坐腕、展掌、舒指。

7. 左揽雀尾

（1）抱球收脚

上体右转，右手向侧后上方划弧，左手在体前下落，两手呈右抱球状；左脚收成丁步［图8-21（a）］。

(a) 抱球收脚　　(b) 弓步掤臂

图 8-21　左揽雀尾（抱球收脚和弓步掤臂）②

（2）弓步掤臂

上体左转，左脚向左前方迈成左弓步；两手前后分开，左臂半屈向体前掤架，右手向下划弧按于左胯旁，五指向前；眼视左手［图8-21（b）］。

---

① 施维，才颖，黄缨. 太极颐养图解［M］. 上海：上海科学技术文献出版社，2020.
② 施维，才颖，黄缨. 太极颐养图解［M］. 上海：上海科学技术文献出版社，2020.

（3）转体摆臂

上体稍向左转，左手向左前方伸出，同时右臂外旋，向上、向前伸至左臂内侧，掌心向上［图8-22（a）］。

（4）转体后捋

上体右转，身体后坐，两手同时向下经腹前向右后方划弧后捋，右手举于身体侧后方，掌心向外左臂平屈于胸前，掌心向内；眼视右手［图8-22（b）］。

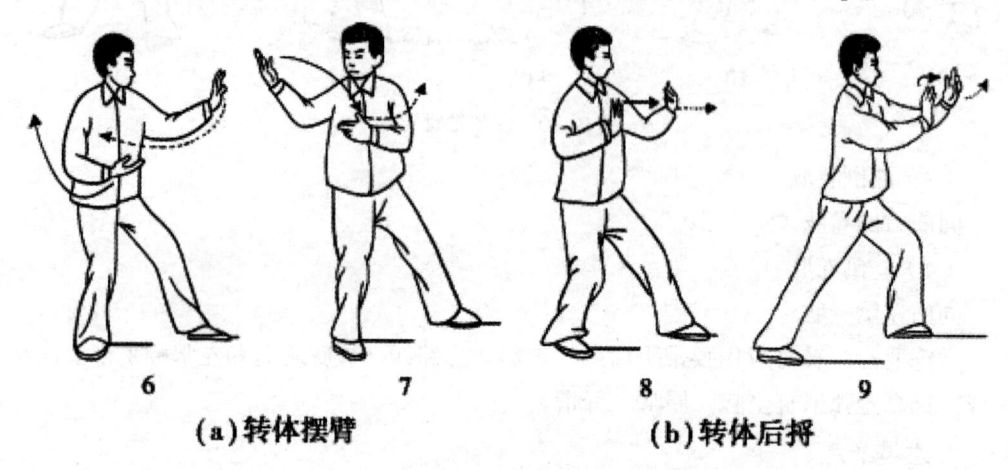

6　　　7　　　8　　　9

(a)转体摆臂　　　(b)转体后捋

图8-22 左揽雀尾（转体摆臂和转体后捋）[1]

（5）弓步前挤

重心前移成左弓步；右手推送左前臂向体前挤出，两臂撑圆［图8-23（a）］。

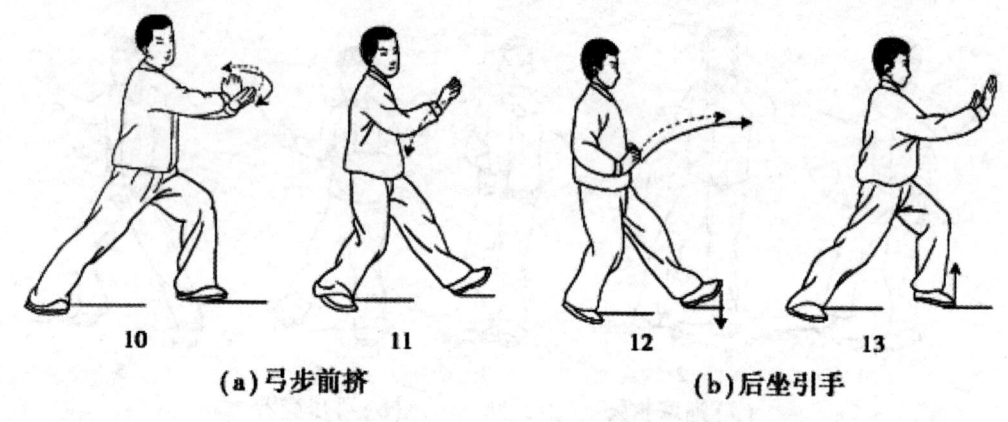

10　　　11　　　12　　　13

(a)弓步前挤　　　(b)后坐引手

图8-23　弓步前挤[2]

（6）后坐引手

上体后坐，左脚脚尖翘起；左手翻转向下，右手经左腕上方向前伸出，掌心转向下，两手左右分开与肩同宽，两臂屈收后引，收至腹前，手心斜向下［图8-23（b）］。

---

[1] 施维，才颖，黄缨. 太极颐养图解［M］. 上海：上海科学技术文献出版社，2020.
[2] 施维，才颖，黄缨. 太极颐养图解［M］. 上海：上海科学技术文献出版社，2020.

（7）弓步前按

重心前移成左弓步；两手沿弧线推至体前。

学练要点：捋时要转腰带手，不可直臂、折腕。挤时松腰、弓腿一致。按时两手沿弧线向上、向前推按。

8.右揽雀尾

（1）转体分手

重心后移，上体右转，左脚尖内扣；右手划弧右摆，两手平举于身体两侧；头随右手移转［图8-24（a）］。

（2）抱球收脚

左腿屈膝，重心左移，右脚收成丁步；两手呈左抱球状［图8-24（b）］。

（3）弓步掤臂

同前弓步掤臂，唯左右相反［图8-24（c）］。

（4）转体摆臂

同前转体摆臂，唯左右相反［图8-24（d）］。

图8-24 右揽雀尾之一[1]

（5）转体后捋

同前转体后捋，唯左右相反［图8-25（a）］。

---

[1] 施维，才颖，黄缨.太极颐养图解［M］.上海：上海科学技术文献出版社，2020.

（6）弓步前挤

同前弓步前挤，唯左右相反［图8-25（b）］。

图 8-25 右揽雀尾之二[①]

（7）后坐引手

同前后坐引手，唯左右相反［图8-25（c）］。

（8）弓步前按

同前弓步前按，唯左右相反［图8-25（d）］。

学练要点：由左势向右势转化时，左脚尽量里扣。右手随身体右转平行向右划弧时，右手不可随着向右摆动。重心移动变化时，上体保持正直，随腰转动。

9. 单鞭

（1）转体运臂

上体左转，左腿屈膝，右脚尖内扣；左手向左划弧，掌心向外，右手向左划弧至左肘前，掌心转向上；视线随左手运转［图8-26（a）］。

（2）勾手收脚

上体右转，右腿屈膝，左脚收成丁步；右手向上向左划弧，至身体右前方变成勾手，腕高与肩平，左手向下、向右划弧至右肩前，掌心转向内；眼视勾手［图8-26（b）］。

---

① 施维，才颖，黄缨.太极颐养图解［M］.上海：上海科学技术文献出版社，2020.

（3）弓步推掌

上体左转，左脚向左前方迈出成左弓步；左手经面前翻掌向前推出[图8-26（c）]。

(a)转体运臂　　　　　　　　(b)勾手收脚

(c)弓步推掌

图 8-26　单鞭①

学练要点：重心移动平稳，两腿要虚实分明。做勾手时右臂不要过直。推掌时随上体转动，弓腿，翻掌前推。

10. 云手（图 8-27）

（1）转体松勾

上体右转，左脚尖内扣；左手向下、向右划弧至右肩前，掌心向内，右勾手松开变掌。

（2）左云收步

上体左转，重心左移，右脚向左脚收拢，两腿屈膝半蹲，两脚平行向前成小开立步；左手经头前向左划弧运转，掌心渐渐向外翻转，右手向下、向左划弧运转，掌心渐渐转向内；视线随左手运转。

（3）右云开步

上体右转，重心右转，左脚向左横开一步，脚尖向前；右手经头前向右划弧运转，掌心逐渐由内转向外，左手向下、向右划弧，停于右肩前，掌心渐渐翻转向内；视线随右手运转。

（4）左云收步

同前左云收步。

---
① 施维，才颖，黄缨.太极颐养图解［M］.上海：上海科学技术文献出版社，2020.

1 转体松勾
2
3
4 左云收步
5 右云开步
6
7 左云收步
8 右云开步
9
10 左云收步
11 右云开步
12
13 左云收步
14
15 右云开步

图 8-27　云手[①]

① 施维，才颖，黄缨.太极颐养图解[M].上海：上海科学技术文献出版社，2020.

（5）右云开步

同前右云开步。

（6）左云收步

同前左云收步。

学练要点：以腰为轴，转腰带手交叉画圆。上下肢要协调一致不可脱节。身体平移，不可起伏。

11. 单鞭（图8-28）

（1）转体勾手

上体右转，重心右移，左脚跟提起；右手向左划弧，至右前方掌心翻转变勾手；左手向下向右划弧至右肩前，掌心转向内；眼视勾手。

（2）弓步推掌

同前弓步推掌。

图 8-28　单鞭[①]

学练要点：同前单鞭。

12. 高探马（图8-29）

（1）跟步翻手

后脚向前收拢半步；右手勾手松开，两手翻转向上，肘关节微屈。

（2）虚步推掌

上体稍右转，重心后移，左脚稍向前移成左虚步；上体左转，右手经头侧向前推出；左臂屈收至腹前，掌心向上。

[①] 施维，才颖，黄缨. 太极颐养图解［M］. 上海：上海科学技术文献出版社，2020.

1 跟步翻手　　　2 虚步推掌

图 8-29　高探马[①]

学练要点：跟步时上体正直，不可起伏。推手与成虚步同时。

13. **右蹬脚**（图 8-30）

（1）穿手上步

上体稍左转，左脚提收向左前方迈出，脚跟着地；右手稍向后收，左手经右手背上方向前穿出，两手交叉，左掌心斜向上，右掌心斜向下。

（2）分手弓步

重心前移成左弓步；上体稍右转，两手向两侧划弧分开，掌心皆向外；眼视右手。

（3）抱手收脚

右脚成丁步；两手向腹前划弧相交合抱，举至胸前，右手在外，两掌心皆转向内。

（4）分手蹬脚

两手手心向外撑开，两臂展于身体两侧，肘关节微屈，腕与肩平；左腿支撑，右腿屈膝上提，脚跟用力慢慢向前上方蹬出，脚尖上勾，膝关节伸直，右腿与右臂上下相对，方向为右前方约 30°；眼视右手。

---

① 施维，才颖，黄缨. 太极颐养图解[M]. 上海：上海科学技术文献出版社，2020.

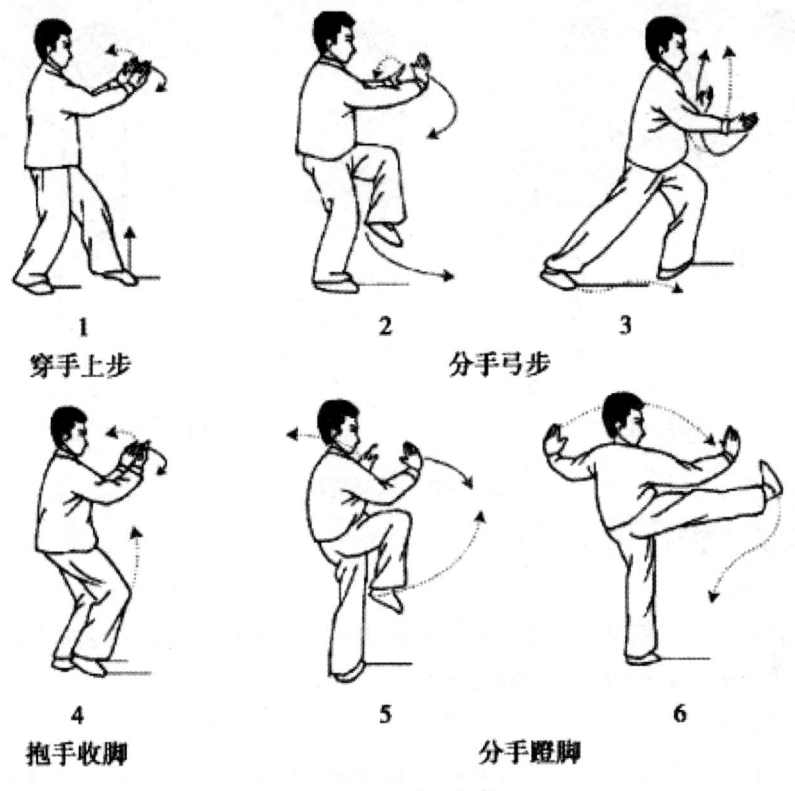

```
    1           2           3
 穿手上步      分手弓步

    4           5           6
 抱手收脚      分手蹬脚
```

图 8-30　右蹬脚 [1]

学练要点：两手交叉距离胸部 20 厘米，身体左转 45°。蹬脚，两手高不过头。分手撑掌与蹬脚同时完成。

14. 双峰贯耳（图 8-31）

（1）屈膝并手

右小腿屈膝回收，左手向体前划弧，与右手并行落于右膝上方，掌心皆翻转向上。

（2）弓步贯掌

右脚下落向右前方上步成右弓步；两手握拳经两腰侧向上、向前划弧摆至头前，两臂半屈成钳形，两拳相对，同头宽，拳眼斜向下。

学练要点：弓步的方向与右蹬脚的方向一致。弓步贯拳时肘关节下垂，上体正直。

---

[1] 施维，才颖，黄缨. 太极颐养图解［M］. 上海：上海科学技术文献出版社，2020.

1　　　　　　　　2　　　　　　　　3　　　　　　　　4

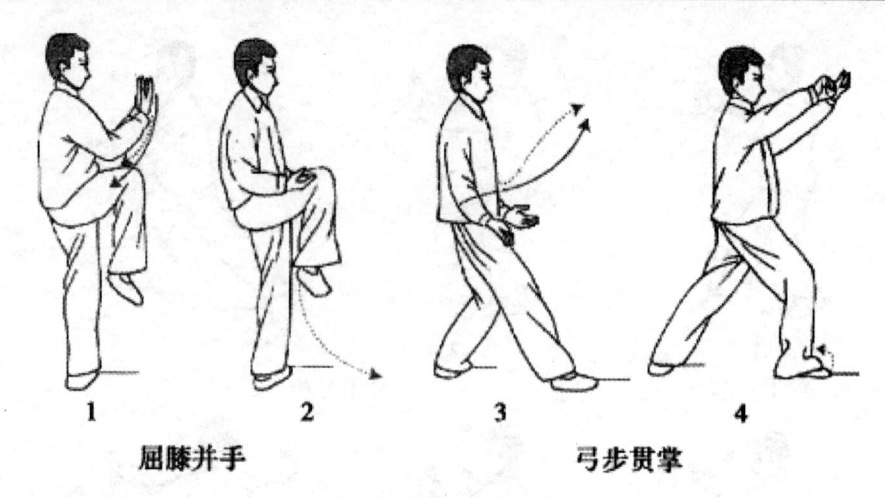

屈膝并手　　　　　　　　　　　　弓步贯掌

图 8-31　双峰贯耳[①]

15. 转身左蹬脚（图 8-32）

（1）转体分手

重心后移，左腿屈坐，上体左转，右脚尖内扣；两拳松开，左手向左划弧，两手平举于身体两侧，掌心向外；眼视左手。

（2）抱手收脚

重心右移，右腿屈膝后坐，左脚收至右脚内侧成丁步；两手向下划弧交叉合抱，举至胸前，左手在外，两手心皆向内。

（3）分手蹬脚

同右蹬脚，唯左右相反。

---

① 施维，才颖，黄缨. 太极颐养图解［M］. 上海：上海科学技术文献出版社，2020.

1　　　　　　　　　2　　　　　　　　　3　　　　　　　　　4

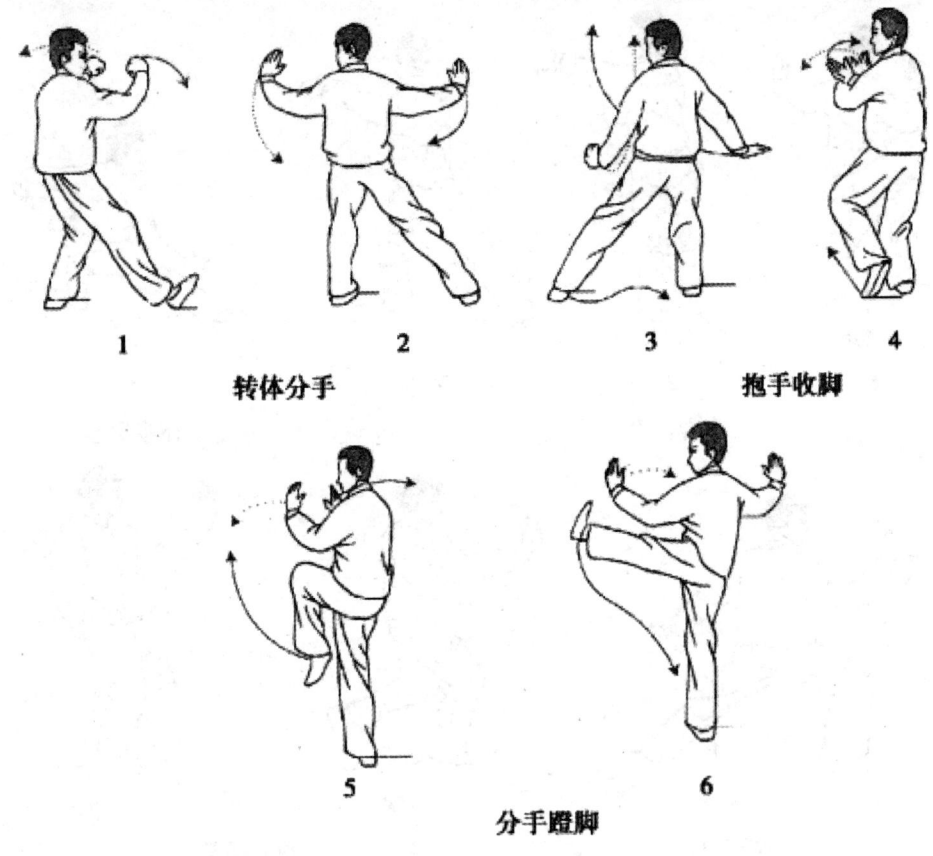

转体分手　　　　　　　　　　　　　　　抱手收脚

5　　　　　　　　　6

分手蹬脚

图 8-32　转身左蹬脚 [①]

学练要点：转身时，要充分坐腿扣脚，上体保持正直，不可低头弯腰。左蹬脚与右蹬脚的方向要对称。

16. **左下势独立**（图 8-33）

（1）收脚勾手

左腿屈收于右小腿内侧；上体右转，右臂稍内合，右手变勾手，左手划弧摆至右肩前，掌心向右；眼视勾手。

（2）仆步穿掌

上体左转，右腿屈膝，左腿向右前方伸出成左仆步；左手经右肋沿左腿内侧向左穿出，掌心向前，指尖向左；眼视左手。

（3）弓腿起身

重心移向左腿成左弓步；左手前穿并向上挑起，右勾手内旋，置于身后。

（4）独立挑掌

上体左转，重心前移，右腿屈膝提起成左独立步；左手下落按于左胯旁，右勾手下落变掌，向体前挑起，掌心向左，高与眼平，右臂半屈成弧。

---

① 施维，才颖，黄缨．太极颐养图解［M］．上海：上海科学技术文献出版社，2020．

1　　　　　　　　2　　　　　　　　3　　　　　　　　4
　　　　　　　收脚勾手　　　　　　　　　　　　　　　仆步穿掌

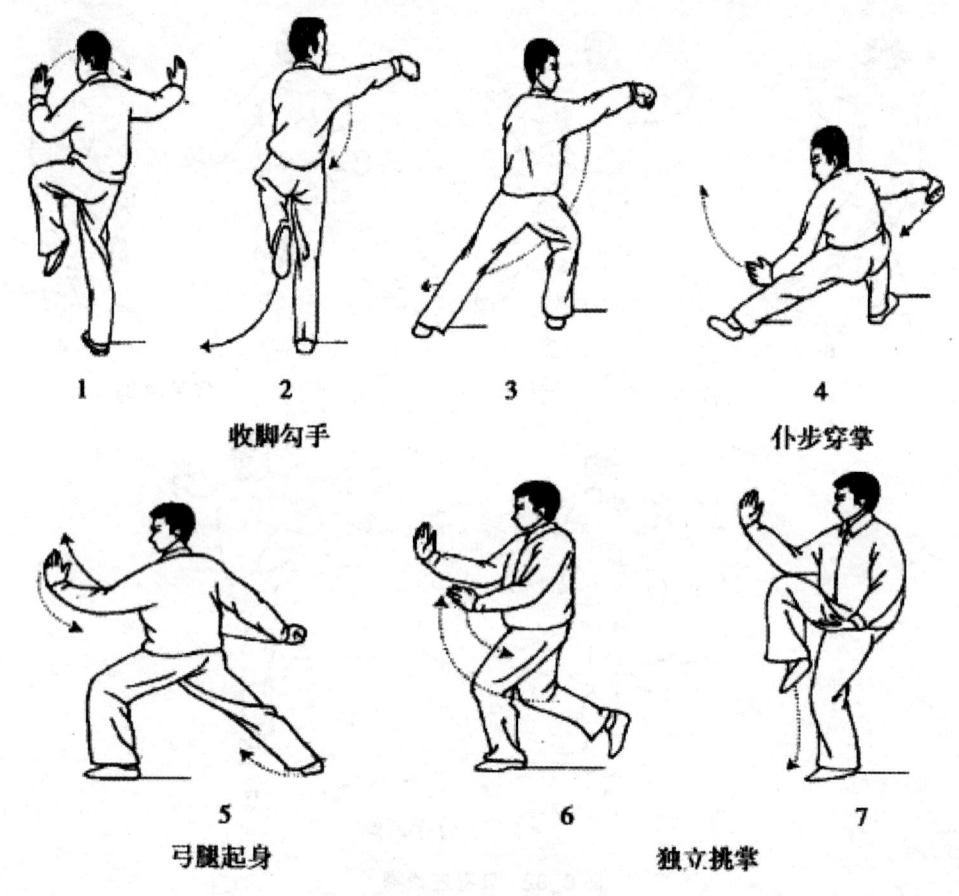

5　　　　　　　　　　　6　　　　　　　　　　7
弓腿起身　　　　　　　　　　　　　独立挑掌

图 8-33　左下势独立[1]

学练要点：仆步穿掌时上体不可前倾。由仆步转换独立步时，一定要充分做好两脚的外撇和内扣。独立挑掌时前手肘与膝相对。

17. **右下势独立**（图 8-34）

（1）落脚勾手

右脚落于左脚右前方，脚前掌着地，上体左转，左脚以脚掌为轴随之扭转；左手变勾手向上提举于身体左侧，高与肩平，右手划弧摆至左肩前，掌心向左；眼视勾手。

（2）仆步穿掌

同前仆步穿掌，唯左右相反。

（3）弓步起身

同前弓步起身，唯左右相反。

（4）独立挑掌

同前独立挑掌，唯左右相反。

---

[1] 施维，才颖，黄缨. 太极颐养图解［M］. 上海：上海科学技术文献出版社，2020.

1　　　　　　　2　　　　　　　3　　　　　　　4
落脚勾手　　　　　　　仆步穿掌

5　　　　　　　6　　　　　　　7
弓步起身　　　　　　　独立挑掌

图8-34　右下势独立[1]

练习要点：右脚前掌应落在左脚右前方20厘米处。仆步穿掌时，应先将右脚提起后再伸出。

18. *左右穿梭*（图8-35）

（1）右穿梭

①落脚抱球：左脚向左前方落步，脚尖外撇，上体左转；两手呈左抱球状。

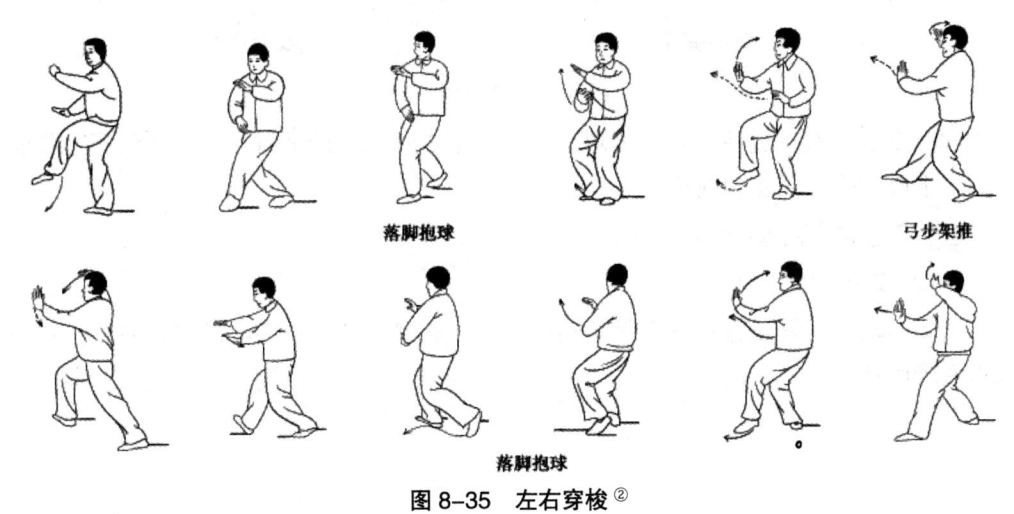

落脚抱球　　　　　　　　　　　　　　　　弓步架推

落脚抱球

图8-35　左右穿梭[2]

---

[1] 施维，才颖，黄缨.太极颐养图解［M］.上海：上海科学技术文献出版社，2020.
[2] 施维，才颖，黄缨.太极颐养图解［M］.上海：上海科学技术文献出版社，2020.

②弓步架推：上体右转，右脚向右前方上步成右弓步；右手向前上方划弧，翻转上举，架于右额前上方，左手向后下方划弧，经肋前推至体前，高与鼻平；眼视左手。

（2）左穿梭

①抱球收脚：重心稍后移，右脚尖外撇，左脚收成丁步；上体右转，两手在右肋前上下相抱。

②弓步架推：同前弓步架推，唯左右相反。

学练要点：做弓步架推时，手脚方向一致，两掌要有滚动上架与前推。

19. **海底针**（图 8-36）

（1）跟步提手

右脚向前收拢半步，随之重心后移，右腿屈坐；上体右转，右手下落屈臂提抽至耳侧，掌心向左，指尖向前，左手向右划弧下落至腹前，掌心向下，指尖斜向右。

（2）虚步插掌

上体左转向前俯身，左脚稍前移成左虚步；右手向前下方斜插，左手经膝前划弧搂过，按至左大腿侧；眼视右手。

图 8-36 海底针[①]

学练要点：右手随转体在体侧划一立圆提于右耳侧。插掌时不可因前俯而弯腰驼背。上下肢动作必须协调同步。

20. **闪通臂**（图 8-37）

（1）提手收脚

上体右转，恢复正直；右手提至胸前，左手屈臂收举，指尖贴近右腕内侧；左脚收至右脚内侧。

[①] 施维，才颖，黄缨. 太极颐养图解［M］. 上海：上海科学技术文献出版社，2020.

1 提手收脚　　　2 弓步推掌　　　3

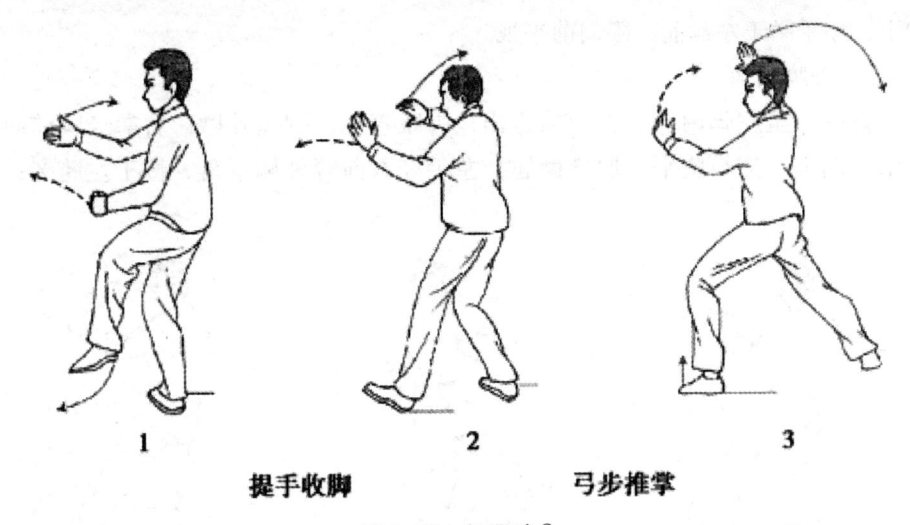

图 8-37　闪通臂①

（2）弓步推掌

左脚向前上步成左弓步；左手推至体前，右手撑于头侧上方，掌心斜向上，两手分展；眼视左手。

学练要点：两手先上提后分开。右手上撑向后引拉。前手、前腿上下相对。

21. 转身搬拦捶（图 8-38）

（1）转体扣脚

重心后移，右腿屈坐，左脚尖内扣；身体右转，右手摆至体右侧，左手摆至头左侧，掌心均向外；眼视右手。

1 转体扣脚　　　2 坐腿握拳　　　2(附)

图 8-38　转身搬拦捶②

（2）坐腿握拳

重心左移，左腿屈坐，右腿自然伸直；右手握拳向下、向左划弧停于左肋前，拳

---
① 施维，才颖，黄缨. 太极颐养图解［M］. 上海：上海科学技术文献出版社，2020.
② 施维，才颖，黄缨. 太极颐养图解［M］. 上海：上海科学技术文献出版社，2020.

心向下，左手举于左额前；眼向前平视。

（3）踩脚搬拳

右脚提收至左脚内侧，再向前迈出，脚跟着地，脚尖外撇；右拳经胸前向前搬压，拳心向上，高与胸平，肘部微屈，左手经右前臂外侧下落，按于左胯旁；眼视右拳。

图 8-39　转身搬拦捶[①]

（4）转体收拳

上体右转，重心前移，右拳向右划弧至体侧，拳心向下，左臂外旋，向体前划弧，掌心斜向上。

（5）上步拦掌

左脚向前上步，脚跟着地；左掌拦至体前，掌心向右，右拳翻转收至腰间，拳心向上；眼视左掌。

（6）弓步打拳

上体左转，重心前移成左弓步；右拳向前打出，肘微屈，拳眼向上，左手微收，掌指附于右前臂内侧，掌心向右。

学练要点：身体右转时，左脚尽力内扣。垫步时勿抬脚过高，迈出时脚尖外撇。

---

① 施维，才颖，黄缨. 太极颐养图解［M］. 上海：上海科学技术文献出版社，2020.

22. 如封似闭（图 8-40）

（1）穿手翻掌

左手翻转向上，从右前臂下向前穿出；同时右拳变掌，也翻转向上，两手交叉举于体前。

（2）后坐收掌

重心后移，两臂屈收后引，两手分开收至胸前，与胸同宽，掌心斜相对；眼视前方。

（3）弓步按掌

重心前移成左弓步；两掌经胸前弧线向前推出，高与肩平，宽与肩同。

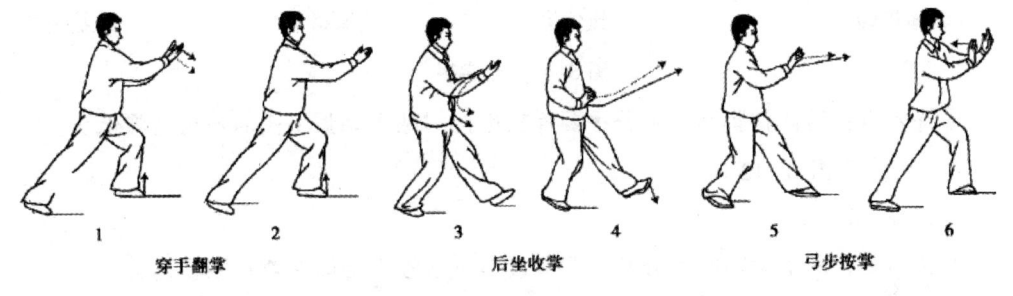

图 8-40 如封似闭[①]

学练要点：后坐收掌时避免上体后仰。弓步按掌时两掌由下向上、向前推按。

23. 十字手（图 8-41）

（1）转体扣脚

上体右转，重心右移，右腿屈坐，左脚尖内扣；右手向右摆至头前，两手心皆向外；眼视右手。

（2）弓腿分手

上体继续右转，右脚尖外撇侧弓，右手继续划弧至身体右侧，两臂侧平举，手心皆向外；眼视右手。

（3）交叉搭手

上体左转，重心左移，左腿屈膝侧弓，右脚尖内扣；两手划弧下落，交叉上举成斜十字形，右手在外，手心皆向内。

（4）收脚合抱

上体转正，右脚提起收拢半步，两腿慢慢直立；两手交叉合抱于胸前。

---

① 施维，才颖，黄缨.太极颐养图解［M］.上海：上海科学技术文献出版社，2020.

1　　　　　　　　　　2　　　　　　　　　　3　　　　　　　　　　4
转体扣脚　　　　　　弓腿分手　　　　　　交叉搭手　　　　　　收脚合抱

图 8-41　十字手①

学练要点：转体扣脚与弓腿分手要连贯衔接。两手划弧下落时不可弯腰低头。

24. 收势（图 8-42）

（1）翻掌分手

两臂内旋，两手翻转向下分开，两臂慢慢下落停于身体两侧；眼视前方。

（2）并脚还原

左脚轻轻收回，恢复成预备姿势。

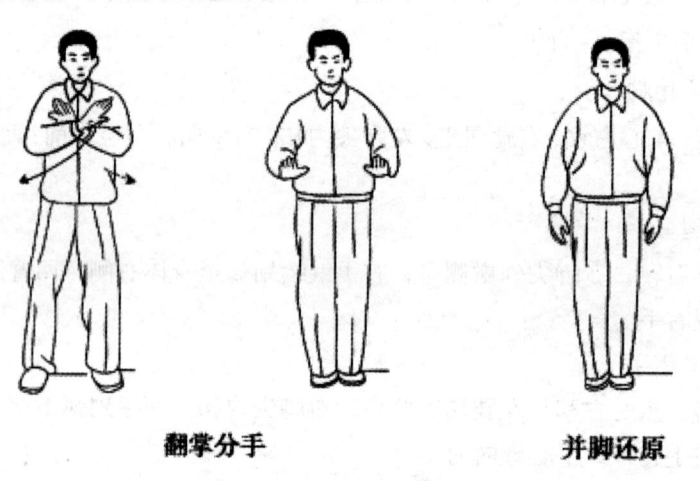

翻掌分手　　　　　　　　　　　并脚还原

图 8-42　收势②

学练要点：翻掌分手时，左手在上，腕关节不要屈折挽花。垂臂落手与起身一致。

---

① 施维，才颖，黄缨. 太极颐养图解［M］. 上海：上海科学技术文献出版社，2020.
② 施维，才颖，黄缨. 太极颐养图解［M］. 上海：上海科学技术文献出版社，2020.

参考文献

［1］安基华，李博士．体育教学理论与实证研究［M］．长春：吉林人民出版社，2019.

［2］曹垚．现代体育教学理论与实践训练探索［M］．长春：吉林人民出版社，2020.

［3］曾佳．大学体育教学与管理研究［M］．长春：吉林出版集团股份有限公司，2019.

［4］查毅．体育教学设计与实践研究［M］．长春：吉林文史出版社，2019.

［5］高立群，王卫华，郑松玲．素质教育视域下大学生体育教学改革研究［M］．长春：吉林人民出版社，2019.

［6］贾振勇．体育教学改革与实践应用探究［M］．北京：新华出版社，2018.

［7］金俊．体育教学方法及教学技能探究［M］．北京：研究出版社，2020.

［8］李婷婷，刘琦，原宗鑫．现代学校体育教学理论与方法［M］．长春：吉林人民出版社，2021.

［9］李鑫，王园悦，秦丽．体育文化建设与高校体育教学模式研究［M］．北京：中国纺织出版社，2019.

［10］廖建媚．高校公共体育教学环境研究［M］．厦门：厦门大学出版社，2019.

［11］刘景堂．高校体育教学改革研究［M］．北京：中国纺织出版社，2019.

［12］卢永雪．体育教学技能训练［M］．成都：电子科技大学出版社，2019.

［13］鹿道叶．高校体育教学设计与实践研究［M］．西安：西安交通大学出版社，2022.

［14］栾泽晓．现代体育教学论［M］．北京：北京工业大学出版社，2019.

［15］马冀贤．体育教学的体系构建与科学训练［M］．长春：吉林出版集团股份有限公司，2022.

［16］马鹏涛．高校体育教学改革创新与科学化训练研究［M］．北京：新华出版社，2018.

［17］沈技峰．小学体育教学中的生命教育［M］．宁波：宁波出版社，2021.

［18］史兵．体育教学论［M］．西安：陕西师范大学出版社，2006.

［19］田应娟.当代高校体育教学改革创新与发展［M］.长春：吉林人民出版社，2021.

［20］王海燕.现代体育教学功能实现与创新应用［M］.北京：中国书籍出版社，2021.

［21］王彦飞.当代学校体育与教学［M］.赤峰：内蒙古科学技术出版社，2021.

［22］韦勇兵，申云霞，汤先军.体育教学与运动技能分析［M］.长春：吉林人民出版社，2019.

［23］魏小芳，丁鼎.高校体育教学管理改革与模式构建探索［M］.长春：吉林人民出版社，2022.

［24］谢宾，王新光，时春梅.高校体育教学与运动训练研究［M］.长春：吉林人民出版社，2021.

［25］杨景元，董奎，李文兰.体育教学管理与教学现状［M］.长春：吉林人民出版社，2019.

［26］杨艳生.体育教学改革与创新实践研究［M］.长春：吉林人民出版社，2021.

［27］于海，张宁宁，骆奥.高校体育教学与训练实践研究［M］.长春：吉林人民出版社，2021.

［28］张琦，柴猛.大学体育教学改革与创新［M］.长春：吉林科学技术出版社，2020.

［29］张亚平，杨龙，杜利军.高校体育教学理念及模式创新研究［M］.北京：中国商业出版社，2022.

［30］周维纯.中学体育教学与创新研究［M］.长春：吉林人民出版社，2021.

［31］周遵琴.高校体育教学改革与发展［M］.成都：电子科技大学出版社，2015.